旅游职业素养

主　编　隆　玲　袁理锋
副主编　王红国　余　杨　林苏钦

内容提要

本书以旅游从业人员所应具备的旅游职业素养为主线，从职业素养的外化（显性）和内化（隐性）两方面入手组织编写。全书共分九章，内容包括旅游职业的认知，个人形象礼仪，接待与服务礼仪，人际沟通和演讲口才训练，职业道德和职业协作，职业生涯规划和从业人员自我管理等。

本书适用于高等院校及高职院校旅游类专业教材，也可作为旅游行业工作者的参考和培训用书。

图书在版编目（CIP）数据

旅游职业素养／隆玲，袁理锋主编. —上海：上海交通大学出版社，2019（2023重印）
ISBN 978－7－313－21733－2

Ⅰ. ①旅… Ⅱ. ①隆… ②袁… Ⅲ. ①旅游业—职业道德—职业教育—教材 Ⅳ. ①F590.63

中国版本图书馆 CIP 数据核字（2019）第 166137 号

旅游职业素养

主　　编：隆　玲　袁理锋
出版发行：上海交通大学出版社　　地　　址：上海市番禺路 951 号
邮政编码：200030　　电　　话：021－64071208
印　　制：苏州市越洋印刷有限公司　　经　　销：全国新华书店
开　　本：787 mm×1092 mm　1/16　　印　　张：12
字　　数：295 千字
版　　次：2019 年 8 月第 1 版　　印　　次：2023 年 7 月第 3 次印刷
书　　号：ISBN 978－7－313－21733－2
定　　价：42.00 元

前　言

职业素养是指一个人从事某项工作时应该具备的素质和修养。它影响人的精神境界，制约人的行为举止，左右人的事业成败。其量化指标为“职商”（CQ），即职业胜任力的量化标准，一生成败看“职商”。

旅游职业素养是指从事旅游工作所应具备的职业素质的养成。良好的旅游职业素养不仅是旅游职业的准入门槛，而且是学生在旅游行业得以持续顺利发展的重要因素。

那么，旅游从业者必须具备哪些基本的职业素养呢？

一、良好的旅游职业礼仪素养

中国古代把礼作为修身的最高境界，同时也把它作为做人的起码要求。

旅游业是服务行业，其服务的最大特点就是“以礼服人”，即对旅游从业人员的形象气质和言谈举止都有很高的要求。旅游从业人员学礼、知礼、重礼，在接待工作中彬彬有礼，不但可以表现自己良好的风度和修养，同时传递和展示的是所在企业、所在城市，甚至是国家和民族的美好形象。

二、良好的旅游职业沟通素养

沟通是一种自然而然的、必需的、无所不在的活动，沟通的能力对于从事任何工作的人来说都是非常重要的。

旅游业是一个与人高密度接触的行业，对于旅游从业人员来说，与宾客的沟通经常发生。良好的沟通可以缩短旅游从业人员与宾客的距离，使彼此相通。

对于旅游高职院校的学生来说，更需要掌握沟通技巧，提高表达能力，学会愉快地与人相处。从多年来行业反馈的情况我们可以看出，培养大学生的人际沟通能力和社会适应能力，对学生未来的职业发展大有裨益。

三、良好的旅游职业品德素养

人的职业素养可以看成是一座冰山：冰山浮在水面以上的只有 1/8，它代表职业形象、职业能力等方面，是外化的、显性的职业素养；而冰山隐藏在水面以下的部分占整体的 7/8，它代表职业意识、职业道德、职业态度等方面，是内化的、隐性的职业素养。但正是这 7/8 的隐性职业素养决定、支撑着外化的显性职业素养。

因此，树立正确的职业观，能愉快地与他人共事，具有良好的职业道德，具有团队协作的品质和精神，成为“敬业乐群”的旅游从业者是旅游院校人才培养定位中最突出的要求。

四、良好的旅游职业规划素养

梭罗曾说:“人是自己幸福的设计者”。通过职业生涯规划,我们可以为自己的未来旅游人生绘制理想的蓝图。大学生应充分地调动自身的主观能动性,卓有成效地利用和整合自我资源(价值观、时间、心理、身体、行为和信息等)而开展自我认识、自我规划、自我管理,从而趋向于自我完善。只有这样,我们才能正确掌握人生方向,创造成功的人生。

综上所述,旅游院校的大学生必须提高自己在形象塑造、社会交往、人际沟通、接待服务等方面的素质和能力;树立并强化旅游职业意识和旅游职业道德,积极做好个人的旅游职业生涯规划以及自我管理。使自己成为内外兼修、有竞争力、高素养的旅游从业人才。

本书以习近平新时代中国特色社会主义思想为指导,以立德树人为中心,以旅游行业各职业岗位的基本素质要求为出发点,针对目前旅游院校学生的特点,从外化(显性)职业素养和内化(隐性)职业素养两方面入手组织编写内容。在编写理念上注重突出三性:即针对性、职业性和实践性。

针对性是指本书充分分析学生对职业教育的需求,把握学生尚未进入职业前的准职业教育这一定位,以促进学生就业力和竞争力的有效培养。

职业性是指以培养适应新时代旅游业发展需要为目标,旅游业是服务行业,对从业人员的敬业精神、职业道德、职业形象、人际沟通与团队协作能力等职业素养有着很高的要求。

实践性是指本书在编写中力求理论与实际结合,每章都设置了学习目标,包括知识目标、能力目标和德育目标;课后有实战演练,供教师组织学生实训,或自主训练,把“知与行”相结合,实现“教、学、做”一体化,切实有效提升个人的旅游职业素养。

本书是上海旅游高等专科学校课程“旅游职业素养”教学成果的展示,汇集了本校教学团队全体教师的智慧,也是他们长期从事旅游教育教学实践的结晶。本书由隆玲、袁理锋进行框架设计和大纲编写,由隆玲完成统稿工作。全书共分九章内容,具体撰写分工如下:第一章由隆玲、袁理锋撰写;第二章由隆玲、王红国撰写;第三章由袁理锋、林苏钦撰写;第四章由隆玲、余杨撰写;第五章、第六章由隆玲撰写;第七章、第八章、第九章由袁理锋撰写。

我们在编写本书过程中,参考了大量文献资料,广泛借鉴和引用了大量国内外学者和同仁的研究成果,在此一并表示我们诚挚的谢意!感谢上海旅游高等专科学校的康年校长对本书的框架和目录给予的指导意见;感谢上海交通大学出版社编辑的辛苦劳动。由于时间仓促,加之水平有限,书中存在的疏漏和不当之处,恳请广大读者批评指正!

编　者

2019 年 7 月

目　　录

第一章　旅游职业素养概论

我们是为绅士淑女提供服务的绅士和淑女。

——美国丽思卡尔顿酒店集团

☆知识目标：了解旅游业的定义、发展现状及对人才的需求情况；了解职业的概念、功能、特征及旅游业的相关职业；掌握旅游核心职业能力及旅游核心职业意识的内容；熟知旅游职业素养的重要性及如何培养与提升旅游职业素养。

☆能力目标：具备对旅游职业的认知和选择能力，增强个人的旅游就业竞争能力。

☆德育目标：激发学生投身旅游事业的职业理想和职业情感，引导学生成为职业胜任力强、"职商"高、职业素养好的旅游人才。

第一节　旅游职业认知

一、旅游业发展及人才需求

（一）旅游业发展概述

1. 旅游业的定义

旅游业或旅游行业指直接为旅游者提供交通运输、观光度假、住宿、餐饮、购物、康乐服务（如旅行社、旅游涉外饭店、旅游定点餐馆、旅游定点商店、旅游车船公司、旅游定点娱乐场、旅游商品定点生产企业等）以及专门为这些服务提供人力、智力和中介服务的企事业单位、行业和部门（如旅游院校、旅游研究规划机构、旅游网站等）。世界旅游组织（UNWTO）则把旅游业定义为：为游客提供服务和商品的行业。旅游业以直面服务、产销合一为其主要行业特征，以"行、游、住、食、购、娱"为主要环节的行业链条。这些受各级旅游行政主管部门管理或指导的企事业单位、行业和部门基本上属于第三产业的范围。

2. 全球旅游业发展概况

现代旅游业产生于19世纪，在20世纪得到了前所未有的发展。特别是第二次世界大战以后，旅游产业获得了相对和平与稳定的发展环境，迅速成为新兴产业。20世纪60年代以来，全球旅游经济增速总体高于全球经济增速，逐渐发展成为全球最大的新兴产业，甚至已经超过石油和汽车工业，成为世界第一大产业。2017年全球旅游总人次为118.8亿人次，为全球人口规模的1.6倍（中国网，2018）；全球范围内参与旅游的群体不断扩大，旅游消费已然成为全球民众的一种重要生活方式。近年来，世界旅游业发展呈现三个特点和趋势：

（1）旅游成为人们的基本生活方式之一。随着经济发展和生活水平的提高，人们对精神文化的需求进一步提升。旅游成为人们的一种基本生活方式，是人们休闲时间的最佳选择之一。

（2）世界旅游区域中心向东方转移。以新兴国家为代表的旅游目的地不断出现，世界旅游区域中心正在向东方转移。中国正是这一趋势的代表。从国际游客接待量来看，2004 年以来，中国成为名列法国、美国、西班牙之后的全球第四大旅游目的地国家，其中 2010—2012 年，中国一度超过西班牙，位列全球第三大旅游目的地国家（产业网，2018）。

（3）个性化、自由化成为新的趋势。传统观光旅游、度假旅游已不能满足旅游者的需求，各种内容丰富、新颖独特的旅游方式和旅游项目应运而生。

3. 中国旅游业的发展现状

改革开放以来，中国旅游业经历了起步、成长、拓展和综合发展四个阶段，我国实现了从旅游短缺型国家到旅游大国的历史性跨越，奠定了以国民大众旅游消费为主体、国内和国际旅游协调发展的市场格局（见图 1－1）。

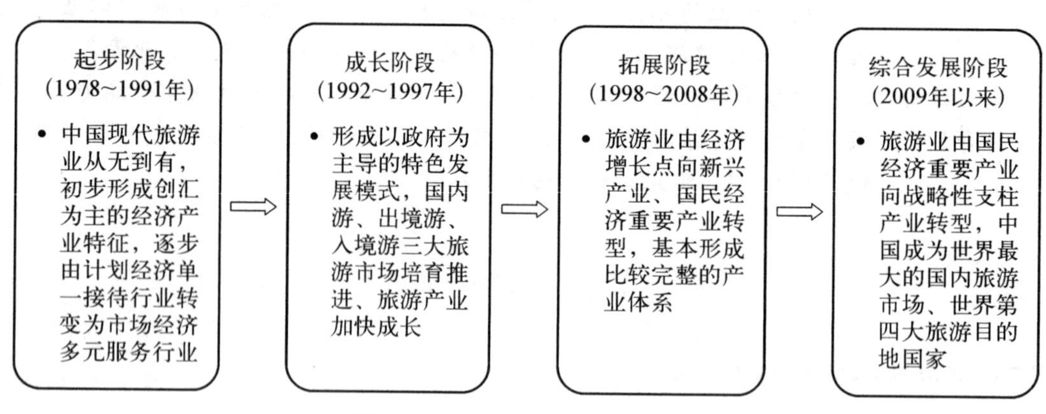

图 1－1　中国旅游业的发展历程

“十二五”期间，旅游业全面融入国家战略体系，成为国民经济战略性支柱产业，2015 年旅游业对国民经济的贡献率达到 10.8%；国内旅游、入境旅游、出境旅游全面繁荣发展，中国成为世界最大的国内旅游市场、世界第一国际旅游消费国、世界第四大旅游目的地国家。随着全面建成小康社会的持续推进，随着人们日益增长的对美好生活的需要，旅游已经成为人民群众日常生活的重要组成部分，我国旅游业进入大众旅游时代。

（二）旅游行业对人才的需求

世界旅游组织 1994 年提出“高质量的服务，高质量的员工，高质量的旅游”等口号表明，高速、持续发展的旅游业在呼唤高素质的旅游从业人员。

作为国民经济重要组成部分的旅游业，在我国起步较晚。但自 20 世纪八十年代步入正轨以来，发展非常迅速，从业人员也随之猛增。我国旅游业要想获得强大的精神动力和智力支持，使之健康、持续发展，真正走出一条适合国情、日益兴旺发达的中国式旅游道路，就必须着力提高全体旅游从业人员的素质。只有提高旅游从业人员的素质，才能提高旅游服务质量，旅游者才能在整个旅游活动中获得高质量的美的享受。根据我国的国情和复杂多变的国际形势，从共性探讨，我国现阶段对旅游从业人员的素质要求体现在应有较高的政治觉悟和良好的旅游职业道德，应有较好的文化修养，应掌握必要的服务常识和服务技能，应有较强的识别能力和活动能力,应有良好的心理素质和健康的体魄等方面。

1. 知识和技能需求

旅游业的竞争就是人才的竞争。旅游业对从业人员的文化素质具体要求为:旅游行政管理部门和旅游企事业单位高层领导应具有本科以上学历,逐步提高博士、硕士比例;中层领导和主管人员应具有大专以上学历;初级主管和接待服务人员应具有高中以上学历。导游人员须达到国务院颁布的《导游人员管理条例》规定的要求。涉外单位的管理接待人员要掌握一门外语,最好能掌握主要客源国的语言。旅游人才需要掌握的专业知识领域已经从简单的旅行接待、住宿餐饮、景区景点到商务惯例、金融贸易、法律法规、营销策划、运筹学、心理学等。

旅游业对从业人员的职业技术素质具体要求为:旅游企事业单位的中高层管理人员和各类服务人员须逐步通过职业技术培训,普遍取得岗位资格证书。如旅行社有经理资格证、导游资格证、导游证、领队证等;宾馆酒店有经理资格证、从业人员上岗资格证及各类工种技术等级证;景区有景区导游证及各类工种技术等级证等。总体上讲,旅游行业都设有一定的入行门槛,对技能有较高的要求。

2. 综合素质需求

由于旅游业是一个特定的行业,对从业人员的综合素质要求相当严格,不仅要知识面广,具备相应的职业技能,还要有良好的道德素质、心理素质、人际交往与应变能力等。优秀的人才不仅能引领旅游企业在合法的政策、法规下发展,更会为企业"另辟蹊径"创造更多的盈利空间。

如在旅行社行业中,综合素质高的人才能设计完美的旅游线路,在不损害旅行社利益的前提下,最大限度地降低成本。与国内旅游相比,出境旅游的从业者不仅要在吃、住、行、游、娱、购等方面提供服务,还要求组团社领队对各国的语言、货币、法律法规、风土人情、风俗习惯、行业规范等心中有数,并具备与各国领事馆打交道、在国外迅速处理紧急事务等能力,因此综合素质成为从业者的"瓶颈"。其实在旅游业各个部门中普遍存在着旅游人才紧缺、人才结构不合理、管理者队伍学历偏低、人才开发工作的不平衡性等问题,这些问题说明了目前我国旅游业与建设世界旅游强国对人才培养提出的数量和质量要求差距甚大。

二、旅游职业认知

(一) 职业的概念、功能和特征

1. 职业的概念

职业的概念由来已久,然而由于研究目的的不同,人们有着不同的看法和观点,也从不同的侧面与角度对职业的内涵进行了不同的界定。如美国教育家、哲学家杜威认为,职业是可以从中获得利益的一种活动;美国管理学家泰勒则认为,职业可以解释为一套称为模式的与特殊工作报酬有关的人群关系;我国职业专家则认为职业是指在业人员所从事的有偿工作的种类。综合上面所述,职业是一种参与社会分工,利用专门的知识和技能为社会创造物质财富和精神财富,获取合理报酬作为物质生活来源,并满足精神需求的工作。

2. 职业的功能

职业的功能可以分为个人功能和社会功能两个方面。当人们从事某种职业的时候,职业的两种功能是同时释放,彼此影响的。

（1）职业的个人功能。职业是人们的一种社会活动和生活方式，又是人的一种经济行为，是人们从社会中牟取利益的资源，它对于每个人都是极其重要的。

① 职业是个人才能发挥的途径。人们从事某一职业除为了生存外，还为了追求精神上的满足。每个人都有自己的理想，并总是在为理想而不懈努力奋斗，职业为人们理想的实现插上了腾飞的翅膀。一个人从事一个职业，也就是进入一个社会劳动分工体系之中参与其活动，从而为社会做出贡献，发挥其个人的才能，实现其个人的价值。

② 职业是人们获取利益的手段。职业是人生的主要经济来源，是人们赖以生存、维持家庭生活和进行社会活动的物质基础。同时职业也是人们获得多种非经济利益的重要途径，这些非经济的利益包括名誉、地位、权力和各种便利等，从而使个人获得心理满足，达到乐业的境地，也可能转化为金钱或者其他形式的经济利益。

③ 职业是人生的主要活动。职业是人们参加社会活动、建立社会关系、进行人生实践的最主要场所，从多方面决定了个人的特征和境遇。而且这些社会情况、情境会因职业的不同而不同。因此，职业是使人担任特定的社会角色、形成一定行为模式的条件。

（2）职业的社会功能。

① 职业是社会存在的内容。职业作为一种社会存在，不仅仅是人们的社会身份、等级的体现，也是人类社会存在的重要内容。职业分工及其结构，是社会经济制度与社会经济结构的重要组成部分，是社会经济发展水平的反映。人们通过职业劳动，生产出社会财富，这也为社会的存在和发展提供了物质基础。

② 职业是社会发展的动力。职业的社会活动，包括个人改善职业的向上流动、不同职业之间的矛盾冲突和解决以及与社会经济结构相联系的职业结构变动等，这些构成了推动社会发展与进步的动力。同时为了追求未来的“好职业”人们也要进行人力投资、进行学习等，这些更推动了社会的发展。

③ 职业是社会控制的手段。“安居乐业”是人们的共同愿望，职业则为人们重要的谋生方式，它使人们衣食足而知荣辱。政府为公众创造职业岗位、执行促进“充分就业”政策，其目的很明确，就是为了减少社会问题，达到社会控制的目标，维护社会安定。

3. 职业的特征

（1）社会性。职业是人类在劳动过程中的分工现象，它体现的是劳动力与劳动资料之间的结合关系，以及劳动者之间的关系，劳动产品的交换体现的是不同职业之间的劳动交换关系。这种劳动过程中结成的人与人的关系无疑是社会性的，他们之间的劳动交换反映的是不同职业之间的等价关系，反映的是职业活动、职业劳动成果的社会属性。

（2）规范性。职业的规范性应该包含两层含义：一是指职业内部的规范操作性，二是指职业道德的规范性。不同的职业在其劳动过程中都有一定的操作规范性，这是保证职业活动专业性的要求。当不同职业在对外展现其服务时，还存在一个伦理范畴的规范性，即职业道德。这两种规范性构成了职业规范的内涵与外延。

（3）功利性。职业的功利性也叫职业的经济性，是指职业作为人们赖以谋生的劳动，其过程中所具有的逐利性一面。职业活动既满足职业者自己的需要，同时，也满足社会的需要，只有把职业的个人功利性与社会功利性相结合，职业活动及其职业生涯才具有生命力和意义。

（4）技术性。职业的技术性是指不同的职业具有不同的技术要求，职业要求其从业人员具备一定的专业技能知识，包括较长时间的专业知识学习或技能培训。

(5) 稳定性。职业产生后,总是保持相对稳定,不会因为社会形态的不同和更替而改变。当然这种稳定性是相对的,随着现代化的快速发展,特别是科学技术的日新月异,一些职业顺应时代的需要而产生变化,原有的职业或在时代的大发展中岿然屹立,或被时代的潮流淹没。

(6) 群体性。职业的存在常常和从业人员达到的固定数量密切相关。凡是达不到一定从业人员数量的劳动,都不能称其为职业。群体性并不仅仅表现为一定数量的从业人员,更为重要的是从业者会形成语言、习惯、利益目的等方面的共同特征,从而使群体成员产生群体认同感。

(二) 旅游行业相关职业

旅游行业主要包含以下几个部分:

1. 饭店业及其职业

住宿是旅游产业的基础性行业。旅游住宿包括星级饭店、涉外定点饭店、旅馆、招待所、青年旅社、汽车旅馆、野营帐篷和家庭旅社等各种类型和档次。专供出租给公司办公的写字楼、公寓楼和一些机构建的培训中心,也属于商业性的旅游住宿设施。

现代饭店业是集住宿、餐饮、购物、健身、娱乐于一体的综合性服务企业。设计新颖、风格独特、服务一流、管理上乘的饭店是一个地区旅游业发展水平的重要标志,甚至可以成为一个城市的标志性建筑。

随着旅游饭店业的竞争加剧和日益完善,除了前厅、客房、餐饮、康乐、销售服务等传统职业外,该行业的服务和需要的人才出现多样性的特点,包括设计行程、订票、订房、订车、办理签证、安排健身、商务活动等内容的一条龙服务以及单项报价服务的人才。如旅游酒店管理讲师、俱乐部 KTV 领班、酒吧、餐厅领位、中英文双语导游等多种职位,同时要求也更加专业。旅游酒店行业较热门的职业包括高级宴会设计师、高级客房设计师、高级前厅服务师、餐饮部经理、宴会运作经理等。另外,熟悉电脑操作、旅游专业毕业的管理人才、开发策划人才、营销人才,都是企业争夺的对象。

2. 旅行社业及其职业

旅行社是旅游产品的设计者和销售者。旅行社按旅客需求对行、游、住、食、购、娱等各个环节进行配套组合,并打造成旅游产品进行促销、招徕顾客,同时还组织安排接待服务工作,这是旅游服务供应企业与顾客之间的中介环节,是旅游产业不可缺少的重要组成部分。旅行社按其业务性质分为外联和接待两种类型,前者在客源地招徕客源并把他们送往旅游目的地,后者在目的地从事旅游接待工作。按照经营业务范围,可分为国内旅行社和国际旅行社。主要有接待部、办公室、外联部、计调部、人事部、财务部、综合业务部等部门。

目前导游专业依然是各个旅行社需求最多的职位,导游行业具有很强的挑战性,需要有很好的沟通能力、组织能力和讲解能力,以招收外语院校毕业生和旅游外语专业毕业生为主。随着大众旅游时代的到来,旅游咨询师、高端市场策划、商务旅行销售、旅游度假产品经理、旅游计调岗位等都急需人才。

3. 旅游景区(点)及其职业

旅游景区(点)是我国旅游业的重要组成部分。自然旅游资源、人文旅游资源和其他旅游资源经过开发形成景区和景点,包括风景名胜区、文博单位、森林公园、各类自然保护区、旅游度假区、主题公园、各类康体娱乐场所等。目前,我国已有各类旅游景区超过 2 万家,其中,A 级旅游景区的数量达到 7 951 家,5A 级旅游景区的数量突破 250 家,国家级风景名胜区 244

家，列入《世界遗产名录》的遗产 52 项。经营管理这些景区或景点，形成许多旅游企业。

景区需要有景区导游证及各类工种技术等级证的从业人员。如旅游区、自然保护区、博物馆、纪念馆、名人故居等地需要大量的定点导游员，定点导游人员应通过讲解，使旅游者对该景区、景点或参观地全貌和主要特色有较为全面的了解。

4. 政府旅游管理部门及其职业

目前，我国的旅游业管理机构按行政隶属关系分为四个层次：文化和旅游部、省级旅游局、地/市级旅游局和县/市级旅游局。

中华人民共和国文化和旅游部设以下机构：办公厅、政法司、人事司、财务司、艺术司、公共服务司、科技教育司、非物质文化遗产司、产业发展司、资源开发司、市场管理司等。省级旅游行政管理部门一般下设办公室、政策法规处、规划发展处、监督管理处、人事教育处、旅游促进处、对外合作处等。1998 年，全国有各级地方旅游管理机构 956 个，大多数地、市、县单独设立旅游局，部分地区旅游局与外办、侨办、风景园林、森林、文化、文物、宗教等部门合署办公。地、市、县旅游局的内部机构设置不一定与国家旅游局、省旅游局完全对口，而是根据实际需要设置相应机构。

各级政府旅游管理部门的各组织机构依据其岗位要求，需要相应的从业人员和人才储备。

5. 其他旅游部门及其职业

如旅游交通业。交通是发展旅游的前提条件，交通的发展促进了旅游业的发展。近代交通发展史上的每一次进步都对旅游业产生了重要的影响。正在蓬勃发展的国际旅游和国内旅游，与当代交通设施的改进和完善息息相关。民航、火车、汽车、游船、马车等交通的组织管理都需要大量的从业人员。

如旅游通讯和信息业。通讯和信息是旅游业的中枢神经系统。旅游业的管理者、经营者和游客都离不开现代通信工具和信息网络。建立信息收集、处理、传递于一体的电子化、数字化、智能化的通信和信息系统，是发展现代旅游业的必备条件。旅游业信息化发展需要大批的复合型人才，特别是旅游信息技术人才是信息化建设的基础。

如旅游娱乐业。包括：体育场馆、保龄球馆、高尔夫球场、卡拉 OK 厅、夜总会、温泉浴室、推拿按摩室等，即为旅游者开设的各种各样的休闲娱乐企业。

如旅游购物业。包括旅游工艺品公司、旅游纪念品商店、旅游涉外定点商店等。

如与旅游相关的产业。如会议、展览、商务、农业、文化业、教育业、科技业等，其下都产生旅游企业，开展商务旅游、会展旅游、现代农业旅游、现代观光旅游等。这些与旅游相关的产业所新建的旅游企业，也都是旅游业的组成部分。

旅游产业的综合性及其外延的难界定性，使旅游从业人员的统计和预测工作较为困难。按世界旅游旅行理事会（WTTC）的界定，旅游从业人员包括下列 4 个部分（见图 1－2）：

（1）旅游服务就业：航空公司、饭店、餐饮、景点、旅行社和出租车公司等服务企业的员工。

（2）政府有关部门就业：旅游局、边防、海关等部门的公职人员。

（3）旅游投资建设方面的就业：旅游基础设施、接待设施和游乐景点的投资建设人员。

（4）旅游商品生产销售方面的就业：为旅游者和旅游企业（饭店、餐饮、商店等）生产和经销货物的员工。

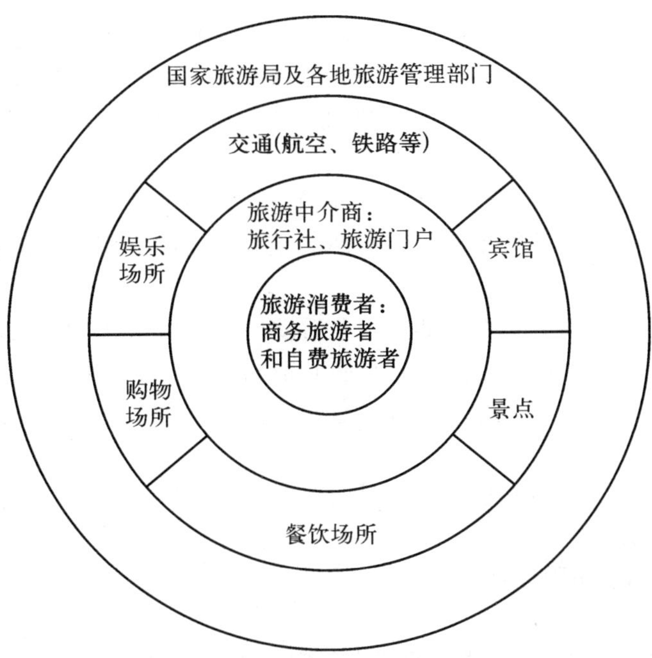

图 1－2　中国旅游业服务结构图

第二节　旅游职业素养

一、旅游职业素养的概念

(一) 素质与职业素质

1. 素质及分类

素质是以人的先天禀赋为基质,在后天环境和教育影响下形成并发展起来的内在的、相对稳定的身心组织结构及其质量水平。根据素质形成和发展过程由低级到高级的层次性,可以将素质分成三类八种。

(1) 自然素质(natural quality)。自然素质即先天遗传的生理素质,例如神经系统、身高、体重、骨骼的特点;运动素质、负荷限度、适应和抵抗能力等生理机能的特征。这是一个人身心发展的物质基础,为人的身心发展提供极大的可能性,是整个素质的基础部分。

(2) 心理素质(psychological quality)。是指在先天与后天共同作用下形成的人的心理倾向和心理发展水平,是人的整体素质的组成部分。心理素质包括人的认识能力、情绪和情感品质、意志品质、气质和性格等个性品质诸方面。今天,人的心理素质显得越来越重要。

(3) 社会素质(social quality)。是指人在特定的社会生活环境中,通过学习、受教育所具备的与该社会发展要求相一致的属性。在整个素质中占据主导地位。它可以细分为思想政治素质、科学文化素质、道德素质、审美素质以及“内潜素质”与“外显素质”等各项。

八种素质是指政治素质,思想素质,道德素质,业务素质,审美素质,劳技素质,身体素质,心理素质。

2. 职业素质及其特征

职业素质(professional quality)是劳动者对社会职业了解与适应能力的一种综合体现,其主要表现在职业兴趣、职业能力、职业个性及职业情况等方面。一般说来,劳动者能否顺利就业并取得成就,在很大程度上取决于本人的职业素质,职业素质越高的人,获得成功的机会就越多。职业素质具有以下特征:

(1) 职业性。不同的职业,职业素质是不同的。

(2) 稳定性。一个人的职业素质是在长期的职业生涯中日积月累形成的。它一旦形成,便产生相对的稳定性。

(3) 内在性。职业从业人员在长期的职业活动中,经过自己学习、认识和亲身体验,有意识地内化、积淀和升华而成的心理品质,就是职业素质的内在性。

(4) 整体性。是指职业者的业务知识、专业能力和其他良好品质在职业活动中的综合表现。

(5) 发展性。人们为了更好地适应、满足、促进社会发展的需要,总是不断地提高自己的素质,所以,素质具有发展性。

(二) 职业素养与旅游职业素养

1. 职业素养

职业素养就是职业素质修养,指从业者在一定生理和心理条件基础上,通过教育培训、职业实践、自我修炼等途径形成和发展起来的,在职业活动中起决定性作用的,内在的、相对稳定的基本品质。

职业素养从表现形式上可以分为外化(显性)素养和内化(隐性)素养。内化素养是职业素养中最根本的部分,包含职业意识、职业心理、职业价值观等;外化素养是通过学习、培训获得并在实践运用中日渐提升的,如职业形象、职业能力、职业行为等。

将职业素养状态进行量化,就要引入“职商”这一概念,其对应的英文术语为“Career Quotient”,简称CQ。所谓CQ指的是上述的职业素养中各种职业素质的养成,是可以数据量化的指标状态,即职业胜任力的量化标准。它影响人的精神境界,制约人的行为举止,左右人的事业成败,所谓一生成败看“职商”。在职业活动中,我们从职业生活的要求出发,可以检测自己的“职商”水平,进而有针对性地提升自身职业素质水平,使自己更好地胜任岗位工作,适应职业发展的要求。这一过程就是职业素养提升。

2. 旅游职业素养

旅游职业素养是人们从事旅游行业工作时所应具备的基本职业素质。良好的旅游职业素养不仅是旅游职业的准入门槛,而且是学生在旅游行业得以持续顺利发展的重要因素。

二、旅游职业核心能力

(一) 职业核心能力

职业核心能力是人们职业生涯中除岗位专业能力之外的基本能力,它适用于各种职业,能适应不同岗位不断变换,是伴随人终身的可持续发展能力。德国、澳大利亚、新加坡称其为“关键能力”;在我国大陆和台湾地区,也有人称它为“关键能力”;美国称其为“基本能力”,在全美测评协会的技能测评体系中又被称为“软技能”;在我国香港则称其为“基础技能”、“共同能力”等。

1998年，我国劳动和社会保障部在《国家技能振兴战略》中把职业核心能力分为8项，这“8项核心能力”包括：与人交流、数字应用、信息处理、与人合作、解决问题、自我学习、创新革新和外语应用。

按其内涵和特点分，职业核心能力可分为方法能力和社会能力两大类。

1. 方法能力

方法能力是劳动者的基本发展能力。是在职业生涯过程中不断获取新的技能、知识、信息和掌握新方法的重要手段。职业方法能力包括劳动者自我学习、信息处理和数字技术应用等能力。

2. 社会能力

社会能力既是基本生存能力，又是基本发展能力，它是劳动者在职业活动中特别是在开放的社会生活中必须具备的基本素质。职业社会能力包括：与人交流（包括外语应用）、与人合作、解决问题和革新创新等能力。

（二）旅游职业核心能力

1. 熟练的信息处理与服务创新能力

从旅游产业运行特点看，旅游业是一个开放性的大系统，旅游消费包括吃、住、行、游、购、娱等诸要素，这些活动都包含大量的信息。从旅游者的角度来看，他们需要的旅游信息既包括旅游目的地基本信息，如景点分布、历史文化、气候特点等，又包括食宿、交通、购物等相关信息。因此对旅游服务机构而言，所提供的信息除了必须准确、及时外，还要具有比较强的交互性。旅游服务活动的组织牵涉面很广，而且往往是跨地域运作，这就决定了旅游交易过程信息的复杂性，所以，旅游业内部各组成部分之间以及旅游业同其他行业之间必须维持信息协调。不管是对旅游管理部门还是对旅游企业，有效地获取信息对业务运行特别重要，这表现出对信息具有很强的依赖性。

创新能力是指在工作活动中，为改变事物现状，以创新思维和技法为手段，提出改进或革新的方案，勇于实践并能调整和评估创新方案，以推动事物不断发展为宗旨的能力。它是从事任何职业都特别需要而当今社会又特别缺乏的一种社会能力和方法能力。创新能力是高职学生取得职业成就的关键。创新能力主要表现在：具有创新的勇气和信念；具有挖掘自身潜能，充分运用已有知识和技术的方法技巧；能实事求是、与时俱进更新观念，改进方法，提高工作效率；善于集思广益、分析和把握企业发展趋势，擅长出谋策划和具有战略眼光；有准确的判断能力，思维敏捷，能站在企业改革和发展的高度，对企业提出自己新颖的思想、建设性的意见或建议。

2. 良好的人际沟通与合作的能力

沟通与合作的能力，其内涵包括：能正确认识自己，合理定位，能正确认识他人，善解人意；能正确认识部门的相互关系，有全局观，懂得并善于和他人合作共同完成任务；能妥善协调各部门之间以及企业和社会各界之间的关系，拓展职业生存的空间；有良好的人际交往的技巧和方法。沟通、合作的能力被公认为知识经济时代企业理想的管理者和雇员应有的特质。

旅游服务运作过程中涉及员工与顾客、员工与员工、顾客与顾客以及企业与外部社会各界、各个组织之间的交往与沟通。沟通交流能够增进了解、消除误会、减少摩擦、化解矛盾，避免冲突；沟通还能集思广益，增强团队的凝聚力；同时，还要清醒地认识到，在职业活动中，必须要有团队意识和合作意识，现代社会里任何职业活动都不是能靠一个人单打独斗来完成的。

与他人良好的沟通与合作的能力,是成功的职业人必不可少的素养之一。尤其是旅游行业,要为旅游者提供食、住、行、游、购、娱的服务,需要各方面、各部门人员与客人一起共同合作完成。显而易见,旅游从业人员应有良好的与人沟通、合作的能力。

3. 为职业的发展而持续学习的能力

持续学习能力一般包括三个方面:一是快速获取信息与知识的能力;二是熟练运用知识、配置知识的能力;三是创造新知识的能力,其中获取知识的能力是基础,是在知识经济时代不落伍的前提和保证;运用知识的能力是关键,是把知识转化为企业资产的必经之路;创新知识的能力则是升华,是为企业持续发展注入的永恒动力。

随着旅游业的快速发展,对旅游从业人员的素质要求越来越高。面对人们不断增长的旅游需求和日益激烈的市场竞争,没有人能拥有一劳永逸的职场知识和从业技能,只有不断学习,更新知识,增长才干,才能跟上形势的要求。劳动者学习终身化成为必然的趋势,而学校教育不可能解决劳动者终身学习的问题,更多的学习,要在学校教育之后。所以,重要的不是现在已经具备了多少知识和技能,而是应努力培养自己具有持续学习的能力。总之,持续学习能力是旅游从业人员适应知识经济时代的最基本和最重要的能力。

4. 语言运用的能力

语言是一种符号,是人类工作、学习、生活的工具。常用的语言包括三种:即作为本民族通用语言的汉语、作为科学逻辑思维语言的数学,还包括作为国际交流语言的外语。

作为职业核心能力的语言运用能力是指旅游服务人员对汉语、数学、外语这三种语言的运用能力,即较好的口头语言和书面语言的表达与理解能力、科学的逻辑思维能力和语言的转换能力。其中对汉语的运用能力是首要的。旅游服务的整体过程中,处处体现旅游从业人员的语言运用能力。言简意赅、易于理解、科学规范、纯洁朴素的服务语言,不但能提高服务质量,实现客户和服务业的双赢,良好的语言运用能力还有助于消除误会,解决矛盾,化解纠纷。

旅游职业核心能力是旅游职业素养的内释之一,是旅游从业人员显性职业素养的重要表现。

三、旅游核心职业意识

所谓职业意识,是指人们在特定的社会环境和职业氛围中,通过接受教育和职业岗位实践形成的,对即将从事的或正在从事的职业的认识、看法及其在从业中表现出的情感、态度、意志和品质。它反映一个人对于职业的根本看法和态度,是职业认知和职业行为的结合。

旅游从业人员应该具备以下四种核心职业意识:

(一) 感恩意识

人们往往在服务关系的认识上存在究竟谁该感激谁的混乱。许多人把服务混同于道德性帮助,认为不管怎样,服务终究是付出了劳动,所以消费者理应要感激服务者。其实,服务并不是帮助,不是施舍,服务是服务业和服务人员的责任和义务。就其经济关系而言,消费者肯光顾是对服务企业和服务者的信任和认可,同时,消费者的光顾为服务部门带来了赢利的可能,也为服务者提供了工作的机会,并为服务者提供了在社会上实现劳动价值的机会。没有消费者,就不可能有服务行业和服务者存在的土壤。发展迅速的旅游业,受益于广大消费者日益增强的旅游消费意识和旅游消费热情,他们将自己的积蓄和闲暇的时间,托付给旅游服务机构和旅游服务人员,旅游从业人员没有理由辜负他们。旅游从业人员和旅游企业都应树立感激旅游消费者的意识,这将有利于端正劳动态度,提高工作热情,树立道德风尚,协调社会关系。

（二）服务意识

1. 服务的空间意识

服务的空间意识是指在服务提供过程中服务人员的服务到位、补位和换位意识。

（1）服务到位意识。要求旅游服务人员按照服务标准提供恰到好处、恰如其分的服务，服务到位是对服务员角色的最基本的要求。服务到位意识具体体现在以下几个方面：

首先服务规范到位。做到规范到位要注意“三防”：一防服务不到位，降低服务标准；二防服务错位，对服务标准随心所欲，出现差错；三防服务越位，指不依据旅游者的需要提供旅游服务，画蛇添足。

其次礼貌到位。旅游行业是现代文明的窗口，服务的对象都是作为旅游业“衣食父母”的旅游者，因此旅游服务人员必须彬彬有礼，礼貌到位。

再次语言到位。语言是人类沟通信息、交流思想感情、促进相互了解的重要手段，是方便人们进行交际活动的重要工具，旅游服务的语言表达非常重要。准确、明了、清晰的语言有利于提高服务质量，提高服务效率。

（2）补位意识。团队作业和互补协调是旅游行业运作过程中的重要内容和任务。旅游服务产品是典型的组合产品，组合产品的提供需要多个部门、多个岗位的协作和共同的努力来完成。另外，在旅游服务的过程中难免会出现服务不及时、不到位、服务效果不尽如人意等服务过失或缺陷，一旦出现这种状况，其他员工若能及时、快速补位，就能补救过失或降低过失造成的损失，提高服务质量。所以，旅游从业人员应该具有补位意识。一个有效率的团队，一定是具有补位意识的团队，一个好的员工，也一定是具有补位意识的员工。

（3）换位意识。要想贯彻消费者至上的原则，最为简单的做法就是设身处地地去为消费者着想，对待旅游服务的各个环节都应想着“假如我是旅游者”，进行换位思考。换位意识要求旅游从业人员在对客服务中要不时站在客人的角度，想客人之所想，急客人所急，解客人所难。具有自觉的换位意识是旅游从业人员思想境界和旅游企业优质服务的最高标志。旅游从业人员要通过换位思考，提高旅游服务的主动性和针对性。

2. 服务的时间意识

旅游服务的时间意识包括第一时间意识，关键时刻意识和服务过程意识。核心职业意识中的时间意识主要指前两者。

第一时间意识表现为两点：一是在游客提出服务需求时，能在最短的时间内给予满足；二是由于服务的过失出现游客投诉时，能以最快的速度予以解决和反馈。对游客服务的第一时间意识的确立，有利于增强游客对旅游企业的信任感和忠诚感，提高企业的美誉度。

关键时刻意识是指在旅游服务运作的过程中，直接与游客打交道的时间，即客服接触时间。关键时刻意识要求旅游从业人员在提供旅游服务过程中要把握好每一次的客服接触时间，通过保证每一次的客服接触质量来达到整体服务质量的提升。

（三）成本与效益意识

成本与效益意识是指能从经济的角度去衡量、评价自己工作的一种自觉意识。成本即为投入，效益是经济效益和非经济效益的总和。成本与效益意识可以分为两个层次，即低层次的成本与效益意识和高层次的成本与效益意识。

1. 低层次的成本与效益意识

低层次的成本与效益意识是懂得做任何工作都要投入一定的人力、物力、财力，和一定的时间精力,这些都是工作的成本。工作的目的是要取得效益或效果,没有效益或效果就是做无用功。

2. 高层次的成本与效益意识

高层次的成本与效益意识就是旅游从业人员要研究成本与效益的关系,能够认识到游客的成本就是自己的成本,游客的效益就是自己的效益,做好计划,力争用最少的投入,产生最大的效益。

3. 服务质量意识

服务质量意识包括整体服务质量意识、全员质量意识、质量的成本与责任意识。其中质量的成本与责任意识是现代旅游从业者所应具备的职业素养中的重要核心意识。旅游从业人员应清楚地认识到,劣质的服务将增加不必要的成本。因为纠正过失或赔款所产生的成本,以及由此带来的美誉度的降低都属于不必要的成本和无形损失。所以,责任意识的提高,有利于降低成本,提高效率。

旅游职业核心意识是旅游职业素养的内释之一,是一种非常重要的隐性旅游职业素养。

四、如何培养与提升旅游职业素养

(一) 应有较高的政治觉悟和良好的旅游职业道德

1. 全心全意为游客服务

全心全意为游客服务是社会主义旅游职业道德的核心,也是社会主义旅游职业道德的基本原则之一。旅游从业人员必须自始至终贯彻这一原则。旅游业服务的对象就是游客。游客来自不同的地区、不同的阶层、不同的职业,有着不同的生活习惯和个人性格,千人千面。如果旅游从业者没有全心全意为游客服务的思想、态度、行动,服务工作是做不好的。

对外国游客来说,全心全意的服务,会让他们感受到中国人民的热情友好;对华侨和台港澳同胞来说,全心全意的服务,会使他们感到祖国的温暖;对国内游客来说,全心全意的服务,会让他们感到亲切、平等。

旅游从业人员全心全意为游客服务,游客就会获得更多美的享受,服务者也会在游客的心目中留下良好的印象,而一个地区,甚至一个国家的旅游业的良好形象也就随之逐步树立起来。

2. 自觉抵制国外不良思想的影响

改革开放以来,我国经济发展取得了巨大的成就。我们也应清醒看到,在对外开放和旅游业迅速发展的大潮中,国外的一些腐朽思想,一些不良的道德观念和生活方式也随之涌了进来。作为窗口行业的旅游业所受到的影响更为直接、突出。我国的旅游从业者如果觉悟不高,意志不坚定,就会受其影响而犯错误,甚至会走上违法犯罪的道路,严重的会给一个企业、一个地区带来不可挽回的损失,影响旅游业的声誉。只有自觉抵制国外不良思想的影响,旅游从业人员,尤其是青年职工才能健康成长。

3. 自觉遵纪守法

俗话说,国有国法,家有家规。建立健全的旅游法规,同时造就一支懂法守法、纪律严明的旅游职工队伍,是走中国特色社会主义旅游道路的需要。

4. 培养良好的社会主义旅游职业道德

社会主义旅游职业道德是社会主义制度下,旅游从业人员必须遵循的行为准则和行为规范的总和。社会主义旅游职业道德是旅游从业人员政治素质的重要内涵。培养良好的社会主义旅游职业道德是旅游企业精神文明建设的重要组成部分,是我们防止和纠正行业不正之风的道德基础。

(二)应努力提升自身的文化修养

旅游服务的对象是人,是受过不同程度教育和各类文化熏陶的人。这就要求服务者首先是一个有较高文化层次的、具有与旅游业相适应知识结构的“文化人”。越来越多的人希望通过旅游活动达到领略异国、异地的古今文化和文明,增加知识,开阔眼界,获取信息的目的。这就要求服务者先要重视自身的文化修养。

1. 要有较好的语言修养

我国是一个多民族、多文字、多语言的国家,又是外语教育相对落后的国家。而语言是人类交际的工具,也是旅游服务的重要工具之一。因此,提高我国旅游从业人员的语言水平,既是发展旅游业的需要,也是提高中华民族综合素质的需要。我国旅游从业人员首先要讲好普通话,语音要准,语调要好,词汇要丰富,表达要准确;其次要学会一门甚至几门外语;再次是要有较好的语言运用能力,即较好的口头表达能力、笔头表达能力和语言转换能力。

2. 要有广博的文化知识

旅游从业人员的知识面要广,这是由旅游业和游客的特点及需求所决定的。一方面,旅游业涉及的知识领域非常广泛,古今中外,天文地理,几乎是无所不包,既涉及政治、历史、地理、经济、文化等一般领域的知识,又涉及高科技、美学、心理学、宗教、环保等高层次领域的知识。另一方面,游客来自四面八方,有不同的文化层次和兴趣爱好,有不同的职业和阅历,有不同的个性特征和心理要求,有不同的生活习俗和宗教信仰,等等。他们在旅游活动中会不断提出涉及各种知识的各种各样问题,如果旅游从业人员知识贫乏,就很难为游客提供高质量的服务。

3. 要有良好的风度

风度是指人们的举止、动作、谈吐、神态、仪表、作风等。它是个人文化修养的外在表现,也是个人文明程度的反映。旅游从业人员应有什么样的风度呢?除了由个人性格、爱好、气质表现出的良好风度外,从旅游服务的共性要求上说,还应有气质高雅、语言文明、平等待人、举止大方、谦虚谨慎、实事求是的良好风度。

(三)应掌握必要的服务常识和服务技能

一名旅游从业人员如果只有好的服务愿望和态度,而没有必要的服务常识和娴熟的服务技能、技巧,优质服务就只是一句空话。如果不能为旅客提供优质服务,就会影响到旅游业的持续发展。每个从业人员必须按规定掌握好本职工作所需要的服务规范要求,这是做好工作的前提。此外,对与本职工作关系较密切,联系较多的其他工种,也应有所了解,懂得一些。

旅游服务的礼节礼貌则是每一位从业人员都应懂得并运用于每一个接待环节中的。礼节礼貌既是个人修养和内心情感世界的外露,也是优质服务的重要内涵。在旅游接待中,要使用敬语,要提倡微笑服务,要懂得接待中的介绍、问候、握手或其他礼节的顺序及有关知识,要懂得不同国家、不同地区接待习俗上的差异,还要讲究与游客交谈的语言艺术及表情、体态等。

除了本岗位的服务常识、技能、技巧和礼节礼貌规范外,旅游从业人员还应懂得一些与旅游有关的或发生意外情况时能发挥作用的知识。

(四)应有较强的识别能力和活动能力

在接待的游客中,绝大多数是友好的、讲道理的。但可能因政治偏见,会有极少数不怀好意者;或因个人习性,会有极少数刁难者。对待这些人,一要学会分辨,二要注意策略。另外,游客来自不同国家、地区,风俗习惯不同,个人性格不同,因此服务人员要学会按具体情况以合适的方式与他们相处。也就是说,旅游从业人员要有较强的识别能力和活动能力。

1. 掌握政策界限的能力

在旅游接待中,接待人员必须具有高度的政策观念。这就要求从业人员平时认真学习、深刻领会党和国家的各项重大的方针政策以及与旅游业相关的政策法规。在回答或处理涉及政治性的问题时,要立场坚定、观点鲜明、掌握分寸、内外有别。

2. 与不同类型的游客打交道的能力

游客因年龄、性格、信仰、生活习惯、个人经历、文化修养、心理素质、身体状况等诸多方面的不同,在旅游中的需求和表现会有明显差异。旅游从业人员要学会用不同的方法接待不同类型的游客。

3. 处理意外情况和突发事件的能力

接待中,有可能出现一些意想不到的情况,甚至会突然发生一些重大事故。旅游从业人员平时要学习、掌握一些处理意外事故的知识、技巧,一旦遇到意外事故,除及时汇报外,自己还要做到保持冷静,以积极的态度,客观分析情况,准确做出判断,及时采取有效措施,使问题得到妥善解决。此外,旅游从业人员还应有一定的社交活动能力。

(五)应有良好的心理素质和健康的体魄

旅游从业人员必须是健康的人。世界卫生组织(WHO)认为:“所谓健康,不仅在于没有疾病,而且在于肉体、精神、社会各方面的正常情况。”也就是说,现代社会健康的人,应是躯体健康、心理健康和社会适应能力良好三者的完善统一。旅游从业人员认识这一点尤为重要。

人是有感情的,有个性的,而感情、个性又会随环境的变化而变化。一个人外出旅游时,这种变化更为明显。旅游从业人员要有良好的心理素质,一方面要经得起游客的赞扬而不自我陶醉,另一方面要随时准备承受某些误解、怨言、委曲,甚至打击。旅游从业人员要做到在各种环境中都能保持一种持续的、积极的、良好的心理效能状态,做到处处为游客提供超常服务。

旅游业有些部门是按行政作息时间上下班的,但更多的是非八小时工作制,或是连续工作超过八小时,或是分段上班,还有一些人员是长期在室外工作的。特别是旅游旺季时,不少人员需要加班。这都要求从业人员要有健康的体魄。

实战演练

一、活动与训练

(一)认识你面临的旅游职业

1. 主题

认识你面临的旅游职业。

2. 目标

(1)认清所学专业与将来从事的旅游职业之间的关系。

(2)规划提升自己旅游职业素养的方案,为未来的职业发展做准备。

3. 建议时间

建议用时 30 分钟。

4. 材料准备

（1）知识准备。通过学习教材相关知识、上网查阅等方式查找资料，明确旅游行业的职业类别划分。

（2）教具准备。白板（黑板）、板擦、白粉笔、磁扣、白板夹子、彩色卡纸。

5. 活动步骤

（1）开放式提问。你所学的专业未来能够从事什么样的旅游职业？该职业需要具备哪些职业素养？

（2）小组讨论。以小组为单位探讨所学专业可能从事的旅游相关职业，将这些职业和所需要的旅游职业素养要求写在彩色卡纸上。

（3）分组阐述。各小组选派代表利用白板（黑板）描述各种职业及所需的职业素养要求，并说明组内观点。

（4）个人观点。每人从中选择 2~4 点职业素养要求并按照优势排序，说明理由。

（5）拓展探讨。通过教师引导，探讨所学专业与将来从事的旅游职业之间的关系，以及如何处理好专业技能学习与职业素养培养、职业生涯发展的关系。

（6）小组总结。讨论总结如何为未来的旅游职业生涯做准备，教师针对小组结论进行分析、反馈并给予点评。

6. 总结评价

（1）你对将来要从事的旅游职业有哪些方面的考量？目前所学专业是否有助于你将来想要从事的职业？

（2）通过这次讨论，你认为自己在职业素养方面有哪些优势？有哪些不足？

（3）结合这次讨论，你打算如何提升自己的旅游职业素养来为未来的职业发展做准备？

（二）旅游职场校友访谈

1. 主题

旅游职场校友访谈。

2. 目标

通过访谈，了解成功的旅游从业者所应具备的职业素养。

3. 建议时间

建议用时 30 分钟。

4. 材料准备

（1）知识材料。联系三位从事不同旅游职业的校友，访谈他们的成功经验及个人的感悟。

（2）教具材料：白纸、笔。

5. 活动步骤

（1）约定三个从事不同旅游职业的校友，可以从身边熟悉的人群中约定，也可以从学校校友会名录中选取，准备对应的访谈问题。

（2）进行旅游职场校友访谈。

（3）撰写访谈感悟，归纳成功旅游从业者所应具备的旅游职业素养，思考自己未来的职业规划。

（4）小组活动。组内分享访谈感悟，使同学们收获到更多访谈对象的经验。

（5）教师总结。以访谈的方式更好地了解旅游职场，弥补在校学生的经验。

6. 总结评价

(1) 你是否很顺利地联系到了访谈的校友？遇到了哪些困难？

(2) 访谈感悟有哪些？哪些事情使你印象深刻？

(3) 结合访谈感悟,你是否已经明确该如何提升个人的旅游职业素养？

二、案例分析

(一) 案例Ⅰ

某公司要裁员,下岗名单公布了,其中有内勤部的小灿和小燕。规定一个月后离岗。那天,大伙儿看她俩的时候都小心翼翼,更不敢多说一句话。因为她俩的眼圈都红红的,这事摊到谁头上都难以接受。

第二天上班,小灿心里憋气,情绪仍然很激动,什么也干不下去,一会找同事哭诉,一会找主任申冤,什么订盒饭、传送文件收发信件这些她应该干的活全扔在一边,别人只好替她干。

而小燕呢,她也哭了一个晚上,可是难过归难过,离走还有一个月呢,工作总不能不做,于是她默默地打开电脑,继续写文稿、发通知。同事们知道她要下岗,不好意思再找她打字了。她特地和大家打招呼,主动揽活。她说:"是福不是祸,是祸躲不过,反正也就这样了,不如好好干完这个月,以后想给你们干都没机会了。"于是,同事们又像从前一样"小燕,把这个打出来,快点儿!""小燕,快把这个传出去!"小燕总是连声答应,手指飞快地点击着,辛勤地工作着,随叫随到,坚守着她的岗位,履行着她的职责。一个月后,小灿如期下岗,而小燕的名字却从裁员的名单中删除。主任当众宣布了老总的话:"小燕的岗位谁也无法代替,像小燕这样的员工,公司永远也不会嫌多!"

根据 cmr.com.cn Inc.2013 - 11 - 15"职场故事"改编

(二) 案例Ⅱ

一天夜里,已经很晚了,一对年迈的夫妻走进一家旅馆,他们想要一个房间,可是旅馆已经客满。前台接待员不忍心深夜让这对老人再去找旅馆,就将他们引到一个房间:"也许它不是最好的,但至少你们不用再奔波了。"老人看到整洁干净的屋子,就愉快地住了下来。

第二天,当他们要结账时,接待员却说:"不用了,因为你们住的是我的房间。祝你们旅途愉快!"原来,他自己在前台过了一个通宵。老人十分感动地说:"孩子,你是我见到过最好的旅店经营人。你会得到好报的。"接待员笑了笑,送老人出门,转身就忘了这件事。

后来有一天,那位接待员接到一封信,里面有一张去纽约的单程机票,他按信中所示来到一座金碧辉煌的大楼。原来,那个深夜他接待的是一个亿万富翁和他的妻子。富翁为这个接待员买下了一座大酒店,并深信他会经营管理好这个大酒店。这就是著名的希尔顿饭店和他首任经理的传奇故事。

根据 hahamx.cn 2012 - 01 - 08"魔鬼中介者"改编

(三) 思考题

(1) 案例Ⅰ中面对同样的裁员遭遇,是什么原因导致小灿走了,小燕留下了？

(2) 案例Ⅱ中为什么亿万富翁对侍者说你是最好的旅店经营人？

(3) 两个案例中的主人公身上都具有哪些职业素养？案例带给你的启示是什么？

第二章　个人形象礼仪

外表的纯洁优雅应当是内心纯洁和美丽的反映。

——【俄国】别林斯基

学习目标

☆知识目标：了解礼仪的起源与发展；熟悉礼仪与旅游礼仪的内涵；掌握旅游从业人员个人形象塑造的基本要领，旅游职场交际礼仪的基本规范。

☆能力目标：提升学生的审美能力，能按照旅游职业各岗位要求塑造个人形象，能在旅游职场上熟练应用规范的社交礼仪，展现良好的精神风貌与个人素养。

☆德育目标：塑造自身的外在形象，修炼自身的内在品质，将自信、豁达、优雅、大方的形象由内而外地展现给他人。达到“外塑形、内修心”的育人目标，引导学生在社会交往中尊重自己、尊重他人、尊重规则和规范，做一个得体的有教养的人。

第一节　旅游从业人员礼仪概述

一、礼仪的起源与发展

（一）礼仪的起源

关于礼的起源，说法不一。归纳起来有五种起源说：一是天神生礼仪；二是礼为天地人的统一体；三是礼产生于人的自然本性；四是礼为人性和环境矛盾的产物；五是礼生于理，起源于俗。

从理论上说，礼的产生，是人类为了协调主客观矛盾的需要，是为了维护自然的“人伦秩序”的需要或者人类寻求满足自身欲望与实现欲望的条件之间动态平衡的需要，是为了避免矛盾和冲突，就需要为“止欲制乱”而制礼。从具体的仪式上看，礼产生于原始宗教的祭祀活动。原始宗教的祭祀活动是最早也是最简单的以祭天、敬神为主要内容的“礼”，这些祭祀活动在历史发展中逐步完善了相应的规范和制度，正式形成祭祀礼仪。

随着人类对自然与社会各种关系认识的逐步深入，仅以祭祀天地鬼神祖先为礼，已经不能满足人类日益发展的精神需要和调节日益复杂的现实关系。于是，人们将事神致福活动中的一系列行为，扩展到了各种人际交往活动，从最初的祭祀之礼扩展到社会各个领域中各种各样的礼仪。

（二）传统礼仪的发展

礼仪在其传承沿袭的过程中不断发生变革。从历史发展的角度来看，其演变过程可以分四个阶段。

1. 礼仪的起源时期(公元前21世纪前)

礼仪起源于原始社会,在原始社会中、晚期(约旧石器时代)出现了早期礼仪的萌芽。当时的礼仪较为简单和虔诚,还不具有阶级性。内容包括:明确血缘关系的婚嫁礼仪;区别部族内部尊卑等级的礼制;为祭天敬神而确定的一些祭典仪式;一些在人们的相互交往中表示礼节和恭敬的动作。

2. 礼仪的形成时期(公元前21世纪~前771年)

人类进入奴隶社会,统治阶级为了巩固自己的统治地位,把原始的宗教礼仪发展成符合奴隶社会政治需要的礼制,礼被打上了阶级的烙印。在这个阶段,中国第一次形成了比较完整的国家礼仪与制度。如"五礼"就是一整套涉及社会生活各方面的礼仪规范和行为标准。古代的礼制典籍亦多撰修于这一时期,如周代的《周礼》《仪礼》《礼记》就是我国最早的礼仪学专著。在汉以后2 000多年的历史中,它们一直被奉为国家制定礼仪制度的经典著作,被称为"三礼"。

3. 礼仪的变革时期(公元前771~前221年)

这一时期,学术界形成了百家争鸣的局面,以孔子、孟子、荀子为代表的诸子百家推动了礼教的研究和发展,对礼仪的起源、本质和功能进行了系统阐述,第一次在理论上全面而深刻地论述了社会等级秩序的划分及其意义。孔子对礼仪非常重视,把"礼"看成是治国、安邦、平定天下的基础。他认为"不学礼,无以立""质胜文则野,文胜质则史。文质彬彬,然后君子"。他要求人们用礼的规范来约束自己的行为,要做到"非礼勿视,非礼勿听,非礼勿言,非礼勿动"。倡导"仁者爱人",强调人与人之间要有同情心,要相互关心,彼此尊重。

4. 强化时期(公元前221~公元1911年)

在我国长达2 000多年的封建社会里,尽管不同朝代的礼仪文化具有不同的社会政治、经济、文化特征,但它们有一个共同点,就是一直为统治阶级所利用,礼仪是维护封建社会等级秩序的工具。这一时期礼仪的重要特点是尊君抑臣、尊夫抑妇、尊父抑子、尊神抑人。纵观封建社会的礼仪,内容大致可分为涉及国家政治的礼制和家庭伦理两类。这一时期的礼仪构成中华传统礼仪的主体。

(三)现代礼仪的发展

辛亥革命以后,受西方资产阶级"自由、平等、民主、博爱"等思想的影响,中国的传统礼仪规范、制度受到强烈冲击。新中国成立后,逐渐确立了以平等相处、友好往来、相互帮助、团结友爱为主要原则的具有中国特色的新型社会关系和人际关系。改革开放以来,随着中国与世界的交往日趋频繁,西方一些先进的礼仪、礼节陆续传入我国,同我国的传统礼仪一道融入社会生活的各个方面,构成了社会主义礼仪的基本框架。许多礼仪从内容到形式都在不断变革,现代礼仪的发展进入了全新的发展时期。大量的礼仪书籍相继出版,各行各业的礼仪规范纷纷出台,礼仪讲座、礼仪培训日趋火红,人们学习礼仪知识的热情空前高涨。讲文明、讲礼貌蔚然成风。今后,随着社会的进步、科技的发展和国际交往的增多,礼仪必将得到新的完善和发展。

(四)东、西方礼仪的差异

东方礼仪主要指中国、日本、朝鲜、泰国、新加坡等亚洲国家所代表的具有东方民族特点的礼仪文化。西方礼仪主要指流传于欧洲、北美各国的礼仪文化。

1. 在对待血缘亲情方面

东方人非常重视家族和血缘关系,"血浓于水"的传统观念根深蒂固,东方的人际关系中,最稳定的是血缘关系。西方人独立意识强,相比较而言,更看重利益关系。他们将责任、义务分得很清楚,责任必须尽到,义务则完全取决于实际能力,绝不勉为其难。处处强调个人拥有自由,追求个人利益。

2. 在表达形式方面

西方礼仪强调实用,表达率直、坦诚。东方人以"让"为礼,凡事都要礼让三分,相比西方人常显得谦逊和含蓄。面对他人的夸奖,中国人的话语中常会有"过奖了""惭愧""我还差得很远"等字眼,以表示自己的谦虚;而西方人面对别人真诚的赞美或赞扬,往往会用"谢谢"来表示接受对方的美意。

3. 在礼品馈赠方面

在中国,人际交往特别讲究礼数,重视礼尚往来,往往将礼作为人际交往的媒介和桥梁。西方礼仪强调交际务实,在讲究礼貌的基础上力求简洁便利,反对繁文缛节、过分客套造作。西方人一般不轻易送礼给别人,除非相互之间建立了较为稳固的人际关系。在送礼形式上也比东方人简单得多。一般情况下,他们非常重视礼品的包装,特别讲究礼品的文化格调与艺术品位。

4. 在对待"老"的态度方面

东西方礼仪在对待人的身份地位和年龄上也有所不同,东方礼仪一般是老者、尊者优先,凡事讲究论资排辈。西方礼仪崇尚自由平等,没有东方礼仪那么强调等级,而且西方人独立意识强,不愿老,不服老,特别忌讳"老"。

5. 在时间观念方面

西方人时间观念强,做事讲究效率。出门常带记事本记录日程和安排,有约必须提前到达,至少要准时,且不应随意更改约定时间。遵守时间秩序,使西方人养成了严谨的工作作风,办起事来也井井有条。相对来讲,中国人时间观念比较淡漠,对待时间较随意,包括常有改变原定计划的时间和先后顺序,这在西方人看来是不可思议的,他们认为不尊重别人拥有的时间是最大的不敬。

6. 在对待隐私权方面

西方礼仪处处强调个人拥有自由(在不违反法律的前提下),将个人的尊严看得神圣不可侵犯。西方人尊重别人的隐私权,同样也要求别人尊重他们的隐私权。东方人则非常注重共性拥有,强调群体的重要性和人际关系的和谐,喜欢邻里间的相互关心,问寒问暖,认为这是一种富于人情味的表现。

二、礼的概念与内涵

(一) 礼、礼貌、礼节与礼仪

1. 礼

礼的本意为敬神,后引申为表示敬意的通称。礼的含义比较丰富,它既可以指为表示敬意和隆重而举行的仪式,也可泛指社会交往中的礼貌礼节,是人们在长期的生活实践中约定俗成、共同认可的行为规范。在《中国礼仪大辞典》中,"礼"定义为特定的民族、人群或国家基于客观历史传统而形成的价值观念、道德规范以及与之相适应的典章制度和行为方式。礼的本质是“诚”，有敬重、友好、谦恭、关心、体贴之意。“礼”是人际间乃至国际交往中，相互表示尊重、亲善和友好的行为。

2. 礼貌

礼貌是指人们在交往过程中相互表示敬意和友好的行为准则和精神风貌，是一个人在待人接物时的外在表现。它通过仪表及言谈举止来表示对交往对象的尊重，反映了时代的风尚与道德水准，体现了人们的文化层次和文明程度。

3. 礼节

礼节是指人们在日常生活中，特别是在交际场合中，相互表示问候、致意、祝愿、慰问以及给予必要的协助与照料的惯用形式。礼节是礼貌的具体表现，具有形式化的特点，主要指日常生活中的个体礼貌行为。

4. 礼仪

礼仪包括“礼”和“仪”两部分。“礼”，即礼貌、礼节；“仪”即仪表、仪态、仪式、仪容，是对礼节、仪式的统称。礼仪则是人们在各种社会的具体交往中，为了相互尊重，在仪表、仪态、仪式、仪容、言谈举止等方面约定俗成的、共同认可的规范和程序。从广义的角度看，它泛指人们在社会交往中的行为规范和交际艺术。从狭义的角度看，通常是指在较大或隆重的正式场合，为表示敬意、尊重、重视等所举行的合乎社交规范和道德规范的仪式。

（二）礼、礼貌、礼节、礼仪之间的关系

礼是一种社会道德规范，是人们社会交际中的行为准则。礼、礼貌、礼节、礼仪都属于礼的范畴，礼貌是表示尊重的言行规范，礼节是表示尊重的惯用形式和具体要求，礼仪是由一系列具体表示礼貌的礼节所构成的完整过程。“礼貌”“礼节”“礼仪”三者尽管名称不同，但都是人们在相互交往中表示尊敬、友好的行为，其本质都是尊重人、关心人。三者相辅相成，密不可分。有礼貌而不懂礼节，往往容易失礼；谙熟礼节却流于形式，充其量只是客套。礼貌是礼仪的基础，礼节是礼仪的基本组成部分。礼是仪的本质，而仪则是礼的外在表现。礼仪在层次上要高于礼貌礼节，其内涵更深、更广，它是由一系列具体的礼貌礼节所构成的；礼节只是一种具体的做法，而礼仪则是一个表示礼貌的系统、完整的过程。

（三）礼仪的功能

1. 教育功能

礼仪是人类社会进步的产物，是传统文化的重要组成部分。礼仪蕴涵着丰富的文化内涵，体现了社会的要求与时代精神。礼仪通过评价、劝阻、示范等教育形式纠正人们不正确的行为习惯，指导人们按礼仪规范的要求去协调人际关系，维护社会正常生活。让国民都来接受礼仪教育，可以从整体上提高国民的综合素质。

2. 沟通功能

礼仪行为是一种信息性很强的行为，每一种礼仪行为都表达一种甚至多种信息。在人际交往中，交往双方只有按照礼仪的要求，才能更有效地向交往对象表达自己的尊敬、敬佩、善意和友好，人际交往才可以顺利进行和延续。热情的问候、友善的目光、亲切的微笑、文雅的谈吐、得体的举止等，不仅能唤起人们的沟通欲望，使人们彼此建立起好感和信任，而且可以促成交流的成功和范围的扩大，进而有助于事业的发展。

3. 协调功能

在人际交往中，不论是何种关系，维系人际沟通与交往的礼仪都发挥着十分重要的“润滑剂”作用。礼仪的原则和规范约束着人们的动机,指导着人们立身处世的行为方式。如果交往的双方都能够按照礼仪的规范约束自己的言行,不仅可以避免某些不必要的感情对立与矛盾冲突,还有助于建立和加强人与人之间相互尊重、友好合作的新型关系,使人际关系更加和谐,社会秩序更加良好。

4. 塑造功能

礼仪讲究和谐,重视内在美和外在美的统一。礼仪在行为美学方面指导着人们不断充实和完善自我并潜移默化地影响人们的心灵。人们的言语越来越文明,人们的穿着打扮越来越富有个性,举止仪态越来越优雅,并符合大众的审美原则,这一切都体现出时代的特色和精神风貌。

5. 维护功能

礼仪作为社会行为规范,对人们的行为有很强的约束力。在维护社会秩序方面,礼仪起着法律所起不到的作用。社会的发展与稳定,家庭的安宁与幸福,邻里的和谐,同事之间的信任与合作,都依赖于人们共同遵守的礼仪规范与要求。社会上讲礼仪的人越多,社会便会更加和谐稳定。

三、旅游礼仪的特征与原则

(一) 旅游礼仪

旅游礼仪是在旅游接待服务过程中,对旅游者表示尊重和友好的一系列行为规范,是礼仪在旅游接待服务过程中的具体运用。旅游礼仪以礼仪为基础和内容,它与礼仪有着共同的基本原则:尊重、友好、真诚。

(二) 旅游礼仪的特征

1. 广泛性

现代旅游包含行、吃、住、游、购、娱六大环节,是综合性强、跨度大的服务性行业,其接待与服务工作涵盖面广。旅游的六大环节都需要按照一定的礼仪规范做好服务与接待工作,旅游礼仪贯穿旅游活动的全过程,任何一个环节工作出现差错,都会影响旅游业的整体形象。因此只有提高全行业的礼仪素养,每个环节都严格按照旅游礼仪的各种规范接待宾客,并注意各行业(部门)间的协调与衔接,才能满足旅游者的消费需求。

2. 实用性

旅游礼仪直接服务于旅游行业,是礼仪在旅游活动中的具体应用,具有很强的实用性和针对性。不同的旅游服务门类,各有其特点,接待程序、操作规范也不相同。因此不同的服务门类、不同的部门,甚至不同的岗位,都有自己针对性很强的礼仪规范。如酒店、旅行社都有自己一整套礼仪规范;在交通服务方面,飞机、火车、轮船和汽车的接待服务礼仪也各有区别。

3. 共同性

旅游礼仪的共同性是指它的一些规范要求,是人们在旅游接待过程中应该共同遵守的。尽管旅游业涉及的“六大要素”有接待程序和接待规范上的差异,但都是在旅游接待活动中调节客人与从业者相互之间最一般关系的行为规范,礼仪的基本内涵是一致的。“宾客至上”“把尊贵让给客人”应该是旅游行业各个部门共同的行为准则,是旅游行业全体成员共同遵守的人际和社交的准则。

4. 灵活性

旅游礼仪的规范是具体的,但不是死板的、教条的,它是灵活的、可变的。旅游工作者应该在不同的场合下，根据交往对象的不同特点，灵活地处理各种情况。同时旅游工作者要特别注意了解来自不同国家、地区、民族的旅游者在文化背景、风俗习惯上的差异，充分尊重他们的礼俗禁忌，更加体贴周到地接待好每一位客人。

（三）旅游礼仪的基本原则

1. 尊重原则

现代旅游业强调“宾客至上”，要求把宾客放在首位，一切为宾客着想，主动热情地去满足宾客的各种合理需求和愿望。而在宾客所有的需求和愿望中，求尊重的需求，是最强烈和最敏感的，同时也是最合理的和最起码的要求，是宾客应有的权利。

2. “一视同仁”原则

服务工作中的“一视同仁”指所有的客人都应该受到尊重，在这一点上决不能厚此薄彼。具体运用礼仪时，可以因人而异，根据不同的交往对象，采取不同的礼仪形式，但是在对待客人的态度上一定要一视同仁。

3. 热情原则

能否积极主动解决客人的各种要求满足客人的各种心理需求，是衡量旅游服务质量好坏的一个重要标准，因此旅游从业者在旅游活动中的礼仪行为应该是积极主动的。

4. 合宜原则

现代礼仪强调人际之间的交往与沟通一定要把握适度性，注意社交距离，控制感情尺度，应牢记过犹不及的道理。因此要特别注意在不同情况下，礼仪程度、礼仪方式的区别，坚持因时、因地、因人的合宜原则。

5. 宽容原则

礼仪的宽容原则，指不过分计较对方礼仪上的差错过失。在旅游服务中运用礼仪时，既要严于律己，更要宽以待人，要多理解他人、体谅他人，切不可求全责备、斤斤计较，甚至咄咄逼人。面对宾客提出的过分的甚至是失礼的要求，工作人员应冷静而耐心地解释，绝不要穷追不放，把宾客逼至窘境，否则会使宾客产生逆反心理，引起纠纷。当客人有过错时，我们要“得理也让人”，学会宽容对方，让宾客体面地下台阶，保全客人的面子。在客人对我们提出批评意见时，本着“有则改之，无则加勉”的态度，认真倾听。

6. 自律原则

礼仪的最高境界是自律，即在没有任何监督的情况下，仍能自觉地按照礼仪规范约束自己的行为。旅游工作者不仅要了解和掌握具体的礼仪规范，而且要在内心树立起一种道德信念和行为修养，从而获得内在的力量。在对客服务中从自我约束入手，时时检查自己的行为是否符合礼仪规范，在工作中严格按照礼仪规范接待和服务宾客，而且做到有没有上级主管在场一个样，客前客后一个样，把礼仪的规范变成自觉的行为、内在的素质。

四、旅游工作者加强礼仪修养的意义与培养途径

（一）旅游工作者礼仪修养的意义

1. 礼仪反映了一个国家的形象

来自五湖四海的旅游者，不可能有较长时间来了解某一地区或者国家，他们往往通过与其接触的旅游工作者来判断、评价一个国家或一个地区的文明程度和精神风貌。旅游工作者良好的礼仪修养会产生积极的宣传效果，能为其所在的企业、城市、国家树立良好的形象，赢得

荣誉。

2. 礼仪是旅游优质服务的关键

在旅游活动中旅游者除了想要获得物质需求外，更重要的是要获取精神上的满足。研究表明，在旅游企业硬件设施相同的情况下，影响旅游服务质量的主要因素是服务意识和服务态度。旅游工作者“宾客至上”的服务意识，热情友好、真诚和蔼的服务态度，优雅的举止，得体的言谈，会对旅游者的心理满意程度产生十分积极的效果，直接使客人在感官上、精神上产生尊重感和亲切感，给客人留下美好的印象。

3. 礼仪是解决旅游服务纠纷的润滑剂

旅游服务接待工作接触面广，不同国家、不同民族甚至不同个人的信仰与生活习惯都不相同，在旅游服务过程中，发生一些纠纷是不可避免的。要处理好纠纷，需要旅游工作人员有较高的礼仪修养水平。无论纠纷是物质性服务引起的还是精神性服务引起的，也不管是我方的原因还是旅游者的问题，处理纠纷的第一原则是有理有节。不管发生什么情况，都要发扬“礼让”的精神，以平息事态，不允许有任何与旅游者争吵、打斗的不礼貌言行。因为旅游工作人员的不礼貌行为只会激化矛盾，使事态进一步恶化。

4. 礼仪可以改善企业内部的经营环境

一个旅游企业往往由多个分工不同的部门组成，每个部门之间都存在着相互协作、相互支持的关系。要想建立良好的内部和外部环境，提高自身的知名度和美誉度，就需要企业人员之间、部门与部门之间都能够相互支援、相互体谅，遇事能够都从对方的角度着想，在沟通方面注意礼仪和分寸。这样不仅可以调节旅游职工之间、部门之间的关系，形成相互尊重、团结协作的风气，而且可以减少工作内耗，提高工作效率。

5. 礼仪有利于员工的个人发展

礼仪修养反映出一个人的学识、修养、品格、风度，是一个人人格的外在体现。人格是一个人社会地位和作用的统一，是一个人做人的价值和品格的总和，因而礼仪修养是个体人生发展的重要内容，不仅能够促进个体人生的发展，而且能够提升个体的人生价值。

礼仪也是现代社会的通行证。我们要顺利地步入社会、走向世界，求得个人发展，就必须有良好的礼仪修养，做一个有教养、有礼貌、受欢迎的现代人。

（二）提高旅游礼仪的途径

1. 加强道德修养

道德品质也称品德或德行，它是社会道德现象在个人身上的具体体现，是指一定的社会道德原则和规范在个人思想行动中所表现出的某种比较稳定的特征和倾向。道德品质的修养和礼仪行为的养成有着密切的联系，二者相辅相成。礼仪行为从广义上说就是一种道德行为，处处渗透和体现着一种道德精神。一个人想要在礼仪方面达到较高的造诣，离开了道德品质方面的修养是不可能的；一个人要形成高尚的道德品质，就应该从日常礼仪规范这一基础做起。

2. 提高文化素质

礼仪学是一门综合性的专门学科，它和公共关系学、传播学、美学、民俗学、社会学等许多学科都有密切关系，一个人只有具备广博的文化知识，才能深刻理解礼仪的原则和规范。只有具备较高的文化层次，才能更加自如地在不同场合具体运用礼仪。因此要提高自己的礼仪修养，必须有意识地广泛涉猎多种科学文化知识，使自己具备广博的综合知识，提高文学、艺术欣赏能力，提高审美能力。这样，就会有意无意地按照美的规律来认识生活和改造周围的环境，同时,在人际交往中,自己的言行也更具美感。

3. 自觉学习礼仪知识,接受礼貌教育

世界各国的礼仪风俗千种万类,我国的各民族礼节习俗也不尽相同。在涉外工作和旅游服务工作中,如对其他国家或某一具体活动的礼仪知识不了解,只凭以往的经验办事,轻则闹笑话,重则影响工作效果,甚至造成误解。我国几千年的文明,各个历史阶段都有浩繁的礼仪知识,我们应该注意收集、学习和领会,以便在实践中运用,久而久之,不但能在礼仪方面博闻强识,而且在礼仪修养的实践上也能提升到新的高度。

4. 积极参加礼仪实践

实践是动机和效果由此及彼的桥梁。对礼仪知识的学习,仅仅停留在从理论上弄清礼仪的含义和内容,而不去实践中运用是远远不够的。在提高礼仪修养时,要以积极的态度,坚持理论联系实际,将自己学到的礼仪知识积极运用于社会实践的各个方面,积极投身到实践之中,在文明程度较高的环境中接受熏陶,对增强自己的文明意识、培养礼貌的行为、涤荡各种粗俗不雅的不良习惯、提高礼仪修养水平,是大有好处的。要在旅游职业岗位上,时时处处自觉从大处着眼、小处着手,以礼仪的规范来要求自己的言谈举止,在社交场所多听、多看、多学,通过各种人际交往,不断提高自己的礼仪修养。

5. 养成良好的行为习惯

礼仪是人们交际活动中的一种行为模式。这种行为模式只有通过长期的自觉练习,变成自身一种自觉的动作,形成习惯,才能在交际活动中更好地发挥作用。礼仪修养实际上就是人自觉用正确的思想战胜不正确的思想,用良好的行为习惯纠正不良行为习惯的过程。检验一个人的礼仪修养如何,很重要的一条标准就是看他是否已把交际礼仪规范变成自身个性中的稳定成分,是否能在各种交际场合自然而然地遵循交际礼仪要求。

第二节　旅游从业人员个人形象礼仪

在这个极为注重个人形象的时代,形象变得比任何历史时期都重要。一个懂得并能展示自己形象魅力的人,会更容易得到他人的信任,更容易获得他人的欣赏,会比一般人获得更多的机遇。旅游从业者在工作过程中需要良好的形象,个人形象的好坏直接影响个人事业的成功与否。塑造好形象,人生更精彩;拥有好形象,天下任你行;守护好形象,成功每一天。

根据心理学上的"首轮效应"原理,旅游从业人员给人的第一印象是非常重要的。第一印象主要来自两个方面:视觉形象——你让别人看到了什么;听觉形象——你让别人听到了什么。良好的第一印象能够给人亲切感和信任感,为顺利开展接待服务工作提供有利条件。个人形象主要从仪容礼仪、服饰礼仪、仪态礼仪与言谈礼仪等方面着手,良好的个人职业形象将助力职业发展。

一、仪容礼仪

(一) 基本要求

旅游从业者在仪容礼仪方面要做到"四个无":

(1) 无异物,即保持面容和身体的清洁。注意脸上不要有眼屎、鼻涕、耳屎;牙齿上不要有食物残渣;身上不要有残发、头皮屑;手指甲里不要有污垢等。男士应注意鼻毛不能过长,更不要当着客人的面用手拔鼻毛。

(2) 无异响,即身体不要发出诸如肠动、排气声,不要哈欠连天、打饱嗝,还有手指响等,这些异响都显得不礼貌,应尽量避免。如不得已产生,应和身边的人打个招呼,说声对不起。

(3) 无异味,即要养成良好的卫生习惯,做到勤洗澡、勤换内衣裤,以免身上发出汗味或其他异味,保持体味的清新。另外,要注意口腔卫生,做到饭后刷牙或漱口。在出门前应尽量不喝酒和不吃刺激性的食物,保持自己口气的清新。

(4) 无创破,即保持面容、手部等裸露在外的身体各个部分完好、整洁,否则会令他人感觉不舒服。

(二) 发型

旅游从业人员发型的基调是:活泼开朗、朝气蓬勃、干净利落、端庄持重。要求做到:女服务员注意发不遮脸、刘海儿不过低,不可将头发染成五颜六色,发型也不可过于前卫时尚,还要避免使用色泽太鲜艳的发饰。男服务员注意头发长度要适中,前不及眉,旁不遮耳,后不及领,不留长发和大鬓角,不留络腮胡子和小胡子。旅游从业人员在为自己选择发型时,应考虑自己的脸型、身材、年龄、职业等相关因素(见表2－1、表2－2)。

表2－1　发型和脸型

脸　型	适　合　发　型	不适合发型
圆形	应尽量从两侧鬓角向下拉长	把头发从中间分开
方形	侧重于以圆破方,以发型来调整脸型	把头发从中间分开
长形	应加重脸型的横向,可适当地用刘海遮盖前额,使脸看上去丰满些	不宜把刘海扎起来
瓜子	额角覆盖些头发,头发可在耳后散下	把头发全绑起来
梨形	短发,头发尽量梳高,并覆盖前额和太阳穴	不宜把刘海扎起来

表2－2　体型和发型

体　形	适　合　发　型	不适合发型
高瘦身材	比较适宜留长发、直发,且要使头发显得厚实、有分量	头发剪得太短太薄,或高盘于头顶上
矮小型	秀气、精致的发型为主,适宜短发和盘发	避免粗犷、蓬松,不适宜留长发
矮胖身材	造成一种有生气的健康美,如运动式发型	留披肩长发,头发应避免过于蓬松或过宽
高大型	以大方、简洁为好;一般留直发,或者是大波浪卷发	头发不要太蓬松

(三) 化妆

俗话说"三分长相,七分打扮",化妆不但可以使自己变得更漂亮,同时也是对他人尊重的一种礼貌表现。化妆是一种技术性和艺术性都很强的工作,而不是简简单单、随随便便就可随手了事。旅游从业人员的化妆要少而精,突出和强调自己所拥有的自然美,做到"饰而无痕",追求自然美与装饰美的和谐统一,一般以淡妆、浅妆为宜。旅游服务中,女生要求化淡妆,男生则要求保持基本的仪容清洁,尤其要注意鼻毛不外露、牙齿干净、口气清新,身体没有异味。

1. 化妆的基本原则

(1) 审美原则。

化妆不仅仅是描眉、画眼、抹口红,而是要借助这些化妆技术,体现化妆者的形象。所以,旅游从业人员化妆前,对自己要有一个整体和理想的形象设计。具体来说,就是要让妆容符合自己的年龄、工作性质、职业身份、面容特征和色彩搭配,做到浑然天成,恰到好处。

(2) 科学原则。

化妆品一般可分为美容、润肤、芳香和美发四大类。在化妆时必须合理选择和使用化妆品,避免有害化妆品的危害,忌用与自己皮肤性质、类型不适合而引起副作用的化妆品。

(3) 协调原则。

化妆应随时间、地点、场合、年龄、身份的不同而不同。日常工作生活中,旅游从业人员以化淡妆为宜。淡妆显得自然大方、朴实无华、素净雅致,这样才与自己特定的身份相符,才会被宾客认可。在夜晚的社交娱乐场合中,则可化得浓艳一些。年龄越大,身份越高则更应以自然、清淡为主,切忌人工痕迹过重,那会有失身份。

2. 化妆的礼仪要求

工作妆应在上岗前完成,不允许在工作岗位上进行;化妆后应注意检查,不能以残妆示人,这样既有损自己形象,也显得对宾客不礼貌,所以应及时补妆;补妆时,不可旁若无人当众操作,应选择在无人的角落或洗手间里进行;不要非议他人的妆容,化妆没有定式,不可对他人品头论足;出于卫生和礼貌,一般不要借用他人的化妆品。

3. 化妆的基本步骤

一般来说,女生化妆的步骤繁多(见图2-1),讲究技法与手法,在旅游职业场合,我们要求至少应该做到淡妆上岗,清晰淡雅,关键做到面部肤色均匀,眉眼修饰到位,唇色与服饰搭配和谐,展现良好的精神风貌。

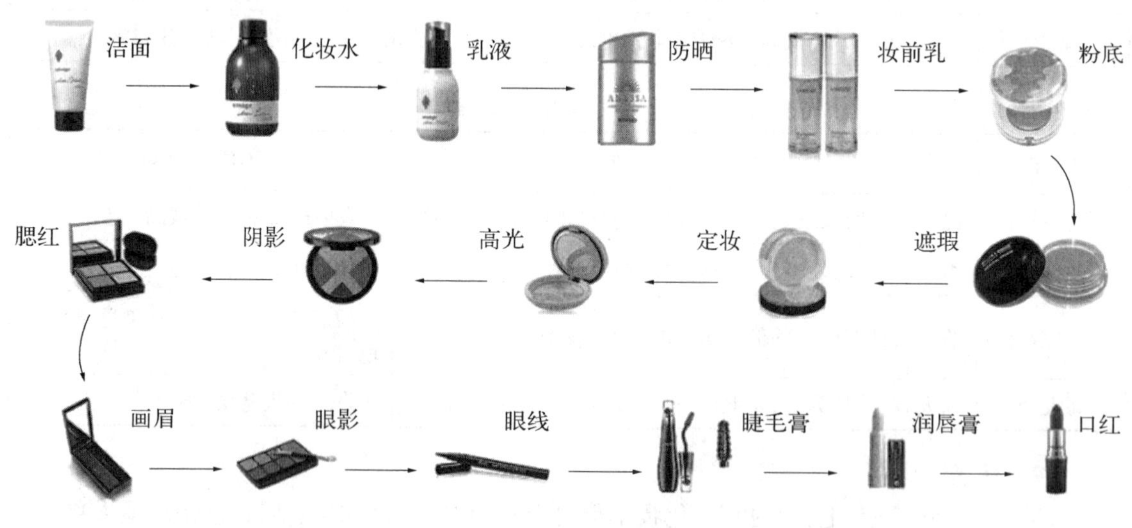

图2-1 女生的化妆顺序

(1) 清洁面部。用洁面乳等清洁类化妆品清洗面部,用水冲净,然后涂以护肤类化妆品。使用这类化妆品既可以滋润皮肤,还可以起到隔离作用,防止彩妆直接进入毛孔。

(2) 打粉底。选择质量好、接近肤色的粉底,以改善肌肤的颜色和光泽。一般选择在耳后靠近脖子处试色，与肤色接近为佳。每次涂抹粉底液时，用量大概以花生米粒大小为宜，粉底液最好采用“五点式按压法”（额、鼻、下颌、脸颊两侧），在脸部涂抹均匀，注意不同部位厚薄处理（见图2－2），同时不要忽视发际线、鼻翼两侧以及嘴唇边缘，尽量让粉底服帖自然。

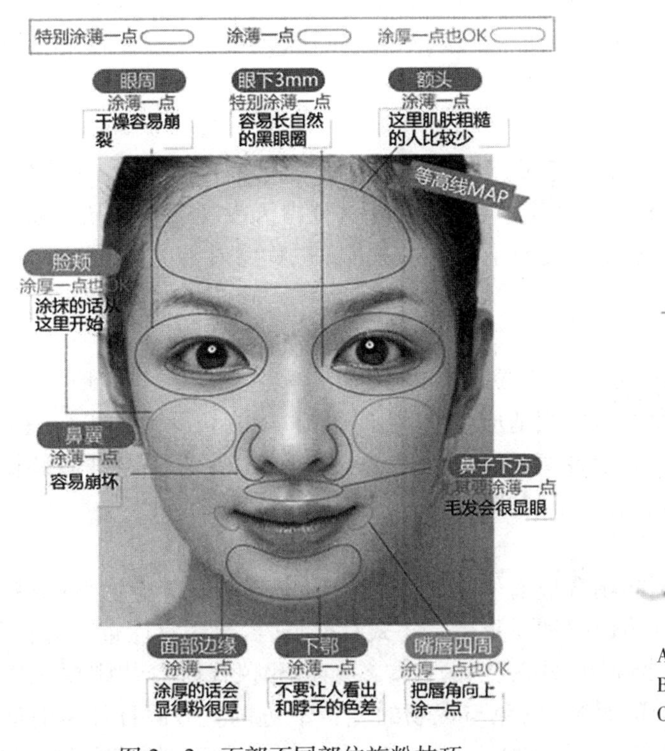

图2－2　面部不同部位施粉技巧

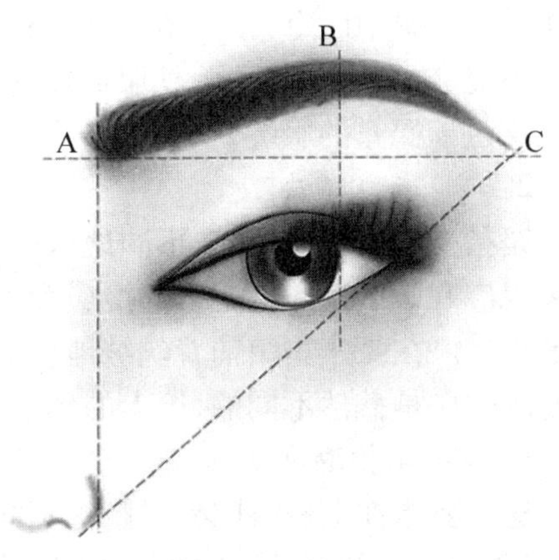

A：眉头，需与眼角和鼻翼在三点一线上
B：眉峰，和瞳孔应该在一条线上
C：眉尾，和外眼角以及鼻翼在一条线上

图2－3　标准眉的画法

（3）修饰眉眼。一般从眉头开始，按照眉毛的自然生长方向描画。下笔要轻，笔道要均匀，上下眉道的方向要衔接得自然柔和。眉毛深处，要一根一根地去画，使眉毛富于变化，产生立体感。眉尖最长画到鼻翼与眼尾的延长线上为止。用眉刷轻刷双眉，使眉毛显得自然。标准眉的画法一般被称为“三点一线法、三分之二法”（见图2－3）。

修饰眼睛第一步要先勾眼线，用咖啡色眼线笔代替膏状影色涂于眼睑、鼻旁及面颊等需要产生阴影即凹陷效果之处，然后用手指涂匀，再用黑色眼线笔画出清晰的眼线，最后用卷睫毛器卷好睫毛，涂上睫毛油。眼影的一般描法是从眼角开始一点点地在眼睑到眉毛间涂上颜色合适的眼影，一般最好用较深色、类似阴影的色调，如浅棕色、深蓝色，以形成层次感。若戴了近视眼镜，最好使用同一色的三种深浅眼影，这样，眼睛会显得大而有神。

（4）上腮红。上腮红的目的，一是表现皮肤的健康红润，二是利用腮红的位置和方向来矫正脸形。涂腮红时，用刷子轻沾胭脂，从瞳孔底下往发际轻轻地抹匀，再顺着发际往下点一点，形成一个三角形。腮红涂的范围不过眉，低不过嘴角，内不过眼长的1/2处。颜色要涂匀，使之显得自然。

（5）涂口红。口红能为女性增添无穷魅力。完美的嘴唇首先要有清新、漂亮的唇形，所以首先须勾画唇线，线条要柔和、圆润，富有曲线美。然后用口红在轮廓内涂抹，注意不能超出唇线，口红不能黏牙齿。口红颜色的选择应和年龄、服装、场合、职业、季节等协调。

二、服饰礼仪

（一）TPO原则

“TPO”是英文“time”（时间）、“place”（地点）、“occasion”（场合）三个单词的缩写。着装的TPO原则是指人们的穿着打扮要适合时间、地点、场合。该原则是1963年日本服装协会提出的，现在成为世界通行的着装打扮的最基本原则。

1. 与时间相适应

首先着装要富有时代特色，把握时代主流，既不能太超前，也不能滞后，应散发时代气息。其次是合乎季节时令，不能冬衣夏穿和夏衣冬穿。在西方，还讲究白天夜晚穿衣不同。如男子白天不能穿小礼服（也称晚礼服或便礼服），夜晚不能穿晨礼服（也称常礼服）；女子在日落前不应穿过于裸露的服装。

2. 与地点相适应

是指要考虑不同国家、不同地区所处的地理位置、自然条件以及生活习俗等。地方不同，着装也应有所区别。特定的环境应配以与之相适应、相协调的服饰，才能获得视觉和心理上的和谐美感。在豪华宾馆铺着丝绒地毯的会客室与陈旧简陋的会客室里，穿着同一件服装得到的心理效应是截然不同的，给人的感觉也是不同的。

3. 与场合相适应

这主要指在上班、社交、休闲等不同场合应有不同的着装。上班时间着装应遵循端庄、整洁、稳重、美观、和谐的原则，能给人以愉悦感和庄重感。正式社交场合，着装宜庄重大方，不宜过于浮夸。参加晚会或喜庆活动，服饰则可明亮、艳丽些。参加殡葬仪式时着装则要求以深色、素色为主，忌穿新潮的时装或鲜艳的服装，以免与现场的气氛不协调。节假日休闲时间着装应随意、轻便些，西装革履则显得拘谨而不合时宜。家庭生活中，着休闲装、便装更益于与家人沟通感情，营造轻松、愉悦、温馨的氛围。但不能穿睡衣拖鞋到大街上去购物或散步，那是不雅和失礼的。

（二）职业制服着装规范

旅游从业人员应按企业规定穿统一的工作制服上岗。穿工作制服必须要注意以下几点：

1. 大小合身

工作制服应“量体裁衣”“度身定做”。注意四长（袖至手腕、衣至虎口、裤至脚面、裙至膝盖）和四围（领围以插入一指大小为宜，上衣的胸围、腰围、臀围及裤裙的臀围以穿一件羊毛衫为宜）。

2. 干净整洁

制服的美观整洁既展示了人的精神风貌，也反映了企业的管理水平和卫生状况。穿制服要特别注意袖口和领子的清洁，做到衣裤无污渍、油渍、异味，给人以干净、清爽之感。

3. 穿着规范

内衣不能外露、不挽袖卷裤、不漏扣掉扣、领带、领结与领口的吻合要紧凑且领带不系歪；衣裤不起皱，穿前熨平，穿后挂好。做到上衣平整，裤线笔挺，款式简洁、高雅，线条自然流畅；工号或标志牌要佩戴在左胸的正前方。穿工作制服上岗时应体现自己文明高雅的气质，因此要避免出现下列情况：第一，过分裸露。胸部、腹部、腋下、大腿，是公认的穿着正装时不准外露的人体四大禁区；第二，过分透薄。穿着的制服若是过于单薄透明，则弄不好就会让自己的内衣甚至身体敏感部位“走光”，使人尴尬；第三，过分肥大或瘦小。肥大会显得松松垮垮、无精打采，瘦小又使自己工作不便；第四，过分杂乱。制服便服混穿、上下身衣着不配套，给人以杂乱无章的感觉，显得极为不规范和没有礼貌。

4. 色彩协调

旅游从业人员的着装须体现专业性与职业性，色彩应选择稳重、经典的，在服装配饰上应做到一气呵成，一般全身上下不超过三种色彩。切忌五彩斑斓，给人以不专业之感。

（三）西服着装规范

西服是目前国际上最流行的正统服装，也是现代社交活动中最得体的服装。西服可以充分展示穿着者潇洒、稳健的翩翩风采。穿着西服必须注意以下几点：

1. 讲究规格

西服有两件套、三件套之分，正式场合应穿同质、同色的深色毛料套装。两件套西服在正式场合不能脱下外衣。三件套西服，按国际惯例不能加毛背心或毛衣。在我国，至多也只能加一件 V 字领羊毛衣，否则会显得十分臃肿，以致破坏西服的线条美。

2. 讲究配套

穿西服时应注意三个配套：一是与衬衫配套。衬衫为单色，领子要干净、平整、挺括，不能有污垢、油渍。衬衫下摆要放在裤腰里，系好领扣和袖扣。衬衫衣袖要稍长于西装衣袖 1 厘米，领子要高出西装领子 1~2 厘米，以显示衣着的层次。二是与领带配套。领带、领结的颜色和图案，应与衬衣和西装搭配协调。领带的结要饱满，与衬衫的领口吻合。领带的长度以系好后下端正好触及腰上皮带扣上端处为最标准。领带夹一般夹在衬衫第三粒与第四粒扣子间为宜，西装系好纽扣后，不能使领带夹外露。三是与皮鞋配套。穿西服一定要穿皮鞋（最好为系带皮鞋），不能穿旅游鞋、轻便鞋或布鞋、露脚趾的凉鞋，也不能穿白色袜子和色彩鲜艳的花袜子，男士宜着深色线织中筒袜，切忌穿半透明的尼龙或涤纶丝袜。

3. 讲究扣子的扣法

西服有双排扣、单排扣之分，单排扣西装又常有两粒扣和三粒扣之分。双排扣的西服一般要求把全部纽扣都系上，以示庄重。单排两粒扣，只扣上面一粒纽扣。三粒扣则扣中间一粒，坐下时可解开。单排扣的西服也可以全部不扣。另外西服口袋的用法也有讲究。西服上衣两侧的口袋只作装饰用，不可装物品，否则会使西服上衣变形。西服上衣左胸部的衣袋只可放装饰手帕。有些物品，如票夹、名片盒可放在上衣内侧衣袋里，裤袋亦不可装物品，以求臀位合适，裤形美观。

（四）套裙着装规范

职业女性的最好服装是西装套裙。在穿着西装套裙时需要注意的是：① 上装和裙子的色调应统一而稳重，具有成熟感。② 着装时应成套穿着，并配上与之相协调的衬衣、高领羊绒衫或有领 T 恤衫，与衬衣搭配时，领口可以系上领结、领花或丝巾、领带。③ 穿套裙一定要穿皮鞋，最好是有跟的皮鞋（中跟或高跟均可）。布鞋、旅游鞋、轻便鞋与西装套裙搭配不相适宜。④ 如穿裙子一定要穿长丝袜最好是连裤袜，袜口切忌露在裙摆之下，配裙子的丝袜以肉色、黑色最常用。不要穿有挑丝、有洞或用线补过的袜子。⑤ 穿着套裙时，应注意搭配合适的衬衣、袜子、鞋子、饰物甚至皮包。

女性着装的六大禁忌：一忌过于杂乱；二忌过于鲜艳；三忌过于暴露；四忌过于透视；五忌过于短小；六忌过于紧身。

（五）饰品佩戴要求

饰品，是指能够起到装饰点缀作用的物件。饰品的佩戴是服饰礼仪的重要组成部分，饰品也是一种文化，饰品的选择和佩戴也能体现一个人的内在涵养和素质。

1. 饰品佩戴的原则

在旅游接待与服务岗位上，旅游从业人员的饰品选择是为了给客人留下良好的印象，因此，所选饰品要符合服务员的身份，要与自己的性别、年龄、职业、工作环境保持大体一致。并且一定记住两点：一是以少为佳，一般不超过三种，最好同质同色。二是除手表外一般不佩戴比普通客人高级的饰物，以免挫伤客人的自尊心。

2. 几种常见的饰品

（1）戒指。当今，戒指已成为世界各国男女常用的一种装饰品。但礼仪性的戒指是不能随便戴的，因为它戴在各个手指上所包含的意义是不同的。这是一种沉默的语言，是信号或标志，暗示着佩戴者的婚姻和择偶情况。例如，戴在食指上，表示无偶或求婚的意思；戴在中指上，表示已有意中人，正在恋爱中；戴在无名指上，表示已订婚或结婚；戴在小指上，则暗示自己是一位独身主义者。一般情况下，大拇指不戴戒指。在社交场合，一只手上只戴一枚戒指，戴两枚或两枚以上都不适宜。

（2）耳环。耳环是女性的主要饰物，佩戴时应做到与脸形、年龄和服装的配合。如圆拱形大耳环对中青年长脸妇女较为合适，可以产生宽度感；小型扁耳环和有坠的耳环适合圆形脸的妇女佩戴，可以利用耳环的垂挂所形成的纵长度，使圆形的外轮廓得以改观；宽脸或胖脸的妇女，不宜佩戴有坠子的耳环或大耳环；年纪大的妇女不要佩戴粗大或凸出的夹式耳环；花朵形的夹式耳环宜与连衣裙相配，并且较为适合年轻妇女佩戴。

（3）项链。项链的种类很多，大致可分为金属项链和珠宝项链两大系列。在佩戴时应注意和自己的年龄、体形、身份及场合相协调。如脖子短的女士应佩戴颗粒小而长的项链，以增加脖子的长度；方脸或圆脸的人，体态大多丰腴，宜选用较长的项链，以达到调和脸型的目的；在夏天，如穿纯丝、半丝、软缎的衣服，适当地配上一条精致、细巧的项链，可增加气质，穿单色或素色服装时，宜佩戴色泽鲜艳的项链。

在旅游接待与服务工作之中，一般允许女性服务人员佩戴项链，所戴项链不应多于一条。注意项链不能太长，因为太长的项链容易被其他物品钩住而影响工作效率。而男性服务人员通常在其工作岗位上不宜佩戴项链，即使佩戴的话，也只能将其藏于衣服内，不能显露在外。

三、仪态礼仪

一个人的礼仪修养如何，别人可从他的仪态举止中察觉出来。这就是我们常说的“体态语言”。它作为一种无声语言，在旅游接待服务中有着重要的作用。

（一）良好的表情

表情是心情的体现，也是人性的镜子。对于旅游从业人员来说，是否有良好的亲和力是至关重要的，而亲和力的营造主要是靠和蔼可亲的表情展现。旅游从业人员在与宾客沟通交流时，运用得比较多的是表情语，主要是目光语和微笑语。

1. 目光语

旅游从业人员在和客人的交流中，应把握好目光注视的部位、停留的时间和注视的方式。

(1) 注视的部位。在对客沟通过程中,应用热情、友好的目光看着宾客的脸,与宾客进行直接的目光接触和交流。人的脸部可以分为两个区域,额头至双眼之间是正视区,注视这一部位表示双方谈话都处于严肃认真状态;双眼到嘴部之间是社交区,注视这里有利于传递礼貌友好的信息,旅游从业人员在对客交流中,应把自己的目光多投向宾客的这一区域。

(2) 目光停留时间。旅游从业人员对客沟通时应把自己的目光不时地投向宾客,既不可以说话不看着宾客,也不可以直盯住宾客不放,目光不要躲躲闪闪羞羞答答,应自然大方地与宾客进行目光交流,让宾客在你的目光中看到亲切、友好与自信,让他们感到温暖和舒服。

(3) 注视的方式。旅游从业人员应了解注视方式的不同含义。正视对方是交往中的一种基本礼貌,它表示重视对方。平视对方表现出双方地位的平等与本人的不卑不亢。在和宾客沟通交流时,旅游从业人员正视宾客、平视宾客,能让宾客感到你是自信的、坦诚的、认真的,宾客多时,也可以扫视和环视,以避免不在自己视野中的宾客产生冷落感和遗弃感,但切忌斜视宾客、窥视宾客、盯视和居高临下地俯视宾客。

2. 微笑语

微笑被称为是旅游服务的第一把金钥匙,微笑的表情让人感觉温暖、亲切和美好,让人心理上容易产生安全感、亲切感和愉悦感。微笑的情绪有着强烈的感染力,微笑服务是满足旅游者精神需求的主要方式。美国希尔顿酒店业创始人、董事长康纳·希尔顿在50多年里,经常到世界各地的希尔顿酒店视察,视察中他常问下级的一句话是:"今天你微笑了没有?"他确信,微笑将有助于希尔顿酒店在世界的发展。他要求员工切记一个信条:"无论酒店本身遭到何种困难,服务员脸上的微笑永远是属于顾客的阳光。"

微笑的功能是巨大的,但要笑得恰到好处,也不容易。旅游接待工作者在微笑服务时应注意以下要求:

微笑应发自内心。"笑取决于感情,是感情的流露"。只有发自内心的笑,才甜美而真诚才显得自然、亲切和动人。旅游从业人员的微笑,应是自己愉快心情的外露,也是对宾客一片真情的奉送。微笑的关键在于"含笑"于面部,给人以亲切、甜美和真诚感,使人回味。这从心底里的笑,极容易感染宾客,使宾客产生情感上的共鸣。

微笑应合乎规范。微笑是旅游从业人员的基本功之一,这种笑不能勉强敷衍,不能机械呆板,不能为笑而笑,无笑装笑,因为假笑也好,装笑也好,都是皮笑肉不笑,其结果必然使宾客反感。所以微笑应合乎规范,既必须做到四个结合:口眼结合;笑与神情、气质结合;笑与语言结合;笑与仪表、举止、场合相结合。

(二) 优雅的举止

1. 规范的站姿

对于旅游从业人员来说,站姿是他们最基本的服务姿态,规范的站姿会给宾客挺拔笔直、舒展俊美、精力充沛、充满自信的感觉,正所谓"站有站相",良好的站姿有三条标准,即"正""直""挺"。

"正"——头正、眼正、肩正,即头要正,双目要平视,双肩要舒展。

"直"——身体直立,腰要直,双腿挺立。

"挺"——挺胸、收腹。男子站立时,应讲究挺拔、笔直,即"站如松";女子站立时,应讲究挺直、舒展,即"亭亭玉立"。

旅游从业人员在工作中的几种基本站姿是:

男士站姿Ⅰ：身体立直，挺胸抬头，下颌微收，双目平视，两膝并严，脚跟靠紧，脚掌分开呈“V”字形，吸腹立腰，双手置于身体两侧自然下垂。

男士站姿Ⅱ：身体立直，挺胸抬头，下颌微收，双目平视，两腿分开，两脚平行，比肩略窄些，一手握空拳，另一只手握其手背。

男士站姿Ⅲ：身体立直，挺胸抬头，下颌微收，双目平视，两腿分开，两脚平行，比肩略窄些，双手在身后交叉，贴在腰部。

女士站姿Ⅰ：身体立直，挺胸拔背，下颌微收，双目平视，两膝并严，双脚脚尖到脚跟并紧，吸腹立腰，双手置于身体两侧自然下垂。

女士站姿Ⅱ：挺胸拔背，下颌微收，双目平视，两膝并严，吸腹立腰，一只脚在前，另一只脚后侧半步，呈丁字步，双手在腹前交叉。

女士站姿Ⅲ：挺胸拔背，下颌微收，双目平视，两膝并严，吸腹立腰，一只脚在前，另一只脚后侧半步，呈丁字步，双手在身后交叉，贴在臀部。

旅游从业人员禁忌的站姿有：站立时弯腰驼背，左右摇晃，双手叉腰、抱胸；身体东倒西歪或倚靠其他物体；或手插入衣袋，双手做小动作；腿脚抖动等。

2. 端庄的坐姿

端庄优美的坐姿会给人以文雅、稳重、自然大方的美感。规范的坐姿应该是：腰背挺直，双肩齐平，坐椅子的二分之一到三分之二处；女子两膝并拢，男士膝部可分开一些，但不要过大，一般不超过肩宽；两手自然摆放。在正式场合，入座时要轻柔和缓，起座时要端庄稳重，不宜猛起猛坐，弄得桌椅乱响，造成尴尬的气氛，引起极高的“回头率”。

旅游从业人员在工作中的基本坐姿是：男士坐姿：上体挺直，下颌微收，双目平视，两腿分开，不超肩宽，两脚平行，小腿与地面呈垂直状，两手分别放在两膝上。女士坐姿：上体挺直，下颌微收，双目平视，两膝并拢，双腿可以居中也可同时向一侧。无论何种坐姿，上身都要挺直，如古人所言的“坐如钟”。注意四肢协调配合，即头、胸、髋三轴，与四肢的开、合、取、直对比得当，以形成优美的坐姿。

不雅的坐姿有：全身完全放松，瘫软在椅子上，仰到沙发或椅子后面；屁股溜到椅子边缘，两腿叉得开开的；架起“二郎腿”，悬空的脚尖朝天；一条腿甚至双腿抖动；忽地坐下，腾地起来；落座时，碰到杯子，踢到椅子，弄出声响；使劲拖椅子或茶几；等等。在接待宾客的过程中或在正规的社交场合，这些不雅的坐姿既不尊重客人，也不符合礼仪规范要求。

3. 优雅的蹲姿

蹲是由站立的姿势转变为两腿弯曲和身体高低下降的姿势，是在比较特殊的情况下所采取的一种暂时性体态。这些情况有对工作岗位进行清理、收拾时；提供必要服务时；捡拾地面物品时；自己照顾自己时。

常用标准蹲姿：第一种是高低式蹲姿，基本特征是双膝一高一低。下蹲时两脚紧靠，左脚掌基本全着地，小腿垂直于地面，右脚脚跟提起，脚掌着地，臀部向下。第二种是交叉式蹲姿，基本特征是蹲下后双腿交叉在一起。下蹲时右脚在前，左脚在后，右小腿垂直于地面，全脚着地，左腿在后与右腿交叉重叠，左膝由后面伸向右侧，左脚跟抬起，脚掌着地，两腿靠紧，臀部向下，身体稍前倾。

采用蹲姿时需要注意的是：下蹲时速度不宜过快；注意与他人保持一定距离；与他人同时下蹲时，更不能忽略双方距离，以免迎头相撞；在他人身边下蹲，尤其是在客人身旁下蹲时，最好与之侧身相向；在大庭广众面前下蹲时，身着裙装的女性服务员，一定要避免个人隐私暴露在外。

4. 正确的走姿

走姿是站姿的延续动作，是在站姿基础上所展示的人的动态美。走姿是最引人注目的体态语言，最能表现一个人的风度和活力，走姿优美，可增添人的魅力。良好的走姿应该是行走时轻而稳，注意昂首挺胸收腹，肩要平，身要直。女子走一字步（双脚走一条线，不迈大步），特点是轻，巧，灵；男子行走时，两脚交替前进在一线上，两脚尖稍外展，步履可稍大，表现出稳定和矫健。

不良的走姿主要有：挺胸腆肚、扭腰摇臀、左顾右盼、外八字或内八字形、脚步迈得太大、脚步拖泥带水或将手插在裤兜里走路等。

5. 恰当的手势

手势语是通过手和手指的动作来传情达意，是人们交往时不可缺少的一种富有表现力的体态语言。旅游从业人员在与宾客交流时，使用得体适度的手势，可增强感情的表达，起到锦上添花的效果。

旅游从业人员的手势使用要给人一种庄重含蓄、彬彬有礼、自然适度的感觉。规范的手势标准是：掌心向斜上方，五指伸直并拢，大拇指轻轻内扣，腕关节伸直，手与前臂形成直线，以肘关节为轴，弯曲 140 度为宜，手掌与地面基本上形成 45 度角。旅游从业人员在引路、指示方向时，可使用这种手势，以表示对宾客的尊重。切忌用手指来指点，因为它含有教训人的味道，是不礼貌的。同时注意手势使用不宜过多，动作不宜过大，严禁手舞足蹈。

常用手势及具体要求如下：

（1）横摆式。迎接来宾、引领宾客时常用手势。即按手势规范标准动作时，手从腹前抬起向右摆动至身体右前方，不要将手臂摆至体侧或身后。同时，双脚站成右丁字步，左手下垂，目视来宾，面带微笑。

（2）曲臂式。当一只手拿着东西，扶着电梯门或房门，同时要做出“里边请”的手势时，可采用曲臂式。以右手为例：五指伸直并拢，从身体的侧前方，由下向上抬起，至上臂离开身体 45 度的高度，然后以肘关节为轴，手臂由体侧向体前向左摆动成曲臂状。

（3）斜式。接待宾客就座时，可采用“斜式”手势，即首先要用双手将椅子向后拉开，然后，一只手曲臂向前抬起，再以肘关节为轴，前臂由上向下摆动，使手臂向下成一斜线，并微笑点头示意来宾。

（4）直臂式。给来宾指引方向时，可采用“直臂式”手势，即五指伸直并拢，曲肘由腹前抬起，手臂高度与肩同高，肘关节伸直，再向要行进的方向伸出前臂。应注意在指引方向时，身体要侧向来宾，眼睛要兼顾所指方向和来宾。

（5）双臂横摆式。当面对较多来宾表示“请”时，可采用双臂横摆式。两手从腹前抬起，双手上下重叠，手心朝上，同时向身体两侧摆动，摆至身体的侧前方，上身稍前倾，微笑施礼，向来宾致意。如果是站在来宾的侧面，可采用“双臂侧横摆式”，即两手从腹前抬起，手心朝上，同时向一侧摆动，两手臂之间保持一定的距离。

四、言谈礼仪

语言是社会交际的工具，是人们表达意愿、思想情感的媒介或符号。服务用语是旅游从业人员用来向宾客表达意愿、交流思想情感和沟通信息的重要交际工具，是在接待服务工作中使用的对宾客表示友好和尊重的语言。旅游接待服务，就是从问候宾客开始，到告别宾客结束。语言是完成这一过程的重要手段。服务用语的使用不仅体现了旅游从业人员自身的素养，反映了旅游接待企业的服务质量和管理水平，同时传递和展示了国家和民族的形象。因此，旅游从业人员的语言修养是十分重要的，正确使用服务用语应成为每一个旅游从业人员的职业习惯。

（一）态度要热情、真诚

人们常说，“言以传情，情以动人”，旅游从业人员说话时的态度是非常重要的。热情、真诚的态度能使宾客产生宾至如归的感觉，感受到温暖、友好、舒心和愉悦。而如果态度冷漠、虚伪、居高临下，即使嘴上说得非常动听，也会令宾客怀疑、反感，甚至产生强烈的反感情绪。所以，旅游从业人员说话时要注意自己的神态和表情，给宾客真正留下表里如一的印象。要以热情和真诚的态度，充分展示其“敬、诚、雅、暖、谦”的风格。切不可随个人情绪变化而失态。要以不变应万变，时刻注意到“三个一样”，即情绪好坏一样和蔼，生人熟人一样热情，忙与不忙一样周到。

（二）声音要优美、动听

1. 语音

语音是语言表达的基本形式。读音准确，吐字清楚是对旅游从业人员规范使用服务用语的最基本的要求。旅游从业人员无论使用普通话、外语、方言，咬字都要清晰，尽可能讲得标准；嗓音要动听，增加语言的感染力和吸引力；音量要适中，避免过高或过低，通常以宾客听清楚为准，轻声总比提高嗓门令人感到悦耳，切忌大声说话，语惊四座。

2. 语调

语气语调直接传达讲话人的心态，是语言的有机组成部分之一。语气语调得当，可以充分表达对宾客的尊重和礼遇，使宾客倍感亲切。所以，旅游从业人员在使用服务用语时，语气要谦虚和蔼、充满诚意，语调要高低适中、自然柔和，使宾客感受到友善和温暖。在任何情况下，语气语调急躁、生硬、冷漠、狂妄、厌烦或无精打采等，都是绝不允许的。另外，在说话时还要注意语调的高低起伏、抑扬顿挫，避免过于单调呆板，以增强说话的效果。

3. 语速

语速的快慢，会影响到沟通的效果。一般来说，语速过快会给人紧张、仓促、不自信的感觉，语速太慢又会使人觉得怠慢、拖沓。旅游从业人员在说话时语速要适中，尽可能娓娓道来，给宾客留下自信、稳健的印象。同时，语速的快慢、张弛要灵活掌握，因人而异，这样才能恰到好处。

（三）用语要礼貌、文雅

1. 使用敬语、雅语、谦语

俗话说：“良言一句三冬暖，恶语伤人六月寒。”这句话形象地概括了使用以礼貌为基调的服务语言的重要性。旅游从业人员对宾客应使用礼貌用语，如“大家好”“请跟我来”“对不起”“打扰了”“麻烦各位了”“请走这边”“谢谢大家的配合”“祝各位旅途愉快”“再见”等。敬语是说话者把听话者视为上位者，直接表达对听话者敬意的语言。旅游从业人员使用敬语能让宾客感觉受到敬重和礼遇。常用的敬语有“您”“请”“尊”“贵”“阁下”等。雅语与俗语相对，是一种比较含蓄、文雅的表达方式。如说“洗手间”代替“厕所”；用“几位”代替“几个人”；

用“您贵姓”代替“你叫什么”;等等。谦语是向对方表示谦恭和自谦的一种语言,充分体现了“退让以敬人”的礼仪原则。即在人际交往活动中,人与人之间本身地位平等,施礼于人者应退让一步,将沟通对象放在自己之上,从而让对方获得被尊重的快乐。

2. 不说忌语

旅游从业人员使用服务用语时必须注意分清不同国家、地区、阶层的游客,避免犯了宾客的大忌,造成双方的不愉快。一个好的旅游从业人员,应懂得“入境而问禁,入国而问俗,入门而问讳”,文明礼貌地与宾客打交道,提高自己的语言服务水平。旅游从业在对客服务时应禁说五语,即不尊重之语、不友好之语、不耐烦之语和不客气之语,应养成用委婉、商讨的说话方式,还要能够客气、耐心地接受宾客的意见和建议,使宾客体会到被尊重的感觉,从而赢得宾客的理解、支持和信任。

(四) 表达要灵活、恰当

1. 灵活使用规范的服务用语

旅游行业有许多规范的服务用语,对不同部门、不同工种、不同层次的员工所使用的语言做出基本规定是必要的,然而在实际操作中,有些旅游从业人员往往因为使用“模式语言”而欠灵活,接待宾客或处理问题时,鹦鹉学舌,滥用敬语,以致惹得宾客不愉快。所以,对规范的服务用语,从业人员不但要会讲,还要针对不同的场合、不同的情况,灵活运用不同的服务用语,从而避免矛盾的产生或使矛盾得到缓解,与宾客沟通顺利。

2. 交谈要因人而异

旅游从业人员在与宾客交谈时,必须考虑到宾客的性别、年龄、职业、国籍、身份、性格、心理、文化素养、风俗习惯上的不同特点,所谓“投其所好”“有的放矢”,只有关注自己的沟通对象,选择恰当的方式,才能与宾客达成真正有效的沟通。社会交往礼仪是旅游从业人员与他人交往的文明行为规范。旅游从业人员要使自己有成功的交际形象,在向旅游者提供优质旅游服务的同时,还必须掌握常见的交往礼仪,这是树立个人形象和所在企业形象的重要环节。

第三节　旅游从业人员交际礼仪

交际礼仪是社会交往中使用频率较高的日常礼节。旅游从业人员在与客人接触、交往时,熟悉并很好地掌握和运用各种交际礼仪将有助于塑造良好的职业形象,营造和谐融洽的交往氛围。

一、见面与介绍

(一) 见面礼节

1. 握手礼

握手,是人们见面时相互致意的最普遍的方式。握手作为一种礼节,应掌握以下要求。

(1) 握手的正确姿态。

握手要注意姿势,一般在距离对方约一米左右的地方站立,上身略微前倾,自然伸出右手,四指并拢,拇指张开,掌心向上或略微偏向左,手掌稍稍用力握住对方的手掌,握力适度,上下稍许晃动几下后松开。握手时要注视对方,面露笑容,以示真诚和热情,同时讲问候语或敬语。

（2）握手的顺序。

握手时伸手的先后顺序遵循“尊者决定”的原则，由尊者先行伸手，对方予以回应。在公务场合，先后顺序主要取决于职位、身份，社交场合和休闲场合主要取决于年龄、性别和婚否。一般来说，握手的基本顺序是：主人与客人之间，客人抵达时主人应先伸手，客人告辞时由客人先伸手；年长者与年轻者之间，年长者应先伸手；身份、地位不同者之间，应由身份和地位高者先伸手；女士和男士之间，应由女士先伸手。当然，平辈之间不分先后，一般不应拒绝别人的握手请求。

（3）握手的力度。

握手的力度要因人而异，把握分寸，既不能有气无力，也不能过分用力，以不轻不重，适度为好。男士和女士握手一般不能握得太紧，但老朋友可以例外，但也不能握痛对方的手。

（4）握手的时间。

握手的时间长短应根据双方的身份和关系来定，一般时间约为1~3秒。初次见面时，应该立刻握住对方伸出的手，稍稍用力一下，即可分开。朋友相逢，握手时间可以延长。但不管怎样，握手时间不宜过长或过短。时间过短，给人以应付、走过场的感觉；时间过长，尤其与异性朋友或初次相识者握手时间过长，是失礼的表现。

（5）握手的禁忌。

握手时不要将左手插在裤袋里；不要边握手边拍人家的肩头；不要在握手时眼看着别处或与他人打招呼；无特殊原因不用左手握手；多人在一起时避免交叉握手；要站着而不能坐着握手，年老体弱或者有残疾人除外；如果戴有手套，要把右手上的手套脱下，妇女有时可以不脱手套；一般情况下不能拒绝别人伸出来的手，拒绝握手是非常失礼的，但如果是因为感冒或其他疾病，或者你的手脏，也可以谢绝握手。此时可以解释说：“很抱歉，我不能握手。”

2. 鞠躬礼

（1）鞠躬的深度视受礼对象和场合而定。一般问候、打招呼时施15度左右的鞠躬礼，迎客与送客分别行30度与45度的鞠躬礼，90度的大鞠躬常用于悔过、谢罪等特殊情况。

（2）行鞠躬礼必须脱帽。用右手握住帽前檐中央将帽取下，左手下垂行礼，做立正姿势。男士在鞠躬时，双手放在裤线稍前的地方，女士则将双手放在身前下端，轻轻搭在一起。注意头和颈部要梗住，以腰为轴上体前倾，视线随着鞠躬自然下垂，礼后起身迅速还原。敬礼时要面带微笑，施礼后如欲与对方谈话，脱下的帽子不用戴上。

（3）受礼者应以鞠躬礼还礼，若是长辈、女士和上级，还礼可以不鞠躬，而用欠身、点头、微笑示意以示还礼。

3. 拥抱礼

拥抱礼的标准做法是：两人正面对立，各自举起右臂，将右手搭在对方的左臂后面；左臂下垂，左手扶住对方的右后腰。首先向左侧拥抱，然后向右侧拥抱，最后再次向左侧拥抱，礼毕。拥抱时，还可以用右手掌拍打对方左臂的后侧，以示亲热。

4. 拱手礼

指两手抱拳致意。施礼时，一般以左手包握在右拳上，双臂屈肘拱手至胸前，自上而下，或自内而外有节奏地晃动两三下。

5. 合十礼

又称合掌礼，即把两个手掌在胸前对合，掌尖和鼻尖齐高，手掌向外倾斜，低头，合十礼兼含敬意和谢意双重意义。合十礼通行于南亚与东南亚信奉佛教的国家。

6. 吻手礼

吻手礼是流行于欧美上层社会的一种礼节，起源于中世纪的欧洲。在社交场合中，同上层社会的贵族妇女见面时，如果女方先伸出手作下垂式，男方则可将其指尖轻轻提起吻之；若女方不伸手表示，不可行吻手礼。

7. 举手礼

这是世界各国军人见面时的专用礼节，起源于中世纪的欧洲。行举手礼时，要举右手，手指伸直并齐，指尖接触帽檐右侧，手掌微向外，右上臂与肩齐高，双目注视对方，待受礼者答礼后方可将手放下。

8. 点头礼

这是同级或平辈间的礼节，如在路上行走时相遇，可以在行进中点头示意。若在路上遇见上级或长者，必须立正行鞠躬。但上级对部下或长者对晚辈的答礼，可以在行进中进行，或伸右手示意。

（二）介绍

1. 介绍的类型

（1）按照社交场合来分，有正式介绍和非正式介绍。正式介绍是指在较为正规的场合进行的介绍，而非正式介绍是指在一般非正规场合中进行的介绍。非正式介绍可不必过于拘泥礼节。

（2）按照介绍者在介绍中处于的位置不同来分，有自我介绍、他人介绍和为他人介绍。

（3）按照被介绍者的人数来分，有集体介绍和个别介绍。

（4）按照被介绍者的身份、地位来分，有重点介绍和一般介绍。如对于要人和贵宾，可作重点介绍。

2. 介绍的方法

在社交场合中使用较多的介绍方法有两种：为他人作介绍和自我介绍。

（1）为他人作介绍：通常是介绍不相识的人相互认识，或者把一个人引见给其他人。介绍时要注意以下礼节：

① 掌握介绍的顺序：先把男士介绍给女士；先把晚辈介绍给长辈；先把职位低者介绍给职位高者；把客人介绍给主人；将晚到者介绍给早到者。

② 注意介绍的礼仪

征求意见：如“张总您好，可否向您介绍一下我的一位朋友？”

姿势：介绍别人时，手势动作要文雅，无论介绍哪一方，都要五指并拢，掌心向上，指向被介绍一方。切记不要手指尖朝下，因为朝下是矮化对方的肢体语言。同时，不要以单指指人。

（2）自我介绍：是指把自己介绍给对方。自我介绍时，应做到：

① 介绍内容要有针对性。自我介绍要根据不同场合、对象和实际需要有目的、有选择性地介绍，不能够千人一面。一般性的应酬，介绍要简单明了，通常介绍姓名就可以了。工作性的自我介绍还要介绍工作单位和具体从事的工作。社交性的自我介绍则还须介绍兴趣、爱好、专长、籍贯、母校、经历及与交往对象某些熟人的关系等，以便进一步交流和沟通。

② 介绍内容要实事求是。自我介绍应当实事求是、态度真诚,既不要自吹自擂、夸夸其谈,谎报自己的职务,吹嘘自己的才能,胡诌认识许多社会名流等,也不要自我贬低,过分谦虚。恰如其分地介绍自己,才会给人诚恳、可以信任的印象。

③ 把握介绍时机。自我介绍要寻找适当的机会,如,当对方正与人亲切交谈时,此时不宜走上前去进行自我介绍,以免打断别人的谈话,而应在对方有兴趣、有需要时适时介绍。而当对方一个人独处或者与人闲谈时,不妨见缝插针,抓住时机自我介绍。

④ 讲究介绍艺术。自我介绍要看场合,如与一人会面,问好后便可开门见山进行自我介绍;此外,进行自我介绍前,也可以引发对方先作自我介绍,诸如:“请问您贵姓”“您……”等,待对方回答后再顺水推舟地介绍自己;与人相互认识后欲深交,还可以交换名片,以便日后联系。

(三) 交换名片的礼节

1. 递送名片的礼节

(1) 应事先把名片准备好,放在易于取出的地方。

(2) 向对方递送名片时,要用双手的大拇指和食指拿住名片上端的两个角,名片的正面朝向对方,以便对方阅读,以恭敬的态度,眼睛友好地注视对方,并用诚挚的语调说道:“这是我的名片,请多联系”,或“这是我的名片,请以后多关照”。

(3) 同时向多人递名片时,可按由尊而卑或者由近而远的顺序,依次递送。以独立身份参加活动的来宾,都应该递送名片,以免使人有厚此薄彼之感。要特别忌讳向一个人重复递送名片。

(4) 初次相识,双方经介绍后,如果有名片则可取出名片送给对方。如果是事先约定好的面谈,或事先双方都有所了解,不一定忙着递名片,可在交际结束、临别之时取出名片递给对方,以加深印象,表示愿意保持联络的诚意。

2. 接受名片的礼仪

接受他人的名片时,应尽快起身或欠身,面带微笑,眼睛要友好地注视对方,双手接过并说“谢谢”,使对方感受到你对他的尊重。接过名片后,应认真阅读一遍,最好将对方的姓名、职务轻声地念出来,以示敬重,看不明白的地方可以向对方请教。要将对方的名片郑重收藏于自己的名片夹或上衣口袋里,或者办公室显著的位置。妥善收好名片后,应随之递上自己的名片。如果自己没有名片或者没带名片,应当首先向对方表示歉意,再如实说明原因,如“很抱歉,我没有名片”“对不起,今天我带的名片用完了”。如果接受了对方的名片,不递上自己的名片,也不解释一下原因,是非常失礼的。接受了对方的名片,不要看也不看一眼就放入口袋,或者随手放在一边,也不要将其他东西压在名片上,或拿在手里随便摆弄,这都是对对方的一种不恭。当然,递送出去的名片不要有涂改,自己也可对收到的名片分类整理,以便工作交流。随着现在交流方式的增多,微信或者电子名片等也应认真备注,同时也可以做好分组收藏处理。

二、电话礼仪

(一) 接听电话的一般礼仪

1. 迅速接听

听到电话铃声,应迅速地拿起听筒,在三声之内接听。若超过三声铃响,请表示抱歉,否则是工作效率低下以及工作不规范的表现,会给客户留下不好的印象。

2. 通话开始要问候

常用“您好”,然后自报家门或自我介绍。如果是在单位接电话,要报出单位或部门的名称:“您好,星光旅行社。”如果需要,还可表达愿意为对方效劳,如“您好！宇翔宾馆总服务台。很高兴为您服务”。

3. 通话过程要礼貌

通话过程中,应当根据具体情况适时选择运用“谢谢”“谢谢贵公司的信任”“请问您还有其他需要吗”“请”“对不起”一类礼貌用语。

4. 认真聆听

弄清来电话的目的、内容。每个公务电话都重要,不可敷衍。如果对方要找的人不在,切忌只说“不在”就把电话挂了。要尽可能问清事由委婉地探求对方来电目的,如自己无法处理,也应认真记录下来,避免误事,这样还可以赢得对方的好感。

5. 认真记录

接电话时最好是左手拿话筒,这样做是为了便于右手记录或查阅资料。电话记录既要简洁又要完备。在记录时应牢记 5WlH 技巧,详细记下“When(何时)、Who(何人)、Where(何地)、What(何事)、Why(为什么)、How(如何进行)”等内容,并保留相关资料。

6. 礼貌结束

如果主动结束通话一般应征求对方意见,如:“就谈到这里,好吗?”“您看,这样行吗?”还要轻缓地挂上电话。

(二) 拨打电话的一般礼仪

(1) 选择恰当的时间打电话。有三个时段不宜打电话给别人:工作日早上 7 点以前、节假日 9 点以前,三餐时间,晚上 10 点以后。办公电话宜在上班时间 10 分钟以后和下班时间 10 分钟以前拨打。

(2) 做好打电话前的准备,如想好通话内容、搜集相关资料、拿好记录本等。

(3) 电话接通时必须先问候,确定对方的身份或名称后,再自报家门,然后告知相关事宜。

(4) 通话内容表达要尽量简洁明了,注意控制时间,一次电话的通话时间一般控制在三分钟为宜。

(5) 结束通话,一般由打电话的一方提出,应客气地道别,说一声“谢谢,再见”。

(6) 拨号后如无人接听,应待电话声响六七声后再挂断。如果要找的通话对象不在要道谢,拨错电话要道歉。

(三) 接打电话的共同要求

1. 用语文雅礼貌

使用文雅、礼貌的语言是对通话对象尊重的直接体现,也是个人修养的基本功。

2. 用语准确规范

用语规范首先是要求使用国家宪法明确规定推广的普通话,力求语音标准、吐词清晰,用词规范、表达准确。

3. 语调自然,语气温婉

为了达到良好的通话效果,通话中要注意语音、语调、语气等方面问题,力求语调自然,语气温婉。另外,通话中注意让话筒与嘴部保持 2~3 厘米的距离,能帮助保持音量的适度。

4. 面带微笑

面带微笑虽然不是对语言的直接要求，但能够直接影响有声语言的声音色彩及情感表达。

（四）移动电话

1. 遵守公德

在公共场所，要尽可能地不使用手机，在重要场所，应自觉地关闭手机，或者将铃声改为“振动”或者“静音”，尽可能地不接听电话，要接听也要到无人之处，压低音量，切勿当众高声喧哗，以免影响他人。特别是参加会议、宴会，观看电影、演出，前往图书馆，参观各类展览时，尤其要注意这点。

2. 注意安全

在自己开车时或对方开车时不要接打电话，不要在病房、飞机、油库等地方使用移动电话，以免信号干扰影响医疗器械的使用、干扰飞机的飞行、引发爆炸等。

3. 保护隐私

一般在别人听电话时，最好避开，不要有窃听之嫌。对于别人手机上的信息，不要窥探，哪怕是最亲近的人，也应该尊重他人的隐私。

三、馈赠礼仪

（一）送礼礼仪

1. 礼品的选择

（1）了解馈赠对象的有关情况。送礼的对象多种多样，由于各自的阅历、爱好不同，对物品的喜好也各不相同，因此在送礼前必须了解受礼者的年龄、性格特征、身份地位、民族习惯等情况，并针对不同对象的不同情况，选择不同的礼品，满足各自不同的需求。

（2）明确送礼的目的。送礼前，要了解因何事送礼，以便选择合适的礼品，取得良好的效果。不同的送礼目的，选择的礼品是不一样的。

（3）尊重禁忌。由于各国的历史、文化、风格习惯及宗教信仰方面的影响，不同国家、不同民族的人对同一礼品的态度是不同的，或喜爱或忌讳或厌恶。

2. 礼品的包装

精美的包装是礼品的组成部分，它使礼品外观更具有艺术性和高雅情调，也显示了赠礼人的情趣和心意。

3. 赠礼时机

送礼要特别注意及时、准确。生日礼物，结婚礼品，过年贺礼，最好赶在当日送达；看望病人，最好是病人在医院期间。

4. 赠礼场合

一般来说，在大庭广众之下，可以送大方、得体的书籍、鲜花一类的礼物。与衣食住行有关的生活用品不宜在公开场合相赠，否则会产生受贿的嫌疑。

5. 赠礼礼仪

礼品最好亲自赠送。如果因故不能亲自赠送，要委托他人转交或邮寄时，应附上一份礼笺，注上姓名，并说明赠礼缘由。

赠礼时，态度要平和友善，举止大方，双手把礼物送给受礼者，并简短、热情、得体地加以说明，表明送礼的原因和态度。

（二）授礼礼仪

作为受礼人，双手接过礼品时要表达谢意，而不能显得无动于衷，或把礼物随手放在一旁。如果条件允许，受赠者还可当面打开欣赏一番。这样做符合国际惯例，它表示看重对方，也很重视对方赠送的礼品。

“礼尚往来”是我们中国人世代相传的传统美德。接受别人的馈赠后，除办丧事等特殊情况不宜立即还礼，一般都要尽快还礼，或等适当机会给予回赠。

实战演练

一、礼仪案例分析

1. 结合思考题认真阅读以下案例

修养是第一课

有一批应届毕业生，共22人，实习时被导师带到北京的国家某部委实验室里参观。全体学生坐在会议室里等待部长的到来，这时有秘书给大家倒水，同学们表情木然地看着她忙活，其中一个还问了句：“有绿茶吗？天太热了。”秘书回答说：“抱歉，刚刚用完了。”林然看着有点别扭，心里嘀咕：人家给你水还挑三拣四。轮到他时，他轻声说：“谢谢，大热天的，辛苦了。”秘书抬头看了他一眼，满含着惊奇，虽然这是很普通的客气话，却是她今天唯一听到的一句。

门开了，部长走进来和大家打招呼，不知怎么回事，静悄悄的，没有一个人回应。林然左右看了看，犹犹豫豫地鼓了几下掌，同学们这才稀稀落落地跟着拍手，由于不齐，越发显得凌乱起来。部长挥了挥手：“欢迎同学们到这里来参观。平时这些事一般都是由办公室负责接待，因为我和你们的导师是老同学，非常要好，所以这次我亲自来给大家讲一些有关情况。我看同学们好像都没有带笔记本，这样吧，王秘书，请你去拿一些我们部里印的纪念手册，送给同学们留作纪念。”接下来，更尴尬的事情发生了，大家都坐在那里，很随意地用一只手接过部长双手递过来的手册。部长脸色越来越难看，来到林然面前时，已经快要没有耐心了。就在这时，林然礼貌地站起来，身体微倾，双手握住手册，恭敬地说了一声：“谢谢您！”部长闻听此言，不觉眼前一亮，伸手拍了拍林然的肩膀，问道：“你叫什么名字？”林然照实作答，部长微笑点头，回到自己的座位上。早已汗颜的导师看到此景，才微微松了一口气。

两个月后，同学们各奔东西，林然的去向栏里赫然写着国家某部委实验室。有几位颇感不满的同学找到导师：“林然的学习成绩最多算是中等，凭什么推荐他而没有推荐我们？”导师看了看这几张尚属稚嫩的脸，笑道：“是人家点名来要的。其实你们的机会是完全一样的，你们的成绩甚至比林然还要好，但是除了学习之外，你们需要学的东西太多了，修养是第一课。”

——根据《让心灵透透气》改编

2. 思考题

（1）请指出并完善案例中不符合规范的礼仪。

（2）林然的哪些品质决定了他能成功？

二、团队作业：个人形象展示

（1）将班级同学进行分组，每组同学统一着正装，分组轮流进行仪态礼仪展示。

（2）展示组的各位同学一字排开站于教室前方，进行站姿、坐姿、走姿、蹲姿、手势等展示。

（3）其余同学为展示组评分，评分项包括仪容、仪表、仪态礼仪的规范程度（见表 2－3），教师评分与学生评分的比例，任课教师可依据情况而定。

（4）教师点评和指导。

表 2－3　个人形象测评表

组号：

组员名单：

<table>
<tr><th>评价项目与内容</th><th>应得分</th><th>实得分</th></tr>
<tr><td>个人形象之仪表得体：
服装鞋袜干净（5 分）、整齐（5 分）、搭配得当（5 分），符合 TPO 原则（10 分）。</td><td>25 分</td><td></td></tr>
<tr><td>个人形象之仪容端庄：
男士：面部清爽（5 分），头发干净整齐（5 分），长短适中，做到前不覆额、旁不遮耳、后不及领（10 分），身上无异味（5 分）
女士：面部干净整洁（5 分），妆容典雅（5 分），头发干净整齐（5 分），刘海不覆盖眉毛（5 分），长发束起或盘发（5 分）</td><td>25 分</td><td></td></tr>
<tr><td>个人形象之仪态大方：
表情自然：目光自信，笑容真诚（5 分）</td><td rowspan="7">50 分</td><td rowspan="7"></td></tr>
<tr><td>站姿规范：正、直、挺（5 分），女士两种站姿，男士两种站姿（10 分）</td></tr>
<tr><td>坐姿端庄：女士双腿自然靠拢，男士双腿分开不超过肩宽，做到“坐如钟”（5 分）</td></tr>
<tr><td>走姿正确：挺胸收腹，肩平身直，男士稳定矫健，女士轻巧灵活（5 分）</td></tr>
<tr><td>蹲姿优雅：高低式蹲姿、交叉式蹲姿（5 分）</td></tr>
<tr><td>手姿恰当：横摆式、屈臂式、直臂式、双臂横摆式、斜式（10 分）</td></tr>
<tr><td>精神状态饱满，有精气神（5 分）</td></tr>
</table>

三、团队游戏——快乐大转盘

1. 活动主题：快乐大转盘

2. 活动目的

（1）练习几种常用见面礼。

（2）打破拘谨，认识新朋友，建立融洽亲近的气氛。

3. 操作程序

（1）同学们围成两个人数相等的同心圆，圆圈中的人面对面相对而立。

（2）规则：相对的两人出手指 1、2、3、4，如果两人出的手指数不一样，则由大的手指数决定。1 代表“点头微笑”；2 代表“握手礼”；3 代表“鞠躬礼 45 度”；4 代表“拥抱礼”。

（3）然后，向右迈一步，与站在你面前的新人重复上述游戏步骤。

4. 游戏总结

（1）每个人都可能被人拒绝，但重要的是敢于尝试。

（2）与人为善，自己得善；有开放的心态，就会有许多朋友。

（3）要想别人怎样对待你，你就先怎样对待别人。

第三章　旅游接待与服务礼仪

人无礼则不生，事无礼则不成，国无礼则不宁。

——荀子

学习目标

☆知识目标：了解接待与拜访的礼仪要求，掌握酒店主要部门、导游接待及旅游商务的礼仪规范，熟知国际接待应遵循的基本原则和主要客源国礼仪常识。

☆能力目标：能将旅游接待与服务礼仪运用到实际工作中，展现专业、礼貌的职业形象。

☆德育目标：培养学生乐于服务、善于服务的优秀品质，使学生成为有高度服务意识、有良好职业礼仪习惯和礼仪服务技能的高素质旅游人才。

旅游业属于服务业，其产业以服务为主，而人恰恰是提供服务的主体，在旅游接待中，旅游从业人员的形象气质、谈吐、举止文明等礼仪行为会给客人留下比较深刻的印象，是建立融洽的服务关系的前提条件，同时也是构成服务内容的重要组成部分。因此，丰富旅游从业人员的礼仪知识，提高旅游从业人员的礼仪素质，养成职业礼仪习惯，培养旅游从业人员的礼仪服务技能已成为重中之重，同时，这也是实现培养高素质旅游人才的基本保证。

第一节　常用拜访与接待礼仪

拜访又叫拜会、拜见，是指前往他人的工作单位或住所，去会晤、探望对方，与对方进行接触。接待又叫迎访，即迎接客人来访，包括迎客、待客、送客三个环节。

一、拜访礼仪

（一）事先有约

去他人的工作单位和住所拜访，可以提前写信、打电话或者口信预约并把拜访的目的告诉对方。

（二）时间恰当

到工作单位拜访，最好不要选择星期一，因为星期一是一周的开始，往往是大家最忙的时候。如果是到友人家里拜访，时间最好安排在节假日的下午或晚饭以后。尽量避开对方用餐时间，除非是对方请你赴宴。晚上访友不宜太晚，以免影响主人家的休息。

（三）认真准备

在拜访之前，应根据访问的对象、目的、场所等，将自己的衣饰、容颜适当地修饰一番。做到仪表仪容端庄，容光焕发。

（四）遵时守约

要按事先预定的时间如期赴约，不能迟到，也不要早到。按双方约定的时间准时到达最得体。一般比约定时间早或迟到两三分钟，原则上也是允许的。

（五）进门有礼

拜访时，进门之前应先敲门或按门铃。按门铃的时间不要太长，敲门声也不要太大，只要主人能够听到就可以了。

待主人请你进房时，方可入内。

进房前，应礼貌地询问是否要换鞋。随身的外衣、雨具以及携带的礼品或物品，应放在主人指定的地方。

主人开门之后，如未被邀请入室，不要擅自闯入。如果入室之后，主人没请你脱下外衣或就座，则表示主人不打算留客，你应简短说明来意后立即离去。

（六）做客有方

进门后，应主动向所有相识的人（包括主人的家人或先到的客人）打招呼、问好。如主人没有向你介绍其他客人，不可随便打听其他客人与主人是什么关系，也不要主动与其他客人亲昵地攀谈或乱插话，不要喧宾夺主。

主人请你入座时，应道声"谢谢"，不要自己找座位，要根据主人的邀请，坐在主人指定的座位上。

拜访时态度要诚恳大方，言谈要得体。没有主人邀请，不应该提出参观主人的房间，更不应该到处乱闯，特别不应该随便进入卧室。即使是比较熟悉的朋友，也不要去乱碰主人的物品和室内陈设、书籍。对主人家的个人生活和家庭情况不要过度关心，否则也是不礼貌的。

（七）适时告辞

拜访的时间不宜过长，当宾主双方都谈完该谈的事，叙完该叙的情谊之后，就应及时起身告辞。

告辞时应对主人的款待表示谢意。并说一些"打扰了""添麻烦了""谢谢"之类的客套语。如有必要，还应根据对象和实情说"请你以后多指教""希望以后多多合作"等。若主人的长辈在家，应先向长辈告辞；若主人处还有其他客人，也要礼貌地道别。出门后应主动请主人留步，礼谢远送。

二、迎访礼仪

（一）精心准备

首先，应清扫整理房间；其次，根据客人年龄、性别、爱好，备好茶水、果品和点心等待客的必备物品，公事拜访还要准备客人所需要的资料；第三，要做好个人仪表的准备，衣着要整洁、大方；第四，根据需要，还可以做膳食、住宿和交通工具的准备。

（二）热情迎客

对于来访的客人，主人可根据情况亲自或派人到大门口、楼下、办公室或住所门外迎接。对来自远方的客人，应主动到车站、码头、机场迎接。

客人到来时，要立即请客人入室，室内的人都应起身相迎，不应端坐不动随便请客人自己进来，这样会使客人感到不受重视。对家人、亲朋好友或同事，也要一一介绍，以表现出友好的态度。然后安排客人就座,应把最佳的“上坐”位置让给客人坐。客人进屋后,主人要协助客人把携带的物品放好。

为客人上茶,茶水要浓度适中,一般斟在六七成满较为适宜。茶与果品应双手送上,要亲自为客人点烟。

(三)热情交谈

接待过程中,应主动、热情地和客人交谈,叙谈要控制节奏,避免冷场。要注意倾听对方的讲话,注意运用眼神、微笑、点头等肢体语言。

(四)礼貌送客

如客人提出告辞时,主人应婉言相留。如客人执意要走,也要等客人起身告辞时,主人再站起来相送。

如果是非常熟悉的朋友,一般送到大门口、楼下,与客人说“再见”或“欢迎下次再来”的礼貌用语,目送客人远去,再返身回屋。如果是为远道的朋友送行,要送到车站、机场或码头,等火车、飞机、汽车或轮船开动后再离开。

三、接待客人的禁忌

(1)目不转睛地打量客人,被看的人会感觉不自在,应该主动询问“有没有什么我可以帮助你的呢?”。

(2)一副公事公办的态度,冷淡地对待客人只会使客人对个人还有整个公司留下不好的印象,应该微笑着说“欢迎光临”。

(3)对客人视而不见继续和同事谈话。

(4)误读。一般表现为念错被称呼者的姓名。要避免念错,就一定要做好前期准备。必要时不耻下问,虚心请教。

(5)误会。对被称呼的年纪、辈分、婚否以及与其他人的关系作出了错误判断。比如,将未婚妇女称为“夫人”,就属于误会。

第二节 旅游接待与服务礼仪

一、酒店服务礼仪

(一)前厅服务礼仪

1. 门厅迎送服务礼仪

(1)见到宾客光临,应面带微笑,主动表示热情欢迎,问候客人:“您好!欢迎光临!”,并致15度鞠躬礼。

(2)对常住客人应称呼他(她)的姓氏,以表达对客人的礼貌和重视。

(3)当宾客较集中到达时,要尽可能让每一位宾客都能看到热情的笑容和听到亲切的问候。

(4)宾客乘车抵达时,应立即主动迎上,引导车辆停妥,接着一手拉开车门,一手挡住车门框的上沿,以免客人碰头。如果有信仰佛教或伊斯兰教的宾客,因按教规习俗,不能为其护顶。

(5)如遇下雨天,要撑伞迎接,以防宾客被淋湿。若宾客带伞,应为宾客提供保管服务,将雨伞放在专设的伞架上。

(6) 对老人、儿童、残疾客人,应先问候,征得同意后予以必要的扶助,以示关心照顾。如果客人不愿接受特殊关照,则不必勉强。

(7) 宾客下车后,要注意车座上是否有遗落的物品,如发现,要及时提醒宾客或帮忙取出。

(8) 如遇出租车司机“宰客”现象,应维护宾客利益,机智处理。

(9) 客人离店时,要把车子引导到客人容易上车的位置,并为客人拉车门,请客上车。看清客人已坐好后,再轻关车门,微笑道别:“谢谢光临,欢迎下次再来,再见!”并挥手致意,目送离去。

(10) 主动、热情、认真地做好日常值勤工作。尽量当着客人的面主动引导或打电话为其联系出租车。礼貌地按规定接待来访者,做到热情接待,乐于助人,认真负责,不能对客人置之不理。

2. 行李员服务礼仪

(1) 客人抵达时,应热情相迎,微笑问候,帮助提携行李。当有客人坚持亲自提携物品时,应尊重客人意愿,不要强行接过来。在推车装运行李时,要轻拿轻放,切忌随地乱丢、叠放或重压。

(2) 陪同客人到总服务台办理住宿手续时,应侍立在客人身后一米处等候,以便随时接受宾客的吩咐。

(3) 引领客人时,要走在客人左前方两三步处,随着客人的步子行进。遇拐弯处,要微笑向客人示意。

(4) 乘电梯时,行李员应主动为客人按电梯按钮,用手挡住电梯门框敬请客人先进入电梯。在电梯内,行李员的站位及行李的放置都应该靠边侧,以免妨碍客人通行。到达楼层时,应让客人先步出电梯。如果有大件行李挡住出路,则先运出行李,然后用手挡住电梯门,再请客人出电梯。

(5) 引领客人进房时,先按门铃或敲门,停顿三秒钟后再开门。开门时,先打开过道灯,扫视一下房间无问题后,再请客人进房。

(6) 进入客房,将行李物品按规程轻放在行李架上或按客人的吩咐将行李放好。箱子的正面要朝上,把手朝外,便于客人取用。与客人核对行李,确无差错后,可简单介绍房内设施和使用方法。询问客人是否有其他要求,如客人无要求,应礼貌告别,及时离开客房。

(7) 离房前应向客人微笑礼貌告别,出门后目视客人,后退一步,再转身退出房间,将门轻轻拉上。

(8) 宾客离开饭店时,行李员进入客房前必须按门铃或敲门通报,得到客人允许后方可进入房间。

(9) 客人离店时,应询问宾客行李物品件数并认真清点,及时稳妥地将其运送、安放到车上。

(10) 行李放好后,应与门厅迎接员一起向客人热情告别,“欢迎再次光临”“祝您旅途愉快”,并将车门关好,挥手目送车辆离去。

3. 前台接待服务礼仪

(1) 接待服务礼仪。

① 客人离总台 3 米远时,应予以目光的注视。客人来到台前,应面带微笑热情问候,然后

询问客人的需要,并主动为客人提供帮助。如客人需要住宿,应礼貌询问客人有无预订。

② 接待高峰时段客人较多时,要按顺序依次办理,注意"接一顾二招呼三",即手里接待一个,嘴里招呼一个,通过眼神、表情等向第三个传递信息,使顾客感受到尊重,不被冷落。

③ 验看、核对客人的证件与登记单时要注意礼貌,"请"字当头,"谢谢收好",确认无误后,要迅速交还证件,并表示感谢。当知道客人的姓氏后,应尽早称呼姓氏,让客人感觉受到尊重。

④ 给客人递送单据、证件时,应上身前倾,将单据、证件文字正对着客人双手递上;若客人签单,应把笔套打开,笔尖对着自己,右手递单,左手送笔。

⑤ 敬请客人填写住宿登记单后,应尽可能按客人要求安排好房间。把客房钥匙交给客人时,应有礼貌地介绍房间情况,并祝客人住店愉快。

⑥ 如果客房已客满,要耐心解释,并请客人稍等,看能否还有机会。此外,还可为客人推荐其他酒店,主动打电话联系,热忱欢迎客人下次光临。

⑦ 重要客人进房后,要及时电话询问客人,"这个房间您觉得满意吗?""您还有什么事情,请尽管吩咐,我们随时为您服务",以体现对客人的尊重。

⑧ 客人对酒店有意见到总台陈述时,要微笑接待,以真诚的态度表示欢迎,在客人说话时应凝神倾听,绝不能与客人争辩或反驳,要以真挚的歉意,妥善处理。

⑨ 及时做好宾客资料的存档工作,以便在下次接待时能有针对性地提供服务。

(2) 预订服务礼仪。

① 客人到柜台预订,要热情接待,主动询问需求及细节,并及时予以答复。若有客人要求的房间,要主动介绍设施、价格,并帮助客人填写订房单;若没有客人要求的房间,应表示歉意,并推荐其他房间;若因客满无法接受预订,应表示歉意,并热心为客人介绍其他饭店。

② 客人电话预订时,要及时礼貌接听,主动询问客人需求,帮助落实订房。订房的内容必须认真记录,并向客人复述一遍,以免差错。因各种原因无法接受预订时,应表示歉意,并热心为客人介绍其他饭店。

③ 受理预订时应做到报价准确、记录清楚、手续完善、处理快速、信息资料准确。

④ 接受预订后应信守订房承诺,切实做好客人来店前的核对工作和接待安排,以免差错。

(3) 问讯服务礼仪。

① 客人前来问讯,应面带微笑,注视客人,主动迎接问好。

② 认真倾听客人问讯的内容,耐心回答问题,做到百问不厌、有问必答、用词恰当、简明扼要。

③ 服务中不能推托、怠慢、不理睬客人或简单地回答"不行""不知道"。遇到自己不清楚的问题,应请客人稍候,请教有关部门或人员后再回答,忌用"也许""大概""可能"等模糊语言应付客人。

④ 带有敏感性政治问题或超出业务范围不便回答的问题,应向提问客人表示歉意。

⑤ 客人较多时,要做到忙而不乱、井然有序,应先问先答、急问快答,使不同的客人都能得到适当的接待和满意的答复。

⑥ 接收客人的留言时,要记录好留言内容或请客人填写留言条,认真负责,按时按要求将留言转交给接收人。

⑦ 在听电话时,看到客人来临,要点头示意,请客人稍候,并尽快结束通话,以免让客人久等。放下听筒后,应向客人表示歉意。

⑧ 服务中要多使用“您”“请”“谢谢”“对不起”“再见”等文明用语。

（4）结账服务礼仪。

① 客人来总台付款结账时，应微笑问候。为客人提供高效、快捷的服务。切忌漫不经心，造成客人久等的难堪局面。

② 确认客人的姓名和房号，当场核对住店日期和收款项目，以免客人有会被酒店多收费的猜疑。

③ 递送账单给客人时，应将账单文字正对着客人；若客人签单，应把笔套打开，笔尖对着自己，右手递单，左手送笔。

④ 当客人提出酒店无法满足的要求时，不要生硬拒绝，应委婉予以解释。

⑤ 如结账客人较多时，要礼貌示意客人排队等候，依次进行。以避免因客人一拥而上，造成收银处混乱，引起结算的差错，造成不良影响。

⑥ 结账完毕，要向客人礼貌致谢，并欢迎客人再次光临。

（5）其他服务礼仪。

① 如果有客人的邮件，特别是快件，应立即想办法送交客人，不得无故拖延。如果确定客人外出不在，应把邮件妥善放置，等客人回来时及时送交。收发邮件，一定要迅速、准确。

② 在承揽为客人代购各种机票、船票、车票的业务时，应尽力按客人的需求去办。

③ 在为客人代办事项时，应问清代办事项的品名、数量、规格尺寸、颜色、形状及时间要求，并向客人预收款项。

4. 电话总机服务礼仪

（1）坚守岗位，集中精神，在接待服务中坚持使用礼貌用语，避免使用“喂”“我不知道”“我现在很忙”“什么”等语句。

（2）接听电话动作要迅速，不让电话铃响超过三声；主动问候对方“您好”，自报店名和岗位，热诚提供帮助。如果业务繁忙，在铃响三声后接听，应向顾客致以歉意：“对不起，让您久等了！”

（3）用电话沟通时，宜保持嘴唇与话筒约1寸（约33毫米）距离，若靠得太近，声音效果不好；使用左手接听电话，以方便右手做必要的记录。

（4）要面带微笑，使语言热忱亲切、甜美友善，语调不宜太高，语速不宜太快，用词要简练得当。

（5）熟悉常用号码，按客人的要求迅速准确地转接电话。若转接的电话无人接听，忌用“不在”打发客人，应主动询问是否需要留言。

（6）在电话旁准备好便条纸和笔，当客人留言时，要认真倾听和记录，留言要重复一遍确认，并跟进、履行对客人的承诺，做到热心、耐心和细心。

（7）为客人接转电话和查找资料时，不能让对方等候电话超过15秒钟。如要求对方等候电话，应向其表示歉意：“对不起，请您稍候。”如果一时未能查清，应及时向对方说：“正在查找，请您再稍等一会。”

（8）讲究职业道德，尊重他人隐私，不偷听他人电话。

（9）通话结束后，应热情道谢告别，待对方挂断电话后，方可关掉电键。

5. 大堂副理服务礼仪

（1）接待客人要积极热忱，思想集中，以谦和、富有同情心的态度认真倾听，让客人把话讲完。

(2) 对于客人所反映的问题,要详细询问,并当面记录,以示郑重。

(3) 能够设身处地为客人考虑,以积极负责的态度处理客人的问题和投诉。在不违反规章制度的前提下,尽可能满足客人的要求。

(4) 当客人发脾气时,要保持冷静,待客人平静后再做婉言解释与道歉,要宽容、忍耐,绝对不能与客人发生争执。

(5) 尽量维护客人的自尊,同时也要维护好酒店的形象和声誉,涉及原则问题不能放弃立场,应机智灵活处理。

(6) 对客人的任何意见和投诉,均应给予明确合理的交代,力争在客人离开酒店前解决,并向客人表示感谢。

(二) 客房服务礼仪

客房是宾客主要的休息场所,是客人临时的家。宾客希望在酒店住宿期间能拥有个人空间,受到尊重,感受到自在、舒适、方便、安全。因此,注重礼仪的客房服务,应在提供优质服务的同时,尽量避免与宾客过多接触,以免打扰宾客。

客房服务工作人员应保持仪表整洁自然,举止端庄大方,礼貌周到,尊重宾客,精神饱满地为客人提供优质服务。

1. 楼层接待服务礼仪

(1) 在客人抵达前,要整理好房间,检查设备用品是否完好、充足,调节好房间的温度和湿度,为客人提供清洁、整洁、卫生、舒适、安全的客房。

(2) 楼层服务员接到来客通知,要在电梯口迎接客人,并主动问候:“先生(小姐)您好,一路辛苦了,欢迎光临!”如果是常客,要称呼客人的姓氏。

(3) 引导客人出电梯,主动帮助客人,征得同意后帮助提携行李。

(4) 引领客人到客房,到达房间门口时先开门、开灯,侧身一旁,敬请客人进房,然后放置好客人的行李物品。

(5) 客人进房后,根据人数和要求,灵活递送香巾和茶水,递送时必须使用托盘和毛巾夹,做到送物不离盘。

(6) 根据客人实际情况,礼貌介绍房间设备及其使用方法,简要介绍饭店内的主要服务设施及其位置、主要服务项目及服务时间,帮助客人熟悉环境。对房内饮料食品和其他物品需要收费的,要婉转地向客人说明。

(7) 接待服务要以客人的需要为准,体现为客人着想的宗旨。若客人不想被打扰,需要安静的休息时,服务人员应随机应变,简化某些服务环节。

(8) 在问清客人没有其他需求后,应向客人告别,立即离开。可说“请好好休息,有事尽管吩咐,请打电话到服务台”,并祝客人住宿愉快。然后退出房间,轻手将门关上。

2. 日常服务礼仪

宾客住店期间的日常服务范围广、项目多,劳动强度大、服务繁重琐碎,需要工作人员细致耐心,有良好的身体素质、较强的责任感和动手能力。

(1) 客房清洁服务礼仪。

① 客人一旦入住,客房即成为其私人空间,服务人员不能随意进出该房间。整理房间应尽量避免打扰客人的休息与工作,最好在客人外出时进行;动用客房内的任何一样东西,都应

事先征得客人同意。

② 有事需要进入客房时，必须讲究礼貌。先按门铃两下，未见动静，再用中指关节有节奏地轻敲房门，每次为三下，一般为两次，同时自报“Housekeeping”，在听到客人肯定的答复或确信房间内无人后方可进入。进入客房，不论客人是否在房间，都应将房门敞开。

③ 敲门时，对可能出现的各种情况应该灵活处理。门已经打开或客人来开门，要有礼貌地向客人问好，征得客人允许后，方可进入客房服务。

④ 敲门时，房间内无人答应，进房后发现客人在房间或在卫生间，若客人穿戴整齐，要立即向客人问好，并征询客人意见，是否可以开始工作；若客人衣冠不整，应马上道歉，退出房间并把门关好。

⑤ 打扫客房时，不得擅自翻阅客人的文件物品，打扫完后物品应放在原处，不能随意扔掉客人的东西，如便签、纸条等；不可在客人房间看电视、听音乐；不可用客人的卫生间洗澡；不可取食客人的食品；不得接听客人的电话。

⑥ 清扫时，如宾客在交谈，不要插话，更不能趋近旁听；不向客人打听私事；如客人挡道，应礼貌打招呼，请求协助。

⑦ 客房清洁过程中，遇到客人回来，服务员要礼貌地请客人出示房间钥匙或房卡，确定是该房间的客人，并询问客人是否可继续整理。如果客人需要整理，应尽快完成，以便客人休息。

⑧ 打扫完毕，不要在客房逗留。如客人在房间，离开时应轻声说：“对不起，打扰了，谢谢！”然后礼貌地后退一步，再转身走出房间，轻轻关上门。

⑨ 清扫时，遇到宾客外出或回房间，都要点头微笑问候，切勿视而不见，不予理睬。在楼道中遇到客人，应在离客人 3 米远处开始注视客人，放慢脚步，1 米远时向客人致以问候，楼道狭窄时要侧身礼让客人。

⑩ 工作时，不能与他人闲聊或大声说话，做到说话轻、走路轻、操作轻。在过道内行走，不要并行，不得超越同方向行走的客人。遇事不要奔跑，以免造成紧张气氛，如有急事需要超越客人应表示歉意。

（2）访客接待礼仪。

① 尽量记住住宿客人的姓名、特征等，并注意保守客人的秘密，不将客人的房号、携带物品及活动规律等告诉无关人员，不要给客人引见不认识的人员。

② 访客来访时，应礼貌问好，询问拜访哪位客人，核对被访者姓名、房号是否一致。在征得客人同意后，请访客办理登记手续，才能指引访客到客人房间。未经客人允许，不要将来访者带入客人房间。

③ 访客不愿意办理来访登记手续，应礼貌耐心地解释，并注意说话技巧，打消来访者的顾虑，求得对方配合；如访客执意不登记，应根据来访者与被访者的身份、来访目的与时间，酌情处理。

④ 若住客不愿见访客时，要礼貌委婉说明住客不方便接待客人，不要将责任推给住客，同时不能让访客在楼层停留等待，应请访客到大堂问询处，为其提供留言服务。

⑤ 住客不在，若有访客带有客房钥匙要进房取物时，服务人员要礼貌了解访客对住客资料的掌握程度及与住客的关系；若有访客带有住客签名的便条但无客房钥匙时，服务员应将便条拿到总台核对签名。确认无误后办理访客登记手续，然后陪访客到客房取物品。住客回店

后，服务员应向住客说明。

⑥ 客人外出，交代来访者可以在房内等待，服务员应仔细询问来访者的姓名及特征，经过辨别确认后，请来访者办理访客登记。如访客要带物品外出，服务员应及时询问，并作好记录。

⑦ 宾客接待来访者时，要按客人的要求，备足茶杯、供应茶水。

⑧ 服务员在岗时要保持相应警觉，对可疑来访者应上前有礼貌地询问清楚，坚持原则、刚柔相济，杜绝不良人员制造事端。

(3) 其他服务礼仪。

① 客人需要送洗衣物时，应认真核对件数、质料、送洗项目和时间，检查口袋里有无物件、纽扣有无脱落、衣物有无破损或严重污点等。

② 客人委托代订、代购和代修的事项要询问清楚，详细登记并重复确认，及时为客人服务。客人合理的随机服务要求，要快捷高效完成，不可无故拖延。

③ 服务员不得先伸手与客人握手，不抱玩客人的孩子，不与客人过分亲热；与客人接触，应注意文明礼貌，有礼有节，不卑不亢。

3. 离店服务礼仪

(1) 得知客人离店的日期后，服务员要热情关照客人，仔细检查客人委托代办的项目是否已经办妥，主动询问是否需要提供用餐、叫醒、出租车等服务，主动询问客人意见，认真记录，并衷心感谢，但不要强求或过多耽误客人时间。

(2) 应将离房客人送至电梯口，礼貌道别，并欢迎客人下次光临。对重要客人和老弱病残者要送至前厅，并给予特别照顾。

(3) 客人离房后要迅速检查房间，查看有无遗忘遗留物品，房间内的各种配备用品有无损坏或缺失，各种需要收费的饮料食品和物品有无消耗。如果发现遗留物品应尽可能归还原主，如果客人已走，则按酒店的遗留物品处理规定保管和处理。如果发现物品缺失或损坏，应立即打电话与总台联系，机智灵活处理，不可伤害客人的感情和自尊心。

4. 特殊情况服务礼仪

(1) 宾客在住宿期间生病，服务员应主动询问是否需要到医院就诊，并给予热情关照，切不可自行给客人用药或代客买药。若客人患突发性疾病，应立即报告上司与大堂副理，联系急救站或附近医院，不可拖延时间。

(2) 宾客住店期间，若发生酗酒现象，服务员应理智、机警地处理，尽量安置酗酒客人回房休息，并注意房内动静，必要时应采取措施。对醉酒吵闹的客人，要留意其动静，避免出现损坏客房设备、卧床吸烟而引起火灾、扰乱其他住客或自伤等事件，必要时通知上司和保安部人员。

对醉酒酣睡的客人，要同保安人员一起扶其进房，同时报告上司，切不可单独搀扶客人进房或为客人解衣就寝，以防客人醒后产生不必要的误会。

(3) 客人称钥匙遗忘在客房，要求服务员为其开房门时，应请客人出示住房卡，核对日期、房号、姓名等无误后，方可为其开门。若客人没有住房卡，应请客人到总台核对身份无误后，方可为其开门。

(4) 客人在客房内丢失财物，服务员应安慰并帮助客人回忆财物丢失的过程，同时向上司和保安部报告，协助有关人员进行调查，不能隐情不报或是自行其是。

（三）餐厅服务礼仪

1. 餐前准备服务礼仪

（1）餐饮卫生。

① 环境卫生。整个餐厅中，包括食品服务区和食品准备区，都应该做到卫生洁净、光线明亮、空气清新，让客人能感受到温馨、舒适和愉快。

② 餐具卫生。餐具应按照规范程序清洁和消毒，服务员在摆放餐具时要按规范动作操作，保证提供给客人安全卫生和完好的餐具。

③ 食品卫生。在食品制作和服务环节都应该讲究职业道德，严格按照食品卫生操作规范进行，让客人真正享受到安全卫生的可口食品。

（2）个人卫生。

服务人员在上岗前，应做好个人卫生工作。头发整洁、无头屑，发型大方规范，厨师要戴工作帽；穿着全套制服，干净整齐，不佩戴饰物，仪容端庄大方；注意口腔卫生，不在工作时嚼口香糖、吃东西；勤洗手，不留长指甲，不在工作区梳头、修剪指甲。

2. 迎领服务礼仪

（1）在客人走近餐厅约 3 m 时，应面带微笑注视客人；约 1.5 m 时，热情问候客人，对熟悉的客人宜用姓氏打招呼。当男女宾客一起走进来，应先问候女宾，再问候男宾。

（2）征得同意后主动接过客人的衣帽，并放置保管好。

（3）问清客人有几位，是否有预订，对已有预订的客人，要迅速查阅预订单或预定记录，将客人引到其所订的餐桌。如客人没有预订，应根据客人到达的人数，客人喜好、年龄、身份等情况安排合适的餐桌。

（4）迎领客人应注意“迎客走在前，送客走在后，客过要让道，同走不抢道”的基本礼仪。引领时应在宾客左前方 1 m 左右的距离行走，并不时回头示意宾客。

（5）主动请宾客入座，按照先主宾后主人，先女宾后男宾，先年长者后年轻者的顺序拉椅让座。

（6）客人入座后，值日服务员应及时递送香巾、茶水，并礼貌地招呼客人使用。递送时按顺时针方向从右到左进行，递送香巾要使用毛巾夹；端茶时要轻拿轻放，切忌用手指触及杯口。

（7）当餐厅内暂无空位，要向宾客表示歉意，并询问宾客是否愿意等候。如果客人表示可以等候，应让客人到休息室或想方设法让客人暂坐等候；如果客人无意等候，应热情相送，并欢迎再来。

3. 用餐服务礼仪

（1）点菜服务礼仪。

① 客人入座后，服务员要立即递上干净、无污损的菜单。菜单应双手递送到客人面前，并说：“请您点菜。”

② 客人考虑点菜时，服务员不要以不耐烦的语气或举动来催促，应耐心等候，让客人有充分的时间选择菜肴。

③ 为客人点菜时，应准备好纸和笔，微笑站立在客人一侧，认真记录客人点的每一道菜和饮料，点菜结束后要复述一遍，杜绝差错。

④ 同客人说话时，要热情亲切，面带微笑，有问必答。当客人犹豫不定征求服务员意见时，应视时间、客人人数和大致身份、就餐目的等具体情况，善解人意地为客人推荐合适的菜肴。

⑤ 了解每日菜肴供应情况，如果客人点的菜当日没有现货供应时，要礼貌致歉，求得宾客谅解，并向客人建议点其他类似的菜肴，防止出现客人连点几道菜均无货可供的尴尬局面。

（2）上菜服务礼仪。

① 餐厅服务要讲究效率，缩短客人的等候时间，一般客人点菜以后10分钟内凉菜要上齐，热菜不超过20分钟。传菜时必须使用托盘，热菜必须热上，凉菜必须凉上。

② 服务员对厨师做出的菜肴要做到“五不取”，即数量不足不取；温度不够不取；颜色不正不取；配料、调料不齐不取；器皿不洁、破损和不合乎规格不取。

③ 服务员要做到“三轻”，即走路轻、说话轻、操作轻。传菜时要做到端平走稳、汤汁不洒、忙而不乱，上菜和撤菜动作要干净利落，做到轻、准、平、稳，不推拉餐盘。

④ 上菜时要选择合适的位置，宜在陪坐之间进行，不要在主宾和主人之间操作。同时报上菜名，必要时简要介绍菜肴的特色典故、风味、食用方法、特点等。

⑤ 如菜肴较多，一般在一道菜用过1/3以后，再开始上下一道菜。每上一道菜，须将前一道菜移至副主人一侧，将新菜放在主宾、主人面前，以示尊重。菜上齐后，应礼貌告诉客人：“菜已上齐，请慢用。”

（3）席间服务礼仪。

① 席间服务中，服务员要做到“四勤”，即眼勤、嘴勤、手勤、腿勤。

② 工作中要注意仪态，多人站立时，应站在适当的位置，排列成行。

③ 服务操作要按照规范要求，斟酒水在客人的右侧进行，上菜、派菜从客人左侧进行，撤盘从客人右侧进行。服务顺序是先主宾后主人，先女宾后男宾，先主要宾客后一般宾客。如果是一个人服务，可先从主宾开始，按顺时针的顺序逐次服务；如果是两名服务员同时服务，应一个从主宾开始，另一个从副主宾开始，依次绕台服务。

④ 为客人斟酒时，要先征得宾客的同意，讲究规格和操作程序。凡是客人点用的酒水，开瓶前，服务员应左手托瓶底，右手扶瓶颈，商标朝向主人，请其辨认核对选酒有无差错，这表现了对客人的尊重，也证明商品质量的可靠。

⑤ 斟酒量的多少，要根据酒的类别和要求而定。斟酒时手指不要触摸酒杯杯口，倒香槟或其他冰镇酒类，要使用餐巾包好酒瓶再倒，以免酒水喷洒或滴落到宾客身上。

⑥ 由服务员左手垫上布将热菜盘托起，右手使用派菜用的叉、匙，依次将热菜分派给宾客。派菜要掌握好数量，做到分派均匀，要做到一勺准，不允许把一勺菜分给两位宾客，更不允许从宾客的盘中往外拨菜。

⑦ 撤换餐具时要注意：当客人用过一种酒，又要用另一种酒时，须更换酒具；装过鱼腥味的餐具，再上其他类型菜时须更换；吃甜菜、甜汤之前须更换餐具；风味独特、调味特别的菜肴，要更换餐具；芡汁各异、味道有别的菜肴，要更换餐具；骨碟内骨渣超过三块时，须更换骨碟。

⑧ 更换餐具时，如果客人正在使用应稍等片刻或轻声询问，更换时动作要轻，不能将汤汁洒在客人身上。

⑨ 撤菜要征求宾客的意见，一次撤盘不宜太多，以免发生意外。不要当着宾客的面处理餐盘内的残物或把餐具堆起很高再撤掉。

⑩ 上点心水果之前，要将餐台上用过的餐具撤掉，只留下花瓶、水杯、烟缸和牙签筒。水果用完后，可撤掉水果盘、餐盘和刀叉，在餐桌上摆好鲜花，表示宴会结束。

⑪ 就餐过程中如有客人的电话,服务员应走到客人身边,轻声告诉客人,不可图省事而在远处高声呼唤。

⑫ 宾客有意吸烟时,应主动上前帮忙点火,将烟灰缸及时放置到客人执烟的一侧。烟缸内如果有两三个烟头,要及时更换。

4. 结账服务礼仪

(1) 客人用餐完毕要求结账时,服务员应立即核实账单,确认账单无误后,将其放在收款盘里或收款夹内,账单正面朝下,反面朝上,送至宾客面前,请客人过目。

(2) 当客人要直接向收款员结账,应客气地告诉客人账台的位置,并用手势示意。

(3) 如果是住店客人签字,服务员要立即送上笔,同时有礼貌地请宾客出示酒店欢迎卡或房间钥匙。核实酒店欢迎卡或钥匙时,检查要认真,过目要迅速,并向客人表示感谢。

(4) 客人起身离去时,应及时为客人拉开座椅,并注意观察和提醒客人不要遗忘随身物品。

(5) 服务员要礼送客人至餐厅门口,向客人礼貌道别,可说"再见""欢迎您再来"等,目送客人离去。

5. 特殊情况服务礼仪

(1) 客人投诉服务礼仪。

① 餐饮服务中遇到投诉,应礼貌诚恳、态度温和地接待客人,认真倾听客人反映的情况和意见。要及时向客人表示歉意,不得与客人争辩,并尽快将情况报告给有关管理人员。

② 若投诉情况属实,不得推卸责任,应根据情况采取积极有效的措施及时改进,并请客人原谅,同时对客人表示感谢。

③ 若客人因不了解菜肴风味或其他原因而投诉有误时,不能讽刺讥笑,应礼貌机智地处理,态度和蔼真诚,不能让客人感到尴尬。

(2) 残疾宾客服务礼仪。

① 遇到残疾宾客用餐,应派专人进行接待服务,并选择合适的餐桌、座椅和餐具。

② 对残疾宾客要尊重照顾、关心体贴、细致耐心,不能使宾客觉得受到冷落或只是同情和怜悯,而应该让宾客感受到温暖、热情、周到。

③ 在就餐过程中要关注宾客,如果发现宾客身体不适,应保持镇静,迅速报告上司,并立即打电话请医务人员来帮助。

(3) 客人醉酒服务礼仪。

① 在餐厅中对客人饮酒过量的问题,应审时度势,灵活处理,既不能轻易得罪客人,又不能听任客人无节制地饮酒闹事。要谨慎判断客人醉酒的程度并采取及时有效的措施。

② 对已有醉意、情绪变得激动的宾客,要注意礼貌服务,不得怠慢、不得讽刺,服务要及时迅速。

③ 如果客人不停地要酒,并且言行已经开始失态,可以试着建议其饮一些不含酒精的饮料,同时及时报告上司和保安人员来帮助处理。

④ 如果醉酒客人提出一些非分要求时,应根据具体情况委婉而礼貌地予以回绝。应尽快将醉酒的客人带离餐厅,以免影响其他客人。

(4) 汤汁洒出服务礼仪。

① 操作时若不小心把汤汁洒在餐桌上,应立即向客人表示歉意,迅速用干净餐巾垫上或

擦干净。

② 如果汤汁洒在客人身上，应马上道歉，尽快采取果断补救措施，用干净的毛巾替客人擦拭。如果是异性宾客，应递由宾客自己擦拭。并根据污渍的大小和客人的态度，适时提出为宾客洗涤衣物，并为客人找来准备替换的干净衣服。

如果客人用餐中不小心把汤汁洒在餐桌或身上，应主动帮助客人处理。

二、导游服务礼仪

（一）迎送服务礼仪

1. 迎客礼仪

（1）接团准备。

① 了解基本情况。包括旅游团名称、领队情况、旅游团人数，团员姓名、性别、年龄、职业、国籍、民族、饮食习惯、宗教信仰及受教育程度等。

② 了解接待标准。包括该团的费用标准和住房情况。

③ 掌握团队的游览日程和行程计划。包括抵、离旅游线路各站的时间以及交通工具类型和航班车次、接站地点等。

④ 熟悉景点介绍。熟悉旅游团途经的各城市和旅游点的情况，包括历史、地理、人口、风俗、民情等。了解客人所在国家或地区的历史、地理、文化、政治、经济及近期重要新闻等。

⑤ 领取和备齐身份证、工作证、导游证、导游图、导游胸卡、个人名片、通讯录、记事本、喇叭、导游旗、接站牌和旅途备用金。若去边境口岸、特区等地，还须事先办理有关的通行证。

⑥ 地陪要适时核对接待车辆、就餐安排、交通购票等落实情况，要确定与接待车辆司机的接头时间和地点。

（2）接站服务。

① 导游员应按规定着装，佩戴导游胸卡、打社旗和持接站牌，提前至少30分钟到达机场、车站或码头。

② 客人抵达后，导游员要主动持接站牌上前迎接，先自我介绍，再确认对方身份，寒暄问候，核对团号、实际抵达人数、名单及特殊要求等。

③ 引导客人乘车。要尊重老人和女性，爱护儿童。

④ 导游协助客人上车就座后，应礼貌地清点人数，注意不要用手指点数，待一切无误后请司机开车。

⑤ 在途中应代表组团社或地接社及个人致欢迎辞。致辞应包括热情的欢迎、诚恳的介绍（导游和司机）、提供服务的真诚愿望以及旅途愉快的提前祝愿等内容。

⑥ 在前往饭店的路上，导游要注意观察客人精神状况，如客人精神状况较好，可就沿途景观进行介绍，并向客人介绍日程安排、活动项目及停留时间等。

⑦ 抵达饭店途中，导游要向客人介绍所住饭店的基本情况，包括饭店的历史、等级、建筑面积、客房数量、地理位置、各项设施及服务项目等有关情况。

（3）入住服务。

① 导游员要协助团队办理入住手续，协助领队分配住房。分发房号后，导游员要了解客人住房位置、安全通道等，记住领队房号，同时将自己房号、电话告知领队及游客。

② 核对客人的行李件数，同时督促行李员把客人的行李送至客人房间。

③ 要了解客人的健康状况，以便给予适当的照顾和安排。

④ 客人进房前应先介绍就餐形式、地点、时间及有关规定（如酒水费用是否需要自付等），并简单介绍游程安排，宣布第二天日程细节。

⑤ 客人用第一餐时，导游员要亲自带领他们进入餐厅，介绍用餐的有关事项。

⑥ 及时处理客房存在的问题。客人进入客房后，导游员应对客人行李是否未到或发错，房间是否清洁卫生，门锁有无故障，热水供应、空调运转是否正常等问题再次核实。

⑦ 如有需要，安排好叫早服务。

2. 送客礼仪

(1) 旅游团离开本地之前，导游员应根据客人离去的时间，提前预订好下一站旅游或返回的机（车、船）票；客人乘坐的车厢、船舱尽量集中安排，以利于团队活动的统一协调。

(2) 送客前安排好结算、赠送礼品、摄影留念、欢送宴会等事宜。赠送礼品应方便携带，突出地方特色，具有保存价值。

(3) 协助办好行李交接。离开饭店前，导游员应提醒客人整理好自己的物品，打好托运的行李。

(4) 出发前，要提醒客人不要遗忘自己的物品，不要带走房卡。上车后，仔细清点客人人数。要将客人的各种证件、护照等，亲手交给客人或领队。

(5) 致欢送辞，应使对方感受到自己的热情、诚恳，要有礼貌，有教养，并祝大家旅途愉快。

(6) 按规定的时间要求到达机场（车站、码头）：送国内航班，应提前 90 分钟到达机场；送国际航班，应提前 2 小时抵达机场；送火车或轮船应提前 60 分钟到达车站或码头。

(7) 火车、轮船开动或飞机起飞后，应向客人挥手致意，祝客人旅途一路顺风，然后再离开。若客人乘坐的车、船、飞机晚点，应主动关心客人，必要时须留下与领队共同处理有关事宜。

（二）带客游览服务礼仪

1. 出发前服务

(1) 导游员应提前到达集合地点，并督促司机做好出发前的各项准备工作。

(2) 核对、商定活动安排。在带客游览之前，导游员应与领队商定本地活动安排并及时通知客人。

(3) 出发前，导游员应在客人就餐时向客人表示问候，向客人报告当天天气情况，并了解客人身体状况，重申出发时间，乘车或集合地点，提醒客人加带衣服、换鞋，带好必备用品如手提包、摄像机、照相机及贵重物品等。

(4) 客人上车后，导游员应及时清点人数，若发现有人未到，应向领队或其他团员问清原因，并将不参加活动的客人人数、姓名、原因及房号通知旅行社；若有有病不能参加活动的客人，须交代清楚是否需要医生治疗等；若出发时间已过，又不知未到者在何处，则应征求领队意见决定是否继续等候，若决定不等，导游员必须将情况通知旅行社内勤处理。

2. 乘车服务

(1) 出发乘车时，导游员应站在车门口照顾好客人上车，要主动帮助客人提拿物品，并将物品轻轻放在车上。对客人中的老幼弱残者，要特别细心地予以照顾，上下车时，应主动上前搀一把或扶一程。客人中有男有女时，应照顾女士先上车。

(2) 引导客人乘车，要注意位次。若乘小轿车，应安排年长或位尊者坐在车后排右边位置，导游员坐在后排左手位置或司机旁边。乘面包车，其座位，以司机之后车门开启处第一排座位为尊,后排次之,司机座位前排座位为小;中型或大型巴士,以司机座后第一排,即前排为尊,后排依次为小。其座位的尊卑大小,依每排右侧往左侧递减。

3. 途中服务

(1) 在去旅游点的路上,导游员切忌沉默不语,要向客人介绍本地的风土人情、自然景观,特别是沿途的景象,并回答客人提出的问题。

(2) 抵达景点前,应向客人简要介绍景点的概况,尤其是景点的历史、价值和特色。还可根据客人特点、兴趣、要求穿插一些历史典故、社会风貌等,以增加客人的游兴。

(3) 到达景点时,应告诉客人该景点停留的时间、集合的时间和地点以及有关注意事项,如卫生间位置、旅游车车号以及保管好钱物等。

4. 游览服务

(1) 带客游览过程中,导游员要认真组织好客人活动。应保证在计划的时间与费用内让客人充分地游览、观赏,做到讲解与引导游览相结合、适当集中与分散相结合、劳逸适度,并特别照顾老、弱、病、残的客人。导游要照顾全体客人,不可只和一两个人说话而冷落了其他人。

(2) 游览过程中,导游员的讲解要力求准确,应包括该景点的历史背景、特色、地位、价值等方面的内容,做到条理清楚、繁简适度。语言要生动形象,富于表现力。

(3) 导游讲解时,表情要自然大方,声音大小要适中,使用话筒音量、距离要适当,讲解时可适当做些手势,但动作幅度不宜过大,不得手舞足蹈、指手画脚。

(4) 游览途中,导游员要特别注意客人的安全,要自始至终与客人在一起并随时清点人数,以防客人走失。要提醒客人看管好所带财物,防止发生丢失、被盗现象。在行走困难的地方,要陪伴照顾好年老体弱者,以防发生意外,客人寻求帮助时,应尽可能使客人满意。

(5) 与客人交谈时,一般不要涉及疾病、死亡等不愉快的话题;不谈荒诞离奇、耸人听闻、黄色淫秽的事情;对方不愿回答的问题,不要追问;遇到客人反感或回避的话题,应表示歉意,立即转移话题;与外宾交谈,一般不议论对方国家的内政;不批评、议论团内任何人;不随便议论宗教问题;与女宾交谈要谨慎,不要开玩笑;不要询问宾客收入、婚姻状况、年龄、家庭、个人履历等私人问题。

5. 返回途中服务

(1) 全天活动结束后,返回途中,导游员要向客人宣布第二天的活动日程,早餐的时间与地点以及出发时间、地点等。

(2) 抵达饭店后,导游员要主动向领队征求意见,了解客人对当天活动安排的反应,对当天遇到的问题要与领队和客人共同协商解决。

(3) 与客人告别时,要表达良好的祝愿。

(4) 向饭店前台确认叫早服务时间。

(三) 带客购物服务礼仪

(1) 根据旅游团客人的要求,合理安排客人购物。如无此要求,不得强求。

(2) 去购物途中,要向客人介绍本地商品的特色,教客人鉴别商品的知识,当好客人的购物顾问。下车前,要交代清楚停留时间及有关购物的注意事项。

(3) 注意前后态度要一致,不能介绍景点时简单、敷衍,讲到购物就热情高涨,这样,会引起客人的猜疑和不信任。

(4) 导游员应严格遵守导购职业道德,应将客人带到商品质量好、价格公平合理的商店,而不应该唯利是图,为了一点“好处费”,昧着良心违背职业道德,与不法经营者相互勾结,从而损害旅游者的利益。

(5) 如遇小贩强拉强卖,导游员有责任提醒客人不要上当受骗,导游本人不得向客人直接销售商品,不能要求客人为自己选购商品。

(四) 导游语言服务礼仪

1. 导游语言的基本要求和运用原则

(1) 运用导游语言的基本要求。

① 语音、语调要适度、优美。在讲解过程中,导游员的声音要适度,不高不低,以使在场的客人听清为宜。

② 要正确掌握说话节奏。导游说话的节奏涉及语速快慢、语句停顿及声调高低,节奏运用得当,不仅使旅游者听得清楚明了,而且可以使他们心领神会,情随意转,从而收到良好的信息传递效果。

③ 合理运用修辞手法和格言典故。导游员在导游讲解中运用比喻、拟人、夸张、排比等修辞手法,并恰当地使用旅游者所熟悉的谚语、俗语、歇后语、格言、典故等。

④ 善于察言观色,注意把握时机。导游员在与旅游者谈话时,要能听话听音,随机应变,就地取材,引出新的话题。

(2) 导游语言的运用原则。

① 准确。导游语言应当准确,这是导游员在导游讲解时必须遵守的基本原则。

② 清楚。导游语言的清楚性原则要求导游员在讲解和交谈时,口齿清楚,简洁明了,确切达意,措辞恰当,组合相宜,层次分明,逻辑性强。

③ 生动。旅游者在旅途中追求的是轻松愉快,在游览中向往的是导游员活泼风趣的讲解。

④ 灵活。导游讲解的灵活性原则要求导游员根据不同的对象和时空条件进行讲解,注意因人而异,因时制宜,因地制宜。

2. 致辞服务礼仪

(1) 欢迎辞。

专业的欢迎辞大多包括以下几个基本要素:

① 向团队客人问候,并代表旅行社表示热烈欢迎;

② 自我介绍,包括自己的姓名和职务,司机的姓名和所驾车的牌号以及其他参加接待人员的姓名和职务;

③ 简要介绍当地风土人情和游览目的地的基本情况以及接团后的大致安排,使旅游者心中有底;

④ 表明自己的工作态度,即愿竭尽全力为客人搞好导游服务;

⑤ 祝愿客人旅行愉快,并希望得到客人的合作与谅解。

欢迎辞的常用模式有:风趣式、闲谈式、感慨式、朗诵式、猜谜式、讲故事式。

(2) 欢送辞。

欢送辞是旅行游览过程结束后,导游员为表示惜别、感谢合作、征求意见、期待重逢所作的口头演说。

欢送辞主要包括如下几个方面的内容:

① 表示惜别之情。不少游客在短短数天的游览中，已成了导游员的朋友，分别时依依不舍。

② 对游客的配合与支持表示感谢。一次成功的旅游活动是旅游者与导游员双方共同合作、共同努力的结果。

③ 欢迎批评。在旅游接待过程中，难免在服务中有欠缺和言行不当的地方，通过欢送辞也可向旅游者表示歉意，以求得他们的谅解。同时，也应表示出“欢迎批评”的意思，征求意见、欢迎批评往往会给游客留下非常好的印象。

④ 期待下一次重逢。可引用些名言、谚语等有文采的语言，表达一种“愿意再见”的情感。

(五) 突发事件处理礼仪

1. 路线与日程变更

旅游计划和活动日程一旦商定，各方面都应严格执行，一般不轻易更改。但是有时一些天气突变、交通问题等不可预料的因素迫使旅游计划、线路和活动日程变更。

(1) 如遇接团社没有订上规定的航班、车次的机车票，而更改了航班车次或日期，应向客人作好解释，并提醒接团社，及时通知下站。

(2) 如遇天气或其他原因，临时取消航班，不能离开所在城市时，应注意争取领队合作，稳定客人情绪，并立即与内勤联系，配合民航安排好客人的用餐和休息问题。

(3) 如遇景点关闭等特殊情况，不得不改变活动项目，导游员应该以精彩的介绍、新奇的内容和最佳的安排激起客人的游兴，让他们高兴地随导游员去游览其他替换的景点。

2. 行李丢失和损坏

(1) 当在机场发现行李丢失，应凭机票及行李牌在机场行李查询处挂失，并保存好挂失单和行李单，将失主所下榻的饭店的名称、房间号、电话号码告诉查询处，并记下查询处的电话、联系人和航空公司办事处的地址、电话，以便联系。

(2) 如行李在接团后丢失，应冷静分析情况，先设法寻找。若未找到，应把详细情况向旅行社领导汇报，由旅行社安排内勤、外勤和其他工作人员帮助寻找丢失的行李。

(3) 行李损坏，应掌握谁损坏谁赔偿的原则。一时查不清责任，应答应给受损失者修理或赔偿，费用掌握在规定标准内，请客人留下书面说明，发票由地陪签字，以便向保险公司办理索赔。

3. 旅游者病危或死亡

(1) 旅游者病危时，导游员要及时向接团社汇报，积极组织抢救。

(2) 尽快与旅行社取得联系，报告情况，并请社里派人到医院照料病人。

(3) 如患者病危而其亲属又不在中国者，应请领队迅速与患者所属国家的驻华使领馆联系，请其做主或电告病人家属，凡事听他们的意见，导游人员从旁协助。

(4) 如患者需要住院动手术，应征得患者亲属、领队或使领馆代表同意并签字后，方可进行。

(5) 如在医院抢救无效死亡，由参加抢救的医师向死者亲友、领队、当地旅行社代表详细报告抢救经过，并写出《抢救经过报告》及《死亡诊断证明》，由主治医师签字盖章后交领队或死者亲属，同时复制三份交给有关部门和人员收存。

(6) 如果是非正常死亡，导游员要保护好现场，立即向公安局和旅行社报告，协助查明死因。

（7）导游员应协助领队清理死者遗物，开列清单，各方签字，让亲属或领队带回。

4. 旅游者财物被盗

（1）旅游者如丢失护照，导游人员应首先详细了解丢失情况，找出有关线索，努力寻觅。

（2）如发现客人丢失财物，应迅速了解物品丢失前后经过，作出正确判断，是失主不慎丢失，还是被盗。

5. 交通事故

（1）立即组织抢救。电话呼叫救护车或立即拦车将伤员送往距出事地点最近的医院抢救，并立即向接团社和组团社汇报，请示事后处理意见。

（2）保护现场。保护现场肇事痕迹，不要在忙乱中破坏现场，尽可能防止肇事者逃跑，以便交通警察和治安部门调查处理。如果有两个以上导游员在场，可一个指挥抢救，一个留下保护现场。

（3）迅速报告交通、公安部门（交通事故报警电话 122），让其派人前来调查处理，同时，向旅行社报告事故的发生和伤亡情况，请求派人前来指挥事故的处理，并要求派车前来把未受伤和轻伤者接送至饭店。

（4）做好全团人员的安定工作。事故发生后，除有关人员留在医院外，应尽可能使其他团员继续按原定活动计划参观游览。

（5）做好事故善后工作。交通事故的善后工作将由交通、公安部门和旅行社出面处理，导游人员应照顾好受伤游客，写好事后情况报告，请医院开具诊断和治疗书，请公安局开出交通事故证明书，以供客人向保险公司索赔。

（6）交通事故处理就绪或该团接待工作结束后，导游员应写出书面报告，详细报告事故发生的时间、地点、性质、原因、处理经过、最后结论，司机的姓名、车型、车号、伤亡情况，医生的诊断结论、治疗情况等。

6. 其他特殊情况

如发现客人就餐后出现头晕、头痛、恶心、呕吐等不适症状，导游人员除立即劝阻客人停止进餐外，应迅速护送客人前往医院就诊，同时尽快报告接团社和卫生检疫部门，妥善安排善后处理事宜。

三、旅游商务礼仪

（一）旅游商品销售礼仪

1. 销售环境礼仪要求

（1）努力为客人营造良好的购物环境，保持商场内装潢、灯光、声音、色彩和温度适宜。每天营业前，认真做好卫生清洁工作，地面、柜台、货架等都要认真擦拭，给客人营造窗明几净的良好购物环境。

（2）精心陈列、摆放商品。商品陈列既要符合审美原则，具有整体感，让人赏心悦目，又要考虑到工作人员销售时拿放方便，还有便于客人观看和选择。商品要明码标价，注明相关信息。

2. 销售人员礼仪要求

（1）上岗前，销售人员要认真作好仪表仪容的自我检查，做到仪表整洁、仪容端庄，工作时保持精神饱满，面带微笑，思想集中，随时准备为客人提供服务。

（2）当客人来到柜台前，要主动热情地迎接，并根据客人的目光所向，主动介绍，递送商品。注意掌握好时机,让客人有充分的时间去选择。

(3) 在销售服务中,对待客人要一视同仁。不以年龄、服饰、性别、地域等看人,做到:买与不买一个样、新老客人一个样、内宾外宾一个样、男女老少一个样,并尽力满足客人的特殊要求。

(4) 在服务中要耐心解答客人的疑问,并展示商品,做到百问不厌、百挑不烦,主动热情地当好客人的参谋。

(5) 向客人介绍和推荐商品时,要面对微笑,使用敬语。针对客人不同的心理和需求来介绍和推荐,绝不将自己的想法强加给客人。

(6) 当客人众多、生意忙碌时,要忙而不乱,忙中有序;边接待,边兼顾。做到接一顾二招呼三,使每一位客人都能感到服务员对他的尊重。

(7) 当客人要买的商品柜台上暂时无货时,不要直接说"没有"或"卖完了",应当说:"对不起,请稍等,让我看看。"如确实无货,要表示歉意,也可以向客人推荐介绍其他相似的同类商品。

(8) 在销售服务中,有时会遇到"难搞"的客人,应做到:态度冷静,坚持优质服务;理直气和,礼让三分;对于无理取闹、故意闹事者要及时报告上级和有关部门处理。

(9) 客人要求退货时,如属正当理由,应及时给予办理,并表示歉意。如不能退货时,要委婉有礼,耐心说明原因,以求得客人的谅解。

(10) 当客人离开柜台时,要向客人致谢道别。

(二) 旅游商务拜访礼仪

1. 拜访前的礼仪

(1) 拜访前应事先预约,尽量避免失约。访问前以电话或信函等正式形式联络对方,约定好时间与地点,拜访时要提前到达。如要更改拜访时间,一定要第一时间告知对方,诚恳道歉,以求得对方谅解。

(2) 做好仪表仪容的准备工作,做到仪表整洁,仪容端庄大方,着装得体。

(3) 提前准备好拜访中需要的相关资料,最好对产品和对方有详细了解。

2. 拜访中的礼仪

(1) 拜访时要称呼得体。如不知道对方姓名或职务,应到服务台做自我介绍,说明来意,礼貌询问拜访客户的姓名和职务;确定对方身份后,见面时主动打招呼,称呼其姓氏加职位。若是拜访熟人,见面应面带微笑主动招呼对方,另外,适当寒暄是必不可少的。

(2) 在喝茶(喝咖啡、喝水)要注意相应的礼节。对送茶人不要忘记说声"谢谢",主人特意奉上的东西一点不沾口是失礼的,可以浅尝一下。

(3) 交谈中要用真诚的态度打动客户。不论做生意或交际,最要紧的是取得对方的信赖,真诚的态度是拓展业务的首要法则,诚心诚意是最基本的行为礼仪。遵循利人利己、尊人尊己的原则,力求和对方达成共识。

(4) 由于旅游行业具有较强的涉外性,在商务拜访中如接触外方人员,须充分注意中西文化的差异,了解对方的礼仪习俗,从而在拜访过程中做出让对方接受、认同的言谈举止,体现出良好的礼仪风范。

3. 拜访后的礼仪

拜访的时间不宜过长,应适时起身告辞,告辞时应对对方的接待表示谢意。

第三节 国际接待礼仪常识

国际礼仪指的是在国际交往中,符合国际惯例,向交往对象表示尊敬和友好的约定俗成的习惯做法。旅游业是涉外行业,客人来自五湖四海,了解和掌握国际礼仪并在交往中遵守和应用,对于旅游从业人员来说是非常必要的。

一、国际礼仪通则

(一)信守时约

遵守时间,不能无故迟到,这是国际交往中最起码的礼貌。许多国家(如美国人的时间观念很强,德国人更是惜时如金)都非常强调守时原则,认为参加各种活动,应按约定时间到达,失约是一种很不礼貌的行为,浪费别人的时间是不能容忍的失礼。所以,旅游从业人员在接待客人时必须严格遵守时间,保证提前到岗,认真工作,保时保质,让客人满意。

交往中要严格遵守自己的承诺,说话一定要算数,许诺别人的事一定要兑现。言而无信,失信是违背礼仪基本原则的,既不尊重对方,又会严重损害自己的形象,是十分要不得的。所以,在对客服务时必须做到:不轻易许诺,一旦许诺就一定全力以赴实现诺言。正如中国第一把金钥匙孙东所说:"我不是无所不能,但我一定尽我所能。"

(二)以右为尊

国际社会的习惯做法是以右为尊、为大、为上,以左为卑、为小、为下。在各类国际交往中,大到外交活动、商务往来,小到私人交往、社交应酬,凡是需要确定和排列具体主次尊卑位置时,都要坚持"以右为尊"的原则。旅游从业人员在引领客人、宴请客人、会见会谈时,应将客人置于主人右手端,以表示尊重。需要注意的是,我国的传统做法是"以左为尊"。在旅游接待工作中,应注意"内外有别",按照国际惯例的要求,坚持"以右为尊",以正确表达对客人的情谊。在特定条件下,如接待国内客人,又传统气氛比较浓重时,可按"以左为尊"原则处理。

(三)尊重隐私

在与海外人士打交道时,一定要充分尊重对方的个人"隐私权",所谓隐私权是指个人私生活不受他人干扰、窥视的权益。在言谈话语之中,对于凡涉及对方个人隐私的话题:如收入支出、年龄大小、恋爱婚姻、身体健康、家庭住址、个人经历、信仰政见及所忙何事等,都应该自觉地、有意识地予以回避,以免引起对方的不悦。

(四)女士优先

女士优先是国际社会公认的原则。指在一切社会公开场合,每一个成年男子都有义务尊重、关心、照顾、保护妇女,想方设法为她们排忧解难。具体表现为在上车、进电梯时,要让女士先行;下车、出电梯时,要为女士开道并帮助她们。进出大门时,主动为女士开门、关门,就餐时,主动照顾、帮助她们入、离座位,发言时应说"女士们,先生们"等。总之,社交场合中,女士处处优先。

(五)入乡随俗

世界上各个国家和民族在长期的历史发展过程中,都形成了各自的文化、风俗和习惯,"入乡随俗"是对对方特有的习俗加强了解,予以尊重并遵从。只有如此,才能增进相互之间的理解,保证良好的沟通并向对方表达亲善友好的情意。在交往中作为东道主时,讲究"主随客便”;而当自己作为客人时,又讲究“客随主便”。在接待服务中,要真正做到“入乡随俗”,首先必须充分了解预交往对象相关的习俗,认真做好“入境而问禁,入国而问俗,入门而问讳”。其次,必须无条件地对交往对象所特有的习俗予以尊重。如果对对方的习俗少见多怪、妄加非议,甚至以我为尊、厚此薄彼,对交往是十分有害的。

二、我国主要客源国礼仪

旅游接待是面向全世界的工作,旅游从业人员需要了解世界各国各民族的风俗习惯和礼貌礼节,具备了这些知识,不仅有利于自身文化素养的提高,而且也是尊重客人、发展与各国各民族,友好往来,使旅游接待工作顺利开展,树立我国在国际上良好形象的一种重要手段。

(一) 亚洲地区

1. 日本

(1) 主要礼仪。日本是一个注重礼仪的国家,特别讲究礼貌礼节。见面一般都互致问候,脱帽鞠躬。初次见面互相鞠躬,交换名片,一般不握手。见面时常说“拜托您了”“请多关照”等话。不给别人添麻烦是日本人的生活准则。在公共场合很少有人喧哗或吵闹。在一般场合,日本人谈话声音轻,很少大笑,特别是女性。日本人注重衣着打扮,在正式场合,一般穿礼服。即使在一般场合,光穿背心或赤脚也是失礼的。

(2) 主要禁忌。日本人禁忌绿色,认为是不祥的颜色。忌讳荷花图案,也不将有狐狸、獾、菊花等图案的物品送人。馈赠中,严禁用4、6、9等不吉利的数字为礼品。送礼不能送“梳子”,因为日语“梳子”和“苦死”谐音。忌倒贴邮票,因这是绝交的表示。忌三人并排合影,认为中间的人有受制于人之嫌。餐桌上还忌讳八种用筷的方法,即舔筷、迷筷、移筷、扭筷、剔筷、插筷、跨筷、掏筷。

2. 韩国

(1) 主要礼仪。韩国人讲究礼貌,待客热情。晚辈见长辈、下级对上级的规矩很严格。握手时,应以左手轻置于右手腕处,躬身相握,以示尊敬。与长辈同坐,要挺胸端坐。若想抽烟,须征求在场的长辈同意。在公共场所不可大声说话,妇女尤其要注意。在韩国,女子对男子十分尊重,见面时,女子先向男子行礼致意,对坐时,男子位于上座。

(2) 主要禁忌。韩国人对4非常反感。4在朝鲜语的发音、拼音与“死”完全相同,在饮茶或饮酒时,主人总是以1、3、5、7等数字来敬酒、敬茶、布茶,并尽量避免以双数停杯罢盏。韩国人不以食品作为礼品,一般不能当面打开礼品盒。与韩国人交谈,要避免讨论有关社会政治等话题。

3. 泰国

(1) 主要礼仪。泰国人见面时不握手,而是双手合十为礼,互致问候。双手抬得越高,越表示对客人的尊重。在社交场合,泰国人习惯以“先生”“小姐”相称,一般用名字称呼,泰国人颇有涵养,总是面带微笑,因此在国际上被称为“微笑之国”。给长者递东西必须用双手,一般人递东西要用右手,表示尊敬。泰国人进寺庙时必须衣冠整洁,凡穿背心短裤或赤胸露背者严禁入内。

(2) 主要禁忌。泰国人在动作举止上禁忌较多,有“重头轻脚”的讲究。所以不能用手触摸泰国人的头部,不要拿着东西从泰国人头上通过,否则被认为是极大的侮辱。就座时,最忌讳跷脚,把鞋底对着别人,是一种侮辱性的举止。不准用脚指示方向、踢门或踩踏门槛。

4. 新加坡

(1) 主要礼仪。新加坡人十分讲究礼貌礼节,华裔新加坡人在礼仪方面与我国相似,而且还保留了我国古代传统，如两个人见面时互相作揖或鞠躬、握手。在新加坡，有印度血统的人仍保持印度的礼节和习俗。新加坡的礼貌口号是“真诚微笑”，生活信条是“人人讲礼貌，生活更美好”。

（2）主要禁忌。新加坡人忌讳4和7，因4和“死”同音，7被看作是一个消极数字。忌讳说“恭喜发财”之类的话。视黑色为不吉利。忌乌龟图案，新加坡人普遍重视和讲究社会公德。

（二）欧洲地区

1. 英国

（1）主要礼仪。英国人十分注重礼貌礼节。在上层社会，尤其讲究“绅士”“淑女”风度，握手礼是使用最多的见面礼节。见面时，对尊长、上级、不熟的人用尊称，在对方姓名之前要冠以职称、衔称或先生、女士、夫人、小姐等称呼。英国人经常使用礼貌用语。在人际交往中，十分注重穿着，并且会以衣貌取人。

（2）主要禁忌。英国人忌数字13与“星期五”，忌问别人私事。忌黑绿色，偏爱蓝色、红色和白色。图案禁忌较多，人像及黑猫、大象、孔雀、猫头鹰等图案都会令英国人反感。吃饭时忌讳刀叉与水杯相碰，认为将会带来不幸。与英国人交谈时，忌涉及英王、王室、教会以及英各地区之间的矛盾，特别不能对女王和北爱尔兰独立说三道四。

2. 法国

（1）主要礼仪。法国人爱好交际、讲究服饰，待人彬彬有礼。见面时通行握手礼，亲朋好友相遇，也行亲吻礼和拥抱礼。在公共场合和社交场合，男子都严格遵循“女士优先”的礼貌准则。法国人的姓名由姓名（在前）和姓氏（在后）两部分组成，正式称呼法国人时，宜只称其姓氏，或姓与名兼称。与法国人打交道，有时有必要使用谦称或敬称，对官员、贵族、有身份者称“阁下”“殿下”或“陛下”，对陌生人称“先生”“小姐”或“夫人”。

（2）主要禁忌。法国人忌讳数字13和“星期五”，忌黄色与墨绿色，忌黑桃图案和仙鹤图案。忌问别人的隐私。忌送香水和化妆品给女人。和法国人交谈，应避免议论其国内经济、种族及科西嘉独立等问题，不宜涉及恭维美国、英国，贬低法国国际地位与历史贡献等问题。

3. 德国

（1）主要礼仪。德国人纪律严明、时间观念和法制观念都特别强，待客热情。在交往中，通常以握手礼为见面礼，只有夫妻和情侣见面时才行拥抱、接吻礼。德国人重视称呼，习惯要称头衔，而不喜欢直呼其名。在德国，称“您”表示尊重，称“你”表示地位平等、关系亲密。在穿着打扮上，德国人讲究庄重、整洁。

（2）主要禁忌。德国人忌数字13和“星期五”，对于交叉握手和交叉谈话，表示反感。忌食核桃，忌用茶色、红色和深蓝色。服饰和其他商品包装上忌用纳粹标志。与德国人交谈时，不宜涉及纳粹、宗教与党派之争，在公共场合窃窃私语，也会被认为是十分无礼的。

4. 意大利

（1）主要礼仪。意大利人热情、爽快，同事见面常行握手礼，熟人、友人之间见面还行拥抱礼，男女之间通常贴面颊。谈话时习惯保持40 cm左右的礼节性距离。对长者、有地位和不太熟悉的人，须称呼其姓，并冠以“先生”“太太”“小姐”和荣誉职称。

（2）主要禁忌。意大利人忌讳13和“星期五”，对数字3也没有好感。忌讳紫色，喜欢绿色、灰色，忌讳仕女图案和十字图案，喜欢动物与鸟类图案。玫瑰和菊花不可用来送给意大利人，前者用以示爱，后者专门用于丧葬。与意大利人打交道，不宜使用“爱人”（在意大利，其含义是“情人”“第三者”)、“老人家”(意大利人讳老)和“小鬼”(意大利人认为其含义是“小妖怪”)称呼。意大利人忌送手帕,因为手帕是要擦眼泪的,属于令人伤心之物。与意大利人聊天时,对于政治、宗教、纳粹、美式橄榄球感到扫兴,更忌提黑手党等话题。

5. 俄罗斯

(1) 主要礼仪。俄罗斯人热情、豪放、守时,与人见面大都行握手礼,熟人之间还行拥抱接吻礼,在迎接贵宾时,通常向对方献上“面包和盐”。在正式场合,宜采用“先生”“小姐”“夫人”等称呼。对有身份的人最好以职务、军衔、学衔相称。俄罗斯人的姓名通常由本人名字、父名和姓氏三部分组成,他们大都讲究仪表、注重服饰。

(2) 主要禁忌。俄罗斯人忌讳13和“星期五”,喜爱数字7,忌讳黑色,认为它是不吉利的颜色。忌兔子,认为兔子胆小无能。俄罗斯人主张“左主凶,右主吉”,因此不允许以左手接触别人,或用左手递送物品。在俄罗斯,蹲在地上,卷起裤脚,撩起裙子都是严重的失礼行为。与俄罗斯人谈话,不要说俄罗斯人小气,不能背后议论第三者,忌问他们的私事及妇女年龄和个人问题。

(三) 美洲和大洋洲地区

1. 美国

(1) 主要礼仪。美国人文明礼貌,热情开朗,喜欢幽默,以不拘小节著称,见面礼节十分简单,往往以点头、微笑为礼,或者仅向对方说一声“嗨”或“哈罗”,只在特别正式的场合才使用国际上通行的握手礼。在交往中,美国人喜欢对方直呼自己的名字,以示关系密切。平时美国人穿着打扮不太讲究,崇尚自然。

(2) 主要禁忌。美国人讨厌数字13,他们不喜欢“星期五”。忌蝙蝠图案,忌黑色,喜欢白色、蓝色和黄色。讨厌黑猫,喜欢白猫,美国人普遍爱狗,认为驴代表坚强,象代表稳重,美国人忌讳询问个人隐私,同时认为个人空间不容冒犯。与美国人聊天时,不要提及政党之争,投票意向及计划生育等。

2. 加拿大

(1) 主要礼仪。加拿大人相见和分别时通常握手,他们热情好客,讲究礼貌,遵守时间。在日常生活中,着装以欧式为主。

(2) 主要禁忌。加拿大人忌讳13和“星期五”,喜欢的色彩是组成国旗的红、白两色。忌送白色百合花。与加拿大人交谈时,不要插嘴,或是强词夺理,忌讳谈及死亡、灾难、性、魁北克省要求独立等方面的话题。

3. 澳大利亚

(1) 主要礼仪。澳大利亚人在社交礼仪方面的特点是“亦英亦美”,以英为主,同时兼容并蓄。他们乐于结交朋友,喜欢喝酒聊天,过分客套或做作会令其不快。平时澳大利亚人穿着随意,在正式场合则要穿西装、套裙。

(2) 主要禁忌。信奉基督教的澳大利亚人忌讳数字13和“星期五”,基督徒有“周日作礼拜”之习惯。与澳大利亚人谈话时忌谈工会、宗教与个人问题,对于在公开场合大声喧哗的人,他们是看不起的。

(四) 非洲地区

1. 埃及

(1) 主要礼仪。埃及人正直、爽朗、宽容、好客。他们见面介绍行握手礼,有时也行亲吻礼,在打招呼时往往以“先生”“夫人”和头衔称呼对方。人们使用最广泛的问候是“祝你平安”“真主保佑你”等。绿色是“吉祥”之色,白色是“快乐”之色,一般人都比较喜欢数字 5 和 7,埃及人在工作中对小费很重视。

(2) 主要禁忌。埃及人忌蓝色和黄色,认为蓝色是恶魔,黄色是不幸的象征。喜欢绿色和白色。讨厌猪和外形被认为与猪相近的大熊猫。喜欢猫和仙鹤。忌讳针,在埃及,“针”是骂人的词。按照伊斯兰教教规,忌讳左手取食物,忌饮酒,忌食猪肉、狗肉、骡肉、龟、鳖、蟹、鳝,动物内脏、血液、自死之物等。与埃及人交谈时,忌找妇女攀谈,忌夸妇女身材窈窕,因为埃及人以丰满为美,不要与埃及人谈论宗教纠纷、中东政局以及男女关系。

2. 南非

(1) 主要礼仪。南非礼仪的特点是“黑白分明”“英式为主”。即白人与黑人在社交礼仪方面有明显的差别,黑人形体语言丰富,而白人则较为矜持。同时,英式礼仪广泛流行于南非社会。

(2) 主要禁忌。信仰基督教的南非人忌讳 13 和“星期五”。在许多黑人部族,妇女地位低下。在与南非人交谈时,既要注意不要非议黑人、不要涉及种族、派别斗争等,同时在谈话方式上过分委婉是不受南非人欢迎的。

实战演练

一、团队展示:礼仪服务情景剧

(1) 每小组由 6~8 人组成。

(2) 各小组抽选情景题(或自编自演)。

(3) 各小组讨论决定分饰角色。

(4) 团队表演。

(5) 现场评分。

(6) 教师点评指导。

情景模拟题Ⅰ:

李先生(角色 A)和助理(角色 B)乘车抵达嘉华酒店,门厅服务员(角色 C)开启车门,欢迎客人的到来;行李员(角色 D)帮客人搬运行李,引领客人到前台办理登记入住手续,前台接待小王(角色 E)为李先生办理入住,办理完毕后,行李员拿好客人的行李并带领客人到房间。客房服务员(角色 F)恭迎客人进房间。客人放好行李后到餐厅用餐,餐厅服务员(角色 G)接待客人点菜(考核点:前厅服务礼仪、客房服务礼仪、餐厅服务礼仪、日常交往礼仪)。

情景模拟题Ⅱ:

角色 A 扮演一名地陪导游,前往飞机场迎接旅游团。角色 B 是一名全陪导游,带领团队抵达目的地并和地陪导游 A 办理交接手续。A 接到客人后向客人问好,并带领客人离开机场到达大巴车前,协助客人放好行李。上车后,导游致欢迎辞并做沿途讲解,询问客人的健康状况等。角色 C、D、E 等扮演游客,与导游进行互动(考核点:导游服务礼仪、游客旅游日常交往礼仪)。

情景模拟Ⅲ:

丽佳酒店销售部总监王宇(角色 A)要去与某集团公司副总刘飞(角色 B)洽谈合作事宜。首先,销售部工作人员小张(角色 C)与对方秘书(角色 D)电话预约拜访时间;王宇和小张做拜访前准备工作;两人按照约定时间来到对方公司拜访,刘飞接待了他们,介绍、握手、交换名片、让座,秘书上茶水,两位副总亲切交谈,就合作事宜达成了共识。王宇和小张起身告辞,刘飞和秘书送行。(考核点:旅游商务礼仪、日常交往礼)

——根据模拟题自编

二、项目任务　酒店接待服务策划书

(一) 任务导入

2016 年 9 月 4 日—5 日,20 国集团(G20)峰会在中国杭州举行,西湖国宾馆、西子宾馆、凯悦酒店、西子湖四季酒店、钱江新城万豪酒店、泛海钓鱼台酒店将共同承担参加 20 国集团峰会的各国贵宾的住宿接待、欢迎晚宴、餐饮外卖等工作。为此,各接待酒店欲制定详细、严密的工作方案。酒店营销部向前厅部、客房部、餐饮部等主要接待部门下放客人资料,布置接待任务,并要求各部门拟定一份"部门接待服务策划书"。

要求各小组分别模拟上述 6 家酒店的相应管理部门,为下榻本酒店的各国贵宾设计"部门接待服务策划书"。

(二) 任务要求

(1) 设计本部门的"接待服务策划书"。

(2) 要求各个小组分别模拟各家酒店的各个不同部门,制定接待服务策略。

(3) 了解并掌握酒店接待与服务规范与要求。

(4) 服务策划书包括三个内容:酒店概况、各客源国客人的接待注意事宜(客源国礼仪要求与禁忌)、部门接待服务策略。

(5) 每项服务策略,表述要清晰简练。字数在 100 字以内。

(6) 要求任务成果版面设计美观、格式规范,按时上交。

(三) 任务实施

1. 教学组织

(1) 小组抽签:通过抽签决定模拟的接待酒店(从 6 家接待酒店中抽取)以及具体服务的客人(从 6 组不同国籍客人中抽取)。

(2) 小组成员通过查阅材料、上网搜索等方式了解 6 家酒店的基本情况。

(3) 学生可以向教师进行课堂资讯,教师给予指导、监督、评价。

(4) 提交项目成果,教师进行成果评定和提升性总结。

2. 知识运用

旅游接待与服务礼仪(饭店接待与服务礼仪、客源国礼仪)。

3. 抽签内容

(1) 不同客源国客人。

① 沙特阿拉伯 、英国;② 法国、日本;③ 俄罗斯、德国;④ 美国、南非;⑤ 加拿大、泰国;⑥ 澳大利亚、印度。

(2) 不同的接待酒店。

① 西湖国宾馆;② 西子宾馆;③ 凯悦酒店;④ 西子湖四季酒店;⑤ 钱江新城万豪酒店;⑥ 泛海钓鱼台酒店。

4. 成果形式

酒店接待服务策划书——Word 文档。

第四章　旅游沟通技巧

沟通是一种生存的技巧，学会它，掌握它，运用它。

——拿破仑·希尔

学习目标

☆知识目标：了解人际沟通的概念、基本结构、沟通视窗原理及运用人际沟通的技巧；说话的技巧、倾听的艺术、身体语言沟通的技巧。

☆能力目标：在实际的对客服务中，灵活运用沟通艺术，做到有效沟通，更好地应对投诉和处理突发事件。

☆德育目标：成为更自信、更智慧，高情商、高效率的旅游从业人才。

第一节　旅游人际沟通概述

一、人际沟通的概念

（一）沟通与人际沟通

沟通从一般意义上讲，是指信息发送者凭借符号载体，通过一定的渠道，将信息传递给既定对象，并寻求反馈以达到相互理解的过程。它可以是通信工具之间的信息交流，也可以是人与机器之间的信息交流，还可以是人与人之间的信息交流。沟通是一种复杂的过程，不仅传递信息的内容，还负责判断信息的意义，以及人们的各种观念、情感、思想等的交流，也包括判断信息的意义。这种信息的发送与接收过程构成了人际关系。

沟通可分为两大领域：人际沟通和大众传播，本书重点阐述人际沟通。

人际沟通是指人们之间的信息交流和传递过程，包括人与人面对面的（如交谈、讨论等）和非面对面的（如打电话、传真、电子信箱等）两种信息交流活动。社会心理学家认为，在人际沟通的过程中，人既是行动者，也是反应者。人们获得刺激后（如接收信息）引起反应，但是这种反应不是人因外界环境刺激作出机械性或物理性反应，而是通过符号的象征意义对环境做出的反应，人们在理解符号的过程中，有情感成分参与。例如，当有人突然拍你的肩膀时，你首先会想拍你肩膀的人是什么人，然后你才会做出反应，如果是朋友，你面带微笑与他握手、寒暄；如果是陌生人，你会有所警惕。因此，人际沟通，不仅仅是单纯的信息交流，而且彼此间还传达思想，说明需要，表达情感。由于人际沟通有较直接、反馈调节及时、双向性和情感性强、沟通深入程度高等特点，在整个社会活动中发挥着重要作用。

（二）人际沟通的功能

1. 工具功能

对于主体来说，人际沟通在许多情况下是为了实现某种具体目标，具有目的性。人际沟通是人与人之间传递观念、知识、情感、思想的过程。沟通像是一座桥梁，使信息发送者和接受者互换信息，在沟通中获得实际利益。任何一个人，无论他精力如何充沛，他的经验都是有限的。人们要适应不断变化的外部世界，就必须借助沟通，获取别人的经验和成果。所以，沟通是个人事业成功、社会组织实现其目标的阶梯。

2. 调节功能

人际关系建立后，如果缺乏必要的正常沟通，就会使关系停滞，或流于形式，或产生误会，发生矛盾，从而导致关系的中断或恶化。人际沟通有利于提供信息，使人们的行为保持一致，还能传播健康的社会思想，促使人们的社会行为规范化，有助于形成良好的社会氛围。

3. 保健功能

人有两种属性，即自然属性和社会属性，任何人都不是一个抽象的人，每个人都需要与人沟通，通过彼此的沟通，诉说各人的喜怒哀乐，从而增进成员间的思想感情的交流，增加个人的安全感，增强相互间亲密度，促进身心健康。

4. 促进个性的形成

人的个性是在特定的社会环境下，在与人的沟通中逐渐发展起来的，如与父母亲人接触，与同伴玩耍，接受教育以及在各项社会实践活动中不断积累知识和经验，从而形成良好的个性心理品质。人的需要、兴趣的培养、能力的发展等都离不开人际沟通。只有通过人际沟通，才能使人们获得更多的社会经验，逐渐地理解和掌握道德行为规范、社会价值观念，学会认识别人和评价自己，否则，人是无法适应社会的。

（三）人际沟通的分类

1. 语言性沟通与非言语性沟通

按沟通的不同信息符号，可将沟通分为语言沟通与非言语沟通。

（1）语言沟通。

语言沟通是以言语或文字进行的沟通，这是可能性最大的一种沟通方式。自人类产生语言后，言语性沟通就成为人类社会交往中不可缺少的组成部分。言语性沟通是最准确、最有效、运用最广泛的沟通方式，它包括口语沟通和书面沟通两种方式。

口语沟通：沟通中的绝大部分信息是通过口头传递的。口语沟通方式灵活多样，它既可以是两人间的娓娓深谈，也可以是群体中的雄辩舌战；既可以是正式的磋商，又可以是非正式的聊天；既可以是有备而来，又可以是即兴发挥。口语沟通是所有沟通形式中最直接的方式，它的特点：① 快速传递；② 即时反馈；③ 增强沟通效果；④ 灵活性大；⑤ 适应面广；⑥ 能控制局面；⑦ 可信度较高；⑧ 费时较多。由于口语沟通受到时空条件和沟通双方条件的限制，以及沟通时双方说出的话可能因不能反复斟酌而失误，因而在正式场合人们常采用口语沟通与书面沟通相结合的方式，使信息更可靠，且具有法律依据。

书面沟通：书面沟通是借助于书面文字实现的沟通。书面沟通的优点：① 长期保存；② 有形展示；③ 准确性高；④ 阅读接受信息不失真，加深接受者的印象，提高沟通效率；⑤ 传播范围广；⑥ 成本低；⑦ 省时间；⑧ 由于缺乏背景信息的支持，其信息对人的影响力也较低；⑨ 沟通效果受沟通对象文化水平等因素制约。

（2）非言语性沟通。

非言语性沟通是不使用语言、文字的沟通方式，它往往是伴随着言语沟通而发生的一些非言语性的表达方式和行为，比如面部表情、手势等。非言语性沟通具有真实可信、模糊多解等特点，因此，旅游工作者应格外注意自己的非言语信息的表达，同时要善于观察和分析顾客的非言语信息，以便准确地收集信息。

2. 正式沟通与非正式沟通

按沟通渠道有无组织系统，可将沟通分为正式沟通和非正式沟通。

（1）正式沟通。

正式沟通是指信息的传递在一定的组织机构规定的途径中进行。正式沟通的特点：① 信息准，逻辑性强；② 内容集中，条理清晰；③ 信息量大，概括性强；④ 重点突出。在正式沟通过程中，人们对语词性的、非语词性的信息都会高度注意，用词更精确，同时也存在典型的“面具”效应，试图掩盖自身的不足，行为举止也更符合社会规范。

（2）非正式沟通。

非正式沟通是指正式沟通渠道以外的信息交流和意见沟通，其特点是：① 形式灵活，信息传递速度快；② 并不一定可靠，有一定的失真率。据科学家研究发现，沟通时信息每传递一次会丢失信息量的10%。在非正式沟通过程中，人们的思想、情感、需求、目的、行为等可真实地反映出来。

3. 有意沟通与无意沟通

按照沟通的目的性是否明确，可将沟通分为有意沟通与无意沟通。

（1）有意沟通。

通常情况下，沟通都具有一定的目的性，这种具有一定目的性的沟通是有意沟通，如教师讲课，酒店服务人员询问客人需求，导游进行景区特色讲解，甚至打电话、闲聊等都是有意沟通。社会生活中人们在休息时间闲聊，也是出于排解烦恼或分享喜悦等目的，具有一定的目的性。

（2）无意沟通。

无意沟通指在进行信息交流时并没有意识到沟通的产生，它不容易为人们所认识，但又经常发生，其广泛程度往往超过我们的想象。例如：导游在讲解时，会不自觉地加快操作节奏和脚步；夜间巡房时会不自觉地放轻脚步。旅游工作人员在组织比赛时，会下意识地比平时更认真，想做得比别人更好，彼此之间已产生了信息沟通。

4. 单向沟通与双向沟通

按沟通的信息传递有无反馈系统，可将沟通分为单向沟通与双向沟通。

（1）单向沟通。

单向沟通是指在沟通过程中，信息由发送者传递至接受者，单向流动，发送者不能及时获得反馈。如听报告、演讲等。

（2）双向沟通。

双向沟通是指沟通双方互为信息发出者和信息接受者。信息反馈及时，准确可靠，有利于联络感情，增强沟通效果。如旅游工作人员相互之间谈心、旅游客户人员进行客户咨询等过程中，双向沟通所需时间多，传递速度慢。

5. 横向沟通与纵向沟通

按信息流动的方式，可将沟通分为横向沟通与纵向沟通。

（1）横向沟通。

横向沟通又称平行沟通，是组织或群体中同级成员间的沟通。例如：教师与教师之间讨论教学方法、同学之间讨论学习问题等。这种沟通有利于促进组织成员之间的关系，增进相互间的友谊。

（2）纵向沟通。

纵向沟通又分为上行沟通和下行沟通。

上行沟通指自下而上的沟通，这种沟通方式有利于上级组织决策部门了解组织内部运行情况，为正确决策提供依据。

下行沟通指自上而下的沟通，是上级将政策、目标、任务等向下传达的沟通方式。

总之，在沟通过程中应根据具体情况，选择一种或多种有效的、可靠的沟通方式，力求达到有效沟通的目的。

二、人际沟通的基本结构

无论是哪一种沟通方式，都离不开信息，信息在交流中占有主导的和中心的位置。根据1973年的海因（Hein）理论，沟通的基本结构包括信息背景、信息发送者、信息、信息途径、信息接收者及反馈6个要素。

理解海因沟通基本结构应把握以下几点：一是信息的产生，受信息发送者的经验和对事物的认识等因素的影响，这就是信息背景。二是信息发送者和信息接收者对信息的编译过程，受其个人的价值观、受教育程度、生活经历、推理能力等因素的影响，在信息传递过程中信息形成者和信息接收者双方角色是可以互换的。三是信息，它同样带有信息背景的色彩以及信息发送者的风格，是信息背景和信息发送者的具体化。四是信息反馈，它是判断信息是否被准确理解的关键，是沟通基本结构中的灵魂。

（一）信息交流要素图解

信息交流要素如图4－1所示。

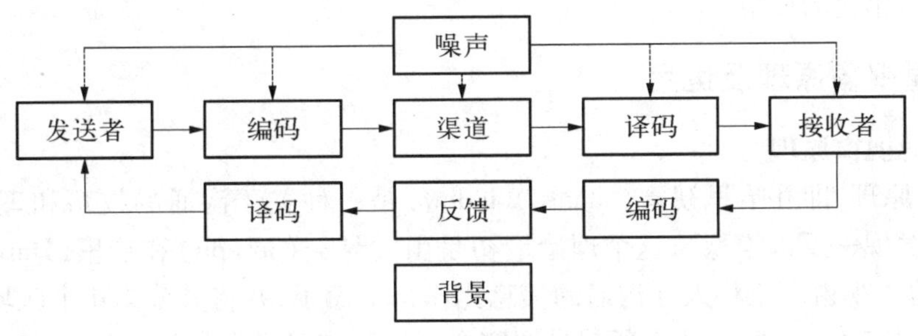

图4－1　信息交流要素图解

（二）信息沟通六要素的内容

1. 信息背景

是指互动发生的场所、环境及事物，是引发沟通的“理由”，是每个互动过程的重要因素，这些环境、现象、事物等反映在沟通者的头脑中，便刺激他产生沟通的需要和愿望。

2. 信息发送者

指信息发出的人，是沟通的主要方面，又称信息编码者。当信息发送者产生沟通的需要和愿望时,必须将自己所受到的客观事物的刺激及自己的反应转化为对方可以理解的形式,如语言、声音、文字、图像、表情、动作等。不同类型的信息,只有来自不同的人群,才更具权威性、准确性、可信性和可利用性。

3. 信息

信息是指沟通时所要传递和处理的对象。接受信息的人,应遵循海因沟通基本结构去分析信息内涵,抓住信息的本来面目,才不至于曲解信息的真正实质。文化差异可导致信息结构的不同选择。例如,喜好节奏慢、仪式性强的谈判方式的文化大多青睐间接靠近主题的方式;偏好快节奏、高效率判断方式的文化则倾向于开门见山。

4. 途径

指信息传递通道,也称信道,它是信息传递的手段,视、听、触、味、嗅觉都可以传递信息。在人际沟通中,信息往往是通过多渠道传递的。生活中人们可通过各种途径观察对方的情绪,并以此来判断其心理变化。

5. 信息接收者

即接收信息者,又称信息译码者。信息接收者在接收信息时须正确理解发出者通过各种渠道传递来的信息,只有正确理解之后,信息才有意义。不同的人对于信息的理解是不尽相同的。例如:有一次,法国作家大仲马去德国一家餐馆吃饭,他想尝尝有名的德国蘑菇,可是服务员听不懂法语,而他又不会讲德语,大仲马灵机一动,拿来一张纸在上面画了一个蘑菇图,然后交给了服务员,服务员一看,恍然大悟,马上飞奔出去。大仲马拈须微笑,心想总算让服务员明白了自己的意思。谁知一刻钟后,服务员气喘吁吁地跑回来,递给他一把雨伞。

6. 反馈

反馈是指信息接收者返回到信息发送者的信息,即信息接收者对信息发送者的反应。信息接收者的这种反应,包括生理、心理的改变等,都是客观存在的,哪怕是细枝末节的改变也会成为新的信息传送给信息发送者,由此可见,人际沟通是一个连续不断的过程。

在人际沟通中,信息发送者不仅希望信息传递到位,更重要的是希望接收者能对信息应充分理解,并作出相应的反应。

三、沟通视窗原理及运用

(一)沟通视窗原理

沟通视窗原理,即乔哈里视窗(Johari Window)是一种关于沟通的技巧和理论,也被称为“自我意识的发现—反馈模型”,这个理论最初是由乔瑟夫(Joseph)和哈里(Harry)在20世纪50年代提出的。视窗理论将人际沟通的信息比作一个窗子,并将其分为4个区域:开放区、隐秘区、盲目区、未知区,人的有效沟通就是这四个区域的有机融合(见图4-2)。

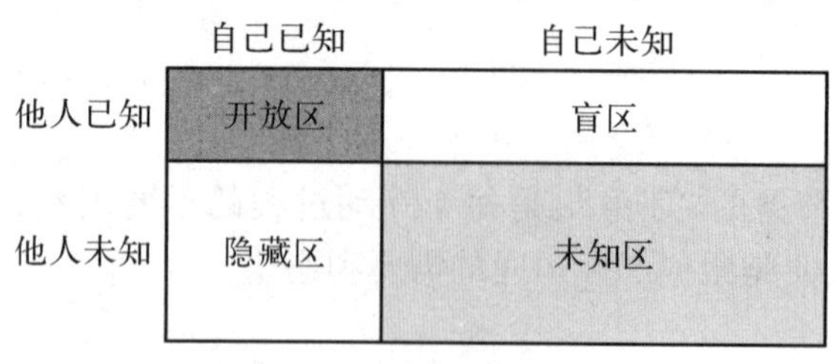

图4-2 沟通视窗

这个理论说明,当我们对说和问不同对象的时候,即说得多或问得多,就会使别人对你产生不同的印象,影响别人对你的信任度。

沟通视窗的信息四区间:

◆ 开放区:就是你知道,同时别人也知道的一些信息。

◆ 盲区:就是关于自己的某些缺点,自己

意识不到,但是别人能够看到的缺点。如性格上的弱点或者坏的习惯等。

◆ 隐藏区：就是关于你的某些信息,你自己知道,但是别人不知道。例如阴谋,秘密等。

◆ 未知区：就是关于你的某些信息,你自己不知道,别人也不知道。例如某人自己身上隐藏的疾病。

(二) 沟通视窗的运用技巧

1. 在开放区的运用技巧

他的信息他自己知道,别人也知道,这会给人什么样的感觉呢？一般来说,别人会认为他是个善于交往的人、非常随和的人。这样的人容易赢得他人信任,别人也容易和他进行合作性的沟通。所以,要想使你的开放区变大,就要多说,多询问,询问别人对你的意见和反馈。

这从另一个侧面告诉我们,多说、多问不仅是一种沟通技巧,同时也能赢得别人的信任。如果想赢得别人的信任,就要多说,同时要多提问,寻求相互的了解和信任,因为信任是沟通的基础,有了基础,就不难建设高楼大厦。

2. 在盲区的运用技巧

如果一个人的盲区最大,那么他会是一个不拘小节、夸夸其谈的人。他有很多不足之处,别人看得见,他却看不见。造成盲区太大的原因就是他说的太多,问的太少,他不去询问别人对他的反馈。所以在沟通中,不仅要多说而且要多问,避免盲区过大的情况发生。

3. 在隐藏区的运用技巧

如果一个人的隐藏区最大,那么关于他的信息,别人都不知道,只有他一个人知道。那么,这是一个内心封闭的人或者说是个很神秘的人。这样的人我们对他的信任度是很低的。如果与这样的人沟通,那么合作的态度就会少一些。因为他很神秘、很封闭,往往会引起我们的防范心理。

隐藏区大是因为他问的多,说的少。他不擅长于主动告诉别人。

4. 在未知区的运用技巧

未知区大,就是关于他的信息,他和别人都不知道。这样的人,他不问别人对自己有什么了解,也不主动向别人介绍自己。封闭使他失去很多机会,能够胜任的工作可能就从身边悄悄溜走了。

所以每一个人要尽可能缩小自己的未知区,主动通过别人了解自己,主动告诉别人自己能够做什么。在沟通中我们不仅仅要多说,还要注意怎么说,更重要的是要学会问,这才能让沟通起到一定的效果,才能让别人对我们更加信任。

四、穿越人际沟通的迷思

(一) 何谓沟通的迷思

迷思是指在沟通中常常出现的误解。人们一旦产生误解,在沟通过程中就会出错。

(二) 常见哪些沟通迷思

1. 我们只有在想沟通时才进行沟通

我们每时每刻都在沟通,只是没有意识到而已。别人在观察我们的一言一行、一举一动,从而获得信息并形成对我们的看法。

2. 说者与听者对每句话的理解是一致的

由于个人的阅历与理解力不同,不同的人对同样的话的理解是不同的。

3. 我们主要通过语言进行沟通

非言语沟通是我们沟通的主要形式。我们的面部表情、目光交流、手势、声调以及我们的一举一动,都是语言表达的辅助沟通形式。

4. 我们相信对方说话的内容而非表达形式

当某人的语言信息与非语言信息相矛盾时,听者相信的是非语言信息。

5. 沟通是说者向听者单向传送信息

实际上,有效的沟通往往有双方的积极参与,也就是听者给说者以反馈。这种反馈可以是语言的也可以是非语言的交流。

第二节 旅游人际沟通的基本技能

一、说话的技巧

说一个人很会沟通,首先这个人应该很会说话。常言道:“一言使人笑,一言使人跳。”说话是一门学问,也是一门艺术。

旅游接待服务的过程,从问候宾客开始,到告别宾客结束,语言是完成这一过程的重要手段。旅游从业者是否会说话不仅体现旅游从业人员自身的素养,反映旅游接待企业的服务质量和管理水平,同时传递和展示国家和民族的形象。

(一)语言的正确性

所谓“言为心声”,语言体现一个人的修养,所以,说什么很重要!旅游从业人员与人沟通时,尤其是对客沟通时要把话说对,不要因为说错话而招致不必要的麻烦和误解。

1. 交谈中的有所不为

在沟通交流中,话题是双方紧紧联系的纽带,是沟通双方进行思想交流、情感沟通、观点阐述、讨论评判的核心,是实现有效交流沟通的重要前提。因此在交谈中不可随心所欲,信口开河。要慎选话题,有所不为。

(1)不说倾向性错误的话。如非议政党、国家和领袖;非议自己的单位和领导;非议同事和朋友等。

(2)不说触犯他人隐私的话。所谓隐私权是指个人私生活不受他人干扰、窥视的权益。在言谈话语之中,对于凡涉及对方个人隐私的话题,如收入支出、年龄大小、恋爱婚姻、身体健康、家庭住址、个人经历、信仰政见及所忙何事等,都应该自觉地、有意识地予以回避。千万不要自以为是,将“关心他人比关心自己为重”这一中国式做法滥施于外宾,以免引起对方的不悦。

(3)不说令人尴尬、反感的话。说话时要考虑别人的感受,不要总说自己爱说想说的话,要多说别人想听爱听的话。

(4)不说格调不高的话。诸如小道消息、黄赌毒、男女关系等低级趣味的话题。

2. 交谈中适宜选择的话题

(1)选择大众化、具有寒暄性的话题。如嘘寒问暖、谈天说地、拉家常等,这些话题人人都会谈,是最简单、最基本的开场白。此外,正在发生的热点问题(如社会热点、时尚新闻、交通物价、工作学习等)能活跃气氛,引起共鸣,使交谈更顺利。

(2)捕捉感兴趣的话题。沟通(communication)一词源于拉丁语的动词 communicare,意为

"分享、传递共同的信息",即你与对方有多少"共同、共有、共享"将决定你与对方沟通的程度。所以,在交谈中捕捉到共同感兴趣的话题能引起共鸣,使得沟通双方的心理距离拉近。

当我们一时无法找到双方都感兴趣的话题时,那就应该多谈对方所关心的话题。心理学认为:"每个人都把自己的事情看得很重要。"说话时要注意"尊重对方",最好的方法就是抓住对方所热衷的人或事展开话题。

（二）语言的有效性

要想达到有效的沟通,就必须保证传递的信息能够被接收者理解和接受,所以,在沟通中说什么固然重要,但更重要的是该怎么说。

1. 了解交谈对象

沟通交流中一定要知己知彼,要掌握对方的基本情况,如他人的个性、身份和地位等。然后投其所好,避其所忌,有的放矢进行沟通,沟通才会有效。

（1）考虑对方的基本情况。如对方的年龄、性别、国籍、民族、文化水平、职业职务等。对方的基本情况不同,对信息的接受和理解就会有差别。

了解对方的需要和层次,交谈就更有针对性,沟通就会更有效。

（2）看对方的身份和地位。身份、地位的不同不妨碍正常交往、平等交流,但是在说话的措词和情态上有必要适当把握。

（3）了解对方的个性特征。人各有其情,各有其性。对不同性情的人,要采取不同的方式与之沟通。

（4）揣摩对方的心理状态。人在不同的情况下会有不同的心态,而且有时候未必会表面显示出来,要学会察言观色,洞悉对方的心理,以便有效沟通。

2. 考虑交谈场合

所谓说话要看场合,人只要说话就要受到场合的影响。任何话语对其语言环境都有一定的依附性。也就是说,同样的话语在不同时间、场合及对象面前,其含义大不一样。

（1）选择场合。重要的沟通交流事先要注意选择场合,适当的场合是促成有效沟通、谈话成功的要素之一。我们要从实际出发,充分利用环境因素,让谈话的内容意图与场合气氛协调一致,便于对方理解和接受。

（2）适应场合。任何话语对其交谈环境都有一定的依附性,说一些不适宜场合气氛情境的话,往往与初衷适得其反。

在人际交流中,要看清是什么样的场合,如正式场合还是非正式场合,内部场合还是外部场合,大庭广众还是个别接触,气氛严肃还是轻松随意等,然后去适应。我们进入某种场合,就要注意观察和适应场合的特点,并随气氛的变化,机制灵活地调整自己的言谈举止,尤其要注意听者在心理和情绪上所产生的或明显或细微的变化。

（3）利用场合。面对面的交流形式可以利用合适的环境,为沟通架路铺桥。如采用见景生情、借物言志等调节气氛,引导听者产生相应感受,使双方在融洽的气氛中交流。

（三）语言的情感性

沟通不仅仅是信息的交流,同时也是与别人情感的交流。"感人心者,莫先乎情",所谓言之有情就是运用语言的"亲和"性功能,在接待过程中,把沟通对象当作自己的朋友,营造出亲切随和的沟通氛围,让对方感觉到温暖、舒心、愉悦。要知道,真诚有人情味的话是最能打动人心的。

1. 心中有情

所谓“有情”就是旅游从业人员应从心里把客人当成朋友，切实站在客人的角度为客人着想，只要心中有情，亲切、有人情味的话语会像流水一样自然流出来。

2. 说话动情

即要善于运用富有感染力的语言，通过恰当的语音、语调、语气等加强话语的情感。

3. 与人共情

即旅游从业人员在与客人沟通时要知道如何建立和客人共同、共有、共享的情感，与对方在情感上形成“共振”，使自己和对方保持一种和谐与默契。

（四）语言的温和性

1. 使用礼貌用语

礼貌用语具有神奇的魔力效应。在沟通中使用礼貌用语，可以使我们的言语变得温和、彬彬有礼，体现了对沟通对象的尊重。

2. 委婉、商讨的说话方式

旅游业信奉“顾客永远是对的”，其含义并不是说顾客所有的行为都是对的，而是在沟通时即便客人不对也要顾及客人的面子，把“对”让给客人。所以，旅游从业人员要养成委婉、商量的说话方式，多使用问句代替陈述句。

二、倾听的艺术

保罗·赵说：“沟通首先是倾听的艺术。”伏尔泰说：“耳朵是通向心灵的道路。”

所谓倾听，是指通过听觉、视觉媒介接收和理解对方思想、信息和情感的过程。

美国学者曾做过统计，在人类的沟通行为比例中，9%用于书写；16%用于阅读；35%用于交谈；而40%则用于倾听。可见，事实上，在每天的沟通过程中倾听占有重要地位，我们花费在接受上的，尤其是倾听的时间，要超出其他沟通方式许多。

（一）倾听与听的区别

“听”（hearing）是与生俱来的听见声音的能力，是人的感觉器官对声音的生理反应。而“倾听”（listening）是将声音转换为意义的过程，它包括感知、理解、评价和反应四个阶段，它需要利用逻辑思维和原有知识对信息进行加工分析，是一个主动参与的过程。倾听不仅局限于声音，还包括语言、非语言信息等。倾听和听不一样，听是一种与生俱来的生理本能，而倾听则是一种沟通的技能，需要后天的学习与训练。

（二）如何做到真正的倾听

倾听是一种非常重要的沟通技能，人们喜欢善听者甚于善说者。作为旅游服务人员，学会倾听，将极大地有助于与客人及组织成员之间保持良好的沟通效果。旅游从业人员必须具备较强的倾听能力，要会察言观色，即听其言、观其行、察其意。

1. 会听

俗话说：“听话听声，锣鼓听音。”旅游从业人员根据口音和语种可以基本判断出宾客来自什么地区，从而提供有针对性的服务。语言是表现人内心活动的一个重要方面，听客人的言语，也是鉴别客人性格的一个途径。比如，性格外向的客人一般爱讲话，比较健谈；内向的客人在大庭广众之中不爱大声说笑；性格刚直的客人，说话坦率，言语爽朗；而看重个人得失的客人说话常吞吞吐吐，拐弯抹角。那些“三句话不离本行”的客人，是对自己所从事工作特别专注和熟悉的人；那些讲话准确、注意修辞、文绉绉的游客，是文化修养较高的人；那些说话节奏很快的客人，自信心都比较强。总之，听话是一门艺术。听话不仅要听懂对方已说出来的言语，而且还要善于根据说话的情境、言语的表达方式、音量、音调、音速、重音等，听懂对方的弦外之音。所以，倾听不是简单的听，不是仅仅对声音、对别人话语的表面意思做出生理性的本能反应，而是能听出别人的言下之意，这样才能做到心中有数，从而有的放矢地与客人沟通，更有效地为客人提供高质量的服务。

2. 会看

根据心理学研究：沟通的总效果=语言（7%）+语音（38%）+非言语（55%）。旅游从业人员可由表及里、由此及彼、由浅入深了解客人的内在心理活动，从而向客人传递信息，达成共识。那么，如何观察顾客呢？

（1）观察衣冠服饰。衣冠服饰能显示人的社会等级、工作职业、性情爱好、文化修养、信仰观念、生活习惯及民族地域等信息。

（2）观察面部表情。客人的面部表情是反映客人内心情感状态的寒暑表。客人的喜怒哀乐等情绪变化，均可在面部有所反映。细心观察客人的眼神变化，就可以窥见其基本的心理状态。

（3）观察体态动作。谦虚的人，躬身俯首，微缩双肩，力求不引人注目；高傲的人，挺胸腆肚，摇头晃脑；矫揉造作的人，娇滴滴的，装模作样；献媚的人，卑躬屈膝，低三下四。手势动作反映的含义极其丰富。一般来说，西方国家的客人喜欢用较多的手势表达自己说话的意思，他们在说"不知道"或"那没有什么办法"时，总是习惯用两手的手心向上配以耸肩的动作。东南亚的客人忌讳用左手接送东西。步态也可以反映客人的性格、职业和情绪等特点。当然，动作还包括头姿、站姿、坐姿等身体的各种姿势。心理学家在警告人们不要为动作的假象迷惑时，提出了四条原则：即离脸部越远发生的动作越真实；越不自觉的动作越真实；越不明显的动作越真实；越不自然的动作越真实。旅游从业人员用这四条原则来检验客人动作的真假性，更能达到准确认知客人心理的目的。

（三）如何改善倾听

倾听的质量决定着沟通的质量，在沟通时，应努力改善倾听的效果，提高倾听质量，从而提高沟通的质量。

1. 创造良好的倾听环境

（1）安静的环境。人们在喧闹的环境中讲话要比在安静环境中讲话的声音大得多，以保证沟通的顺利进行。而作为听众，环境的嘈杂将会影响到他们倾听的连续性。当人们听不清楚或者需要很费劲才能听清时，人们听的欲望就会慢慢下降。所以，安静的环境有助于提高倾听的质量。

（2）安全的环境。所处环境是否安全必然会对沟通产生影响。它将会影响到信息发送者和接收者的心情，从而影响到有效沟通的进行。如领导与下属谈话，把下属叫到办公室来谈话，还是在吃饭、娱乐等休闲场合进行交流，沟通的效果将有很大差异。

（3）不被干扰的环境。心理学实验表明，谈话过程中被不断地打断，将会导致说话人的欲望下降，听话人的欲望更会下降。所以，谈话前最好预约，选定适当的时间和地点，以保证谈话过程的顺利进行。

2. 提问让倾听更有效

在倾听过程中，恰当地提出问题，往往有助于相互沟通。沟通的目的是为了获得信息，通过提问可获得信息,同时也可以从对方回答的内容、方式、态度、情绪等其他方面获得信息。

不过,提问并不是随便提个问题,真正的提问是有技巧的。因为问题问得好,可以调动说话人回答问题的积极性和兴趣,使对方愿意回答,有话可答,甚至给出问话人想要的信息。试比较下列两种问法:

一群教士在教主的带领下正在祈祷,这时,有两个教士都犯了烟瘾,于是,他们去问教主。

教士 A:请问教主,我祈祷的时候可以抽烟吗?

教士 B:请问教主,我抽烟的时候可以祈祷吗?

你认为教主会对哪一个教士的提问回答"可以"呢?当然是教士 B。由此可见,学会巧妙提问将使倾听更具含金量,使沟通变得更有效。

3. 学会回应对方

回应,可以是有声语言的回应,如用"哦,是吗?""嗯,是的。"等语言告诉对方你在听。回应也可以是无声的,主要依靠面部表情、身体动作来表达,如注视对方,身体前倾,不住点头、微笑等,总之,你必须通过有声语言或无声语言告诉对方:我在听,请继续。那种别人说话时一声不吭、面无表情、毫无动作的人是不受人欢迎的。

4. 投入地倾听

在沟通过程中,要使倾听更有效,就必须做到投入地倾听。我们可以从一个字来学习什么叫作投入地倾听。

聽——这是"听"的繁体字,这个字的组成告诉我们:

(1) 耳:用耳朵听。当别人和你说话时,应该打开耳朵仔细聆听,不是听而不闻,似听非听。

(2) 目:用眼睛看。当别人和你说话时,应把目光转向对方,认真地看着对方,而不是不理不睬。

(3) 心:用心灵感受。当别人和你说话时,应用心灵去感受对方的想法,做到理解性的倾听,不是听过则已。

(4) 王:王者为尊,尊重对方。把对方当成王者给予礼遇和尊重。

如果沟通时,能做到上述的"用耳朵听、用眼睛看、用心灵感受、尊重对方",那么,双方一定会从倾听中获得巨大收益,沟通的质量一定会显著提高。

三、身体语言沟通的技巧

美国著名管理学家德鲁克说:"人无法只靠一张嘴来沟通,总是得靠整个人来沟通。"人们相互之间除了运用口头语言和书面语言进行沟通外,还运用其他方式,如手势、眼神、空间、触摸等进行沟通,学术界把这些称为身体语言或肢体语言沟通。

身体语言在沟通中的作用是非常重要的。它既是对有声语言的辅助,有时,甚至比有声语言更为真实。

(一) 良好的面部表情

面部表情是通过面部器官(眼、眉、嘴、舌、脸等)的动作势态来表现的。在交际过程中,双方最容易被观察的区域莫过于面部(见表 4-1)。

旅游从业人员既要学会观察客人的面部表情,更要学会控制自己的表情。

表 4-1　面部表情语言

	喜　悦	愤　怒	悲　哀	恐　怖	嫌　恶
额与眉	平静	左右眉毛向上扬起呈八字形,眉与前额之间有皱纹	左右眉毛向下斜,眉毛呈相反的八字形	眉毛向上扬起,惊讶时前额出现皱纹	眉毛稍微扬起,呈现皱纹
眼睛	双眼眯起,下眼睑凸起	上眼睑提至最高,下眼睑绷紧	眼睑紧张,呈闭合趋势	提升上眼睑,形成对角线褶皱	紧闭双眼,眼轮匝肌强烈收缩
鼻	正常	小鼻扩大	细小,稍微斜长	小鼻扩大	向上斜小鼻,侧面现皱纹
嘴巴	开口 上齿露出	开口 下齿露出	开口	开口,厉害时裂开很大	稍微向上倾
唇	唇面向后开 上唇掀开	唇角下垂 下唇用力缩紧	唇角下垂 下唇震动	唇角稍微下垂	唇角下垂
下颚	垂下 摇动	用力向前突出	下垂	固定	下垂

旅游从业人员在接待工作中要注意:

面带微笑,和颜悦色,给客人以亲切感,不能面孔冷漠,表情呆板,让客人觉得自己不受欢迎。

当客人向你的岗位走过来时,无论你在干什么,都应暂时停下手中的事,主动和客人打招呼。当客人与你说话时,要聚精会神,注意倾听,让人觉得自己受到尊重,不要没精打采或漫不经心。

坦诚待客,不卑不亢,不要诚惶诚恐,唯唯诺诺,客人会觉得虚伪。

沉着稳重,不要慌手慌脚,毛毛躁躁。

神色坦然、轻松、自信,不要双眉紧锁,满面愁云,给客人以负重感。

不要带有厌烦、僵硬、愤怒的表情,也不要扭捏作态、做鬼脸、吐舌、眨眼。

1. 眼睛

在面部各器官中,眼睛最富于表现力。眼神是内心世界的自然流露。

(1) 视线交流的功能。爱憎功能、威吓功能、补偿功能、显示地位功能等。

(2) 眼睛沟通技巧。注意瞳孔的变化:

① 当我们内心充满生气、消极、憎恨、戒备等情绪时,瞳孔会缩小。

② 当我们内心洋溢爱、喜欢、高兴、惊喜、惊恐、兴奋、积极等情绪时,瞳孔会扩大。

交流时目光要专注;注视的位置要恰当。

2. 微笑

研究表明,在个人和职业生活中,那些微笑的人都被认为是热情的、富于同情心的和善解人意的,但这种微笑必须是真诚的。虚假的微笑总被看作是谄媚的、奉承的、迎合的,并与矫揉造作和缺乏自信的人相关联。最动人的笑,是发自内心的愉悦。

(二) 恰当的身体动作

1. 手势

(1) 手指显示。伸出不同的手指,在不同国家有不同含义。旅游从业人员必须了解手势在不同国家的含义，以免带来不必要的误解（见表4-2）。

表4-2 手势的不同含义

手势动作	不同含义	适用国度
竖起大拇指	好，干得好，了不起，高明 男人，您的父亲，最高 首领，自己的父亲，部长，队长 祈祷幸运 顺便搭车	中国 日本 韩国 澳大利亚、墨西哥、荷兰 美国、法国、印度
伸出食指	让对方久等 请求，拜托 最重要 请来一杯啤酒	美国 缅甸 新加坡 澳大利亚
伸出中指	被激怒和极不愉快 不满 侮辱 下流的行为	法国、美国、新加坡 墨西哥 澳大利亚、突尼斯 法国
伸出小指	女人、好孩子、恋人 妻子、女朋友 小个子 朋友 要去厕所 打赌	日本 韩国 菲律宾 泰国、沙特阿拉伯 缅甸、印度 美国、尼日利亚
食指往下弯曲	数字九 偷窃 死亡 钱或询问多少价格、数量	中国 日本 美国、菲律宾、马来西亚 墨西哥
拇指与食指尖组成一圆圈手心向前	OK 诅咒 钱	美国 巴西、阿拉伯世界、希腊 日本

（2）手掌。人们一般认为，敞开手掌象征着坦率、真挚和诚恳。若判断一个人是否诚实，有效的途径之一是观察他讲话时的手掌活动。

（3）双手搂头。有权威、占优越或对某事抱有信心的人经常使用的一种典型高傲动作。

（4）背手。有地位的人借以显示其权力地位，此外，可以起到镇定作用。

2. 人体触摸

通过和他人的身体接触，来实现沟通。美国人体语言学家法斯特教授将其称为“神奇的触摸世界”。在人体触摸时，要考虑到对方年龄、级别、性别，以及所处场合等方面是否适宜。

（三）适度的空间距离

沟通过程中可以通过空间距离的差异表达情感、传递信息。旅游从业人员在与客人沟通时，应掌握好彼此之间的空间距离，实现与游客的礼貌交往。

1. 四种空间距离

按照美国的爱德华·T·霍尔教授的划分，人际距离一般分为四个区域，即亲密距离（距离在45厘米以内，为家庭成员和爱人之间所特有）语意为热烈、亲密；私人距离（距离在45厘米~1.2米之间，朋友之间私聊，外部之间距离保持在一臂之外）语意为亲切、友好；社交距离（1.2~2.1米，熟人、同事和生人之间，近到可有目光交流，但要保持舒适距离）语意为诚恳、认真；公共距离（公共场合，距离在2.1米之外，课堂和面对人群演讲时）语意为严肃、庄重。

2. 把握适度的空间距离

旅游从业人员与客人沟通时保持适度的交往距离是十分必要的。

(1) 不能距离客人太近。亲密距离被称为是服务中的禁忌距离，会使人感到压抑或是冒犯。如导游讲解时距离游客太近，口水容易喷溅到游客；客房服务员未经客人允许就进入客人房间等，都极为不礼貌。距离过近会使客人觉得你侵犯了他的私人空间，极容易引起客人的反感。

(2) 不能距离客人太远。如导游讲解时如果距离游客太远，会影响到双方的沟通效果和质量；在带团游览中，当游客不听指挥自由行动时，导游应该把游客聚集在自己周围，避免因距离太大导致游客听不到或听不清讲解，从而对服务不满意。

(3) 保持“等距离”交往。对所有客人都一视同仁，绝不厚此薄彼，亲疏有别，与客人保持“等距离”交往是安全的、适宜的。

第三节　旅游业中的实用沟通艺术

一、旅游投诉行为分析与处理艺术

投诉（complain）是客人对所提供的服务设施、设备、项目及行动的结果表示不满而提出的批评、抱怨或控告。由于旅游涉及吃、住、行、游、购、娱等多个方面，是一个复杂的整体运作系统，客人对服务的需求是多种多样的，因此无论旅游企业经营多么完善，都不可能百分百达到甚至超过客人的期望值，客人的投诉是不可避免的。事实上，投诉正是客人对旅游企业、对旅游从业者服务工作质量和管理工作质量的一种劣等评价，同时也证明客人对旅游企业的信任。旅游投诉管理的目的和宗旨在于减少客人的投诉，并且把因客人投诉而造成的损失降到最低，让客人对投诉的处理感到满意，同时避免类似投诉的再次发生。

（一）投诉产生的原因

1. 主观原因

(1) 不尊重客人。主要表现为旅游从业人员对客服务不主动、不热情；对客人厚此薄彼，不一视同仁；服务语言不礼貌，服务行为不恰当；不尊重客人的风俗习惯，触犯客人的生活禁忌等。

(2) 工作不负责任，服务水平低。表现为旅游从业人员缺乏责任心，马虎了事、粗枝大叶、服务水平低下。例如，不能摆正自己与客人的角色关系，怠慢客人，对客人的询问不予理睬，或者有意回答“不知道”。另外，在旅游服务过程中，如果所提供的旅游产品质量差，或一些硬件设施使用不正常、不配套，服务项目不完善，损害客人的利益或导致客人使用不便等也会引起客人投诉。

2. 客观原因

(1) 服务质量与服务态度很难量化。旅游服务是一种非物质化的一次性体验，尽管有一系列的规范标准，但也只能作为基本要求，很难精准量化。服务质量和服务态度的优劣，往往与客人的心理感受有直接关系。由于语言障碍、自然环境、突发事件、风俗习惯等客观条件的影响,每个客人心中都有自己的标准,所以服务标准"众口难调",很难做到尽善尽美。

(2) 客人的个性差异。由于客人存在个性差异,气质、性格不同的客人处理问题的方法有着明显的区别。例如,对于同一项失误的服务,内向、情绪好的客人通常只是抱怨几句,而外向、情绪不好的客人则容易投诉。

(二) 旅游投诉处理的技巧

1. 了解和把握客人的投诉心理

客人投诉时的心理状态主要有以下三种:求尊重、求发泄、求补偿。

(1) 满足客人求尊重的心理。在整个旅游过程中,客人求尊重的心理一直十分明显,而在进行投诉活动时这种心理更加突出。他们总认为自己的意见是正确的,希望受到有关部门应有的重视,要求别人尊重他的意见。希望有关负责人向他表示歉意,并立即采取行动,恰当地处理投诉。

(2) 满足客人求发泄的心理。客人投诉一般是在心情不愉快、满腹怨气、态度愤怒的情况下,无论采取何种投诉形式,都难免要发牢骚、讲气话甚至吵闹与谩骂,投诉者的这种情绪表现,就是为了发泄心中的不满,以维持心理上的平衡。

(3) 满足客人求补偿的心理。当客人因蒙受损失(物质方面或精神方面)而投诉时,都希望有关部门能补偿他们的损失,这是普遍的心理需求。另外,当客人试图寻求心理满足,而又因种种原因或条件的限制其需求无法得到满足时,"求满足"也会变成"求补偿"。

由此可见,客人投诉的心理需求是不完全一样的,旅游从业者应关注客人的心理需求,从而有针对性地处理客人的投诉。

2. 正确处理投诉的步骤与方法

处理客人投诉的原则应当以事实为根据,以法律为准绳。不能凭感觉、推断、甚至个人好恶办事。在处理客人投诉时,应做到:

(1) 认真倾听。俗话说:"耐心是金。"遇到客人投诉,必须耐心倾听,不要立即辩解,更不要马上否定,即使客人态度再不好,也要忍着性子,听完其意见,绝不能与客人发生争吵,这是解决投诉的第一步。

(2) 调查核实。应及时向领导汇报,同时认真调查,做出符合客观的分析,为最终妥善处理打下基础。

(3) 正确处理。在核实清楚投诉原因后,根据企业领导的指示,向客人做出实事求是的解释,并代表有关方面向客人赔礼道歉。更为重要的是,应立即采取有力措施,消除服务缺陷。该赔偿的,应按有关法规、规定,给出赔偿。对于个别客人的不合理要求和误解,要做好有理、有力、有节的解释说服工作,切不可当面顶撞客人。

(4) 继续服务。在妥善处理投诉后,应对客人表示感谢,谢谢客人的理解、信任与合作,并继续提供热情周到的服务。即使是对提出无理要求的客人,也不要故意冷落嘲讽他们,应落落大方,继续做好各项服务工作。

3. 不同类型投诉客人的应对技巧

(1) 理智型。这类客人在投诉时表现非常理智,不明显流露不满和生气,更不会发怒。他们会列举种种事实和理由证明自己的合法权益受到了损害,要求得到赔偿。处理这类投诉时,合理的赔偿制度就非常重要了。在和这类客人沟通时不要试图采用拖延战略,不要假想可以大事化小、小事化无。一定要认真对待，及时解决，并向其表示真诚的感谢。

（2）挑剔型。挑剔型客人有着比较丰富的旅游经验，他们会对旅游企业的硬件设施、软件服务等各方面进行比较，他们以挑剔的眼光看待旅游企业的现状。在和这类客人沟通时，必须给予他们足够的尊重，满足他们心理上的需要，要高度重视他们的投诉并积极改进存在的问题。这类游客将会成为企业的忠诚客户，成为旅游从业人员的朋友。

（3）宣泄型。这类客人在投诉时明显表现其不满、抱怨、失望，甚至是发怒，他们需要的是有人能够耐心地倾听他们的抱怨和不满，希望可以获得同情和理解。解决这类抱怨式的投诉需要有耐心、爱心、细心，有时仅仅是一两句安慰就可以化解客人所有的不满。

二、酒店对客服务中有效沟通的策略

（一）提高沟通技巧，让客人宾至如归

1. 加强语言培训

如果听不懂客人说什么就无法提供有效的服务，而解决问题的最好办法就是加强语言培训。酒店应定期定点对员工进行普通话、外语等语言培训，同时还应或多或少进行一些简单的方言培训。在对客服务前企业应了解客人的信息，如了解客人来自哪里，然后安排能听懂客人语言的服务员去对客服务，这样就减少了听不懂客人说什么的情况，从而能更好地服务客人，赢得客人的青睐，同时为酒店提高声誉。

2. 善于倾听

酒店中服务人员不仅是沟通者还扮演着倾听者的角色，如果服务人员只会说不会听，会给客人带来不舒服的感觉。有效的倾听能够增加信息交流双方的信任感，是克服沟通障碍的重要条件。酒店员工要提高倾听的技能，可以从以下方面去努力：

（1）使用目光接触。

（2）赞许性地点头和做出恰当的面部表情。

（3）避免分心的举动或手势。

（4）要提出意见，以显示自己不仅在充分聆听，而且在思考。

（5）复述，用自己的话重述对方所说的内容。

（6）要耐心，不要妄加批评和争论。

（7）使听者与说者的角色顺利转换。

3. 控制个人情绪

首先，作为服务人员要时刻牢记：绝对不可与客人争吵。与客人争吵，再有理也会变得没有理。实在忍不住想与客人争辩时，可通过自我暗示控制法，在心中默念“息怒、息怒”或强迫自己做些平和冷静的动作，静听客人的言语。客人发怒的话不必句句记在心里，要努力保持自己语调的平和。实在不行，可请同事帮忙接待，自己暂时回避一下。客人发火肯定有一定的原因，从客人的角度出发，设法为客人解决出现的问题，才能得到客人的理解，最终问题才能得到妥善解决。

4. 重视客人“心理”服务

酒店中，顾客来自世界各地，具有不同的生活背景、风俗习惯和宗教信仰，因而有效沟通的第一步是了解客人，知晓他们的语言禁忌；同时要善于揣摩顾客心理，弄清顾客的弦外之音，话外之意。酒店为客人提供的不仅仅是功能服务，心理服务也是必要的。“心理服务”就是除了

满足消费者的实际需要以外,还要能使消费者得到一种“经历”。客人在酒店的经历,其中一个重要的组成部分,就是他们在这里所经历的人际交往,特别是他们与酒店服务人员之间的交往。这种交往,常常对客人能否产生轻松愉快的心情,能否带走美好的回忆,起着决定性的作用。所以,作为服务人员,只要能让客人经历轻松愉快的人际交往,就是为客人提供了优质的“心理服务”,就是生产了优质的“经历产品”。

总而言之,酒店员工如果只会对客人微笑,而不能为客人解决实际问题,当然不行;但如果只为客人解决实际问题,而缺乏人情味儿,也不可能让客人满意。讲究语言的艺术,特别是掌握说“不”的艺术,要尽可能用“肯定”的语气,去表示“否定”的意思。比如,用“您可以到那边去吸烟”,代替“您不能在这里吸烟”;用“请稍等,您的房间马上就收拾好”,代替“对不起,您的房间还没有收拾好”。在必须说“NO”时,也要多向客人解释,避免用生硬冰冷的“NO”一口回绝客人。

5. 运用特色化的服务语言

现代酒店服务注重个性化服务,在对客沟通中提倡特色化的服务语言,摒弃千篇一律的表达方式,使顾客得到意想不到的惊喜。个性化的服务语言无法用一种标准或规则去概括与描绘,它应该是针对不同客人,不同情况做出的不同选择,提供的不同服务。就像你面对一个老年人,新潮的语言会让他难以接受,可是当你面对的是个年轻人,新潮的语言会让他们产生更强烈的认同感。所以,服务人员要学会对具体的客人,采取具体的沟通方法。

(二)分析沟通对象,真正领会顾客需求

1. 与新客人的沟通

酒店的客人来自五湖四海,每天来酒店消费的客人都不是固定的,通常情况下陌生的面孔会比较多,而这些新面孔对酒店来说就是潜在的消费群体。酒店服务人员应该努力把新面孔变成老面孔,这就要求服务人员有一定的沟通技巧。首先应记住客人的姓名,在对客服务中,记住客人的姓名并以客人的姓氏去称呼客人,可以创造一种融洽的客我关系。对客人来说,当员工能够认出他时,他会感到自豪。其次注意词语的选择,以恰当的词语与客人对话、交谈、服务、道别,可以使客人感到与服务员的关系不仅仅是一种简单的商品买卖关系,而是一种有人情味的服务与被服务关系,从而产生亲切、信任的感觉。

2. 与老顾客的沟通

每天出入酒店的客人中会有熟悉的面孔,我们称之为老顾客。做酒店工作久了,就会有许多客人成为自己的朋友,于是见面的问候不再是“您好”而是“哇! 是你呀!”彼此之间的服务也由“格式化”变成“朋友化”了。这可能会导致沟通失误,甚至造成严重后果。所以,与老顾客沟通既要让他们感觉到亲切、友好,又要注意不能因为与客人熟,而使用过分随意的语言。

三、导游讲解技能和语言艺术

(一)导游讲解原则

1. 准确恰当

导游人员的口语质量如何,在很大程度上取决于其遣词用语的准确性。讲解的词语必须以事实为依据,准确地反映客观事实。入情入理,切忌空洞无物,或言过其实。

2. 鲜明生动

言之有神,切记死板、老套、平铺直叙,导游人员要善于恰当地运用修辞手法,如对比、夸张、比喻、借代、拟人等来“美化”自己的语言。

3. 浅白易懂

导游讲解的内容要靠口语来表达,口语声过即逝,不可能像书面文字那样可以被反复阅读,只有听得清楚,听得明白才能理解,所以要采用浅白易懂的口语化讲解。口语化的句子一般比较短小,虽然也有长句,但一般要在中间拉开距离,分出几个小句子来,句子多停顿。

4. 清楚圆润

导游讲解要吐字正确清楚,要正确运用自己的发音器官,发音器官是由呼吸喉头声带共鸣和咬字器官组成的,这些器官在发音过程中协调配合得好,才能形成正确清楚的语音。

5. 针对性强

旅游者来自不同地方,国家、民族、宗教、习惯、职业、年龄、文化程度和知识水平各有不同。导游语言应区别不同的旅游者,并使用恰当的语言,要注意有针对性。

6. 广泛学习

导游讲解比较特殊,有很大的发挥空间,优秀的导游会博采众长,尝试从其他艺术体裁中吸取养分。在旅游车上,导游可以是演员,也可以是主持人,身份的微妙变化给了导游很大的发挥空间,如何利用就看导游自己了。试想一下,在车上顺嘴给大家说一段传统相声《报菜名》,肯定掌声不断!

(二) 导游讲解艺术

1. 幽默语言

卓别林说:“幽默就是我们在看来是正常的行为中觉察出的细微差别,换句话说,通过幽默我们在貌似正常的现象中看出了不正常的现象,在貌似重要的事物中看出了不重要的事物。”可见,幽默是具有复杂性和丰富性的。它的语言应该是机智、风趣、凝练的,常常借助于一些修辞手法来增强表现力和感染力。这些言语调侃、圆滑,而不浮泛、浅薄,它能引发人们会心一笑,令人回味思考,在轻松中蕴含着深沉。导游若是在整个旅游过程中,能适时地运用这些幽默语言,一定可以增添情趣,并且给游客们创造一个和谐的旅游氛围。

2. 委婉语言

《辞源》和《辞海》中,“委婉”解释为“曲折婉转”,委婉语言可以理解为是一种说话者的态度和顺、谦虚,内容曲折、回环,表达含蓄、有余味的语言。它通常不是直接说出来的,而是从侧面切入,暗中点明要说的意思,这种语言是利用人们思维的复杂性和感情的丰富性而采取的一种“曲径通幽”的表达方式。在旅游生活中,委婉语言不仅可以避免因针锋相对而造成矛盾激化,还可以使矛盾缓和并迅速得到解决。导游员应学会正确运用这种艺术语言,它是一种语言修养,更是一种思想修养。

3. 模糊语言

模糊语言指人们借助语言要素中的若干模糊特点,用以表达思想和交流情感的一种方式。这种方式增强了语言在交际中的适应性、灵活性和生动性。在许多情况下,比如遇到难以回答、难以说清的问题,运用模糊语言可以帮助你化难为易,帮你应付尴尬的场面。当然,这也要看你驾驭语言的能力。模糊语言在不同的背景、不同场合乃至不同氛围中使用,往往会因为说话者要表达的目的和要达到的效果不同,而产生不同的作用。

以上的表达方式是导游在带团工作中经常采用的,除此之外最重要的是要有针对性地实现与游客的感情共振。导游员要实现与游客的感情共振,首先要站在游客的立场上接待游客,并提供富于人情味的服务。其次，要以情感人，以情动人，在导游过程中营造一种轻松、亲切、融洽的气氛，使游客能够真正享受旅游的乐趣。最后要注意尽可能与游客去共同感受。导游员引导游客游览的景观往往是导游员去过多次的地方，而游客却可能是第一次去，这样，游客与导游员之间就会有一个感受上的差距。导游员应该以高度的责任感积极调动自己的情绪，应表现出与游客一样的兴致勃勃，否则就会让游客觉得自己受到了冷落，感到扫兴。

（三）导游处理突发事件的语言艺术

1. 如何对待强手

导游的强手主要来自两种人：一是同行人员；二是游客中的佼佼者。

如果导游看不到自己的长处，甚至将长处也看成短处，那么，也就无法开展任何一项工作了。优秀的导游人员，他们为了维护自己的尊严与自信心，常将游客看成学生和听众，做到“台上目中无人，台下虚怀若谷”。既然已经“粉墨登场”，那就得要有“全无敌”的气概。这不是盲目狂妄，而是建立在“台下”练就的良好素质基础之上的自信。

2. 如何对待游客干扰

每个游客的成长经历不一样，学识、志趣、职业也千差万别。导游在讲解时，时常会有游客对导游人员发出各种干扰信息。其中有积极的干扰，例如：插话、私下讲话；也有消极的干扰，即故意刁难，做出各种不和谐、不礼貌的言行，这就需要导游给予恰当的回复。对于那些不够友善的消极干扰，或者循循善诱，或者不予理会，一般不应该采取批评和训斥，以免游客产生逆反心理和对立情绪，导致导游工作难以正常进行。

3. 如何对待讲解的失误

导游讲解应该实事求是，准确无误。但是“智者千虑，必有一失”，讲解中难免会发生口误等自身的失误。能做到字字珠玑、滴水不漏的人毕竟是少数。口误即出，可以按照正确的讲解方法再讲一遍，确保讲解的可信性，置之不理是不行的。

导游都是脱稿讲解的，随时都有中途忘记讲解词的可能。中途忘记讲解词会影响讲解的气氛和质量。要避免这种尴尬场面，最重要的是记牢讲解的内容，尤其是那些格言警句等精彩的部分，都必须花时间去记，对于那些记不得的可以不讲，或者干脆设置悬念，放到下次来讲。

4. 如何防止超限逆反

导游讲解内容即使是游客感兴趣的，也得适可而止。要考虑不同层次的人的需求，讲解内容单薄偏少，不是优质服务；过多传递，讲个没完，也未必是为所有游客称道的优质服务。美国伯克利加州大学格赖斯教授认为：人们谈话之所以能顺利进行，是因为谈话双方都能遵循“四个准则”：即谈话内容涉及的消息充分却不显得多余；谈话内容真实可靠；话语与话题有关；表述清楚，简洁明了。导游在景观讲解中，能很好地把握上述“四个准则”就可以有效地制止超限逆反的发生。

实战演练

一、说话技巧的训练

1. 角色扮演

请同学们分小组改编并表演“扁鹊见蔡桓公”的故事，使故事结果变为名医扁鹊充分运用说话的技巧成功说服蔡桓公及时就医。

2. 请结合思考题阅读以下案例

英国女王维多利亚与丈夫相亲相爱，感情和谐。但维多利亚女王乃一国之王，成天忙于公务，出入社交场合，而她的丈夫阿尔伯特却和她相反，对政治不太关心，对社交活动也没有多大的兴趣，因此两人有时也闹些别扭。有一天，维多利亚女王去参加社交活动，而阿尔伯特没有去。已是深夜了，女王才回到寝宫，只见房门紧闭着。女王走上前去敲门。房内，阿尔伯特问："谁？"女王回答："我是女王。"门没有开，女王再次敲门。房内阿尔伯特问："谁呀？"女王回答："维多利亚。"门还是没有开。女王徘徊了半晌，又上前敲门。房内的阿尔伯特仍然问："谁呀？"女王温柔地回答："你的妻子。"这时，门开了，丈夫阿尔伯特伸出热情的双手把女王拉了进去。（案例选自《人际沟通训练》，李元授主编）

思考题：为什么前两次敲门，阿尔伯特不开门？

二、倾听能力的训练

1. 以下两个案例，请同学们听听弦外之音，理解其真正想要表达的意思

（1）班里一女孩暗恋一男生。过了一段时间，你问她怎么样了？她说："神女有心，还得襄王有梦啊！"

（2）同学在公司做销售，对你说："唉！老板就想今天打了广告，明天销量就会上去！"

2. 请结合思考题阅读以下案例

美国知名主持人林克莱特有一天访问一名小朋友，说："你长大后想要当什么呀？"小朋友天真地回答："我要当飞机的驾驶员！"林克莱特接着问："如果有一天你的飞机飞到太平洋上空所有引擎都熄火了，你会怎么办？"小朋友想了想："我会先告诉坐在飞机上的人绑好安全带，然后我挂上降落伞跳出去。"当在场的观众笑得东倒西歪时，林克莱特继续注视着这孩子，想看他是不是个自作聪明的家伙。没想到，接着孩子的两行热泪夺眶而出，这才使得林克莱特发觉这孩子的悲悯之情远非笔墨所能形容。

于是林克莱特问他："为什么要这么做？"

小孩的答案透露出一个孩子真诚的想法："我要去拿燃料，我还要回来！我还要回来！"（案例选自《沟通与礼仪》，袁锦贵主编）

思考题

（1）在场的观众为何会笑得东倒西歪？

（2）如果主持人林克莱特没有继续注视着孩子，没有追问他为什么？结果有什么不同？

（3）这个小故事对我们的沟通有何启示？

三、身体语言沟通技巧的训练

1. 请同学们按以下口令进行活动

每位同学都看着天花板，面无表情地随意走动，遇人避开。

每位同学都看着自己的脚，面无表情地随意走动，遇人避开。

每位同学都看着他人的脸，面无表情地随意走动，遇人避开。

每位同学都看着他人的脸，面带微笑地随意走动，遇人点头。

每位同学都看着他人的脸，面带微笑地随意走动，遇人握手。

每位同学都看着他人的脸，面带微笑地随意走动，遇人握手，心中说："我喜欢你。"

每位同学都看着他人的脸,面带微笑地随意走动,遇人握手,口中说:“我喜欢你。”

思考题:

(1) 面无表情和面带笑容有什么不同,对他人有何影响?

(2) 我们在日常生活中应当如何有效通过身体语言与人沟通?

(3) 我们在沟通中如何运用语言的情感性?

2. 请结合思考题阅读以下案例

小王大学毕业那年,到广州一家很有名气的四星级涉外大酒店的餐饮部应聘服务员。谁知,就在结束试用期的前两天晚上,一位港商要求小王为其调送一杯咖啡,但由于小王正在为其他贵宾服务,等到去港商那里的时候,已经迟到了20分钟!小王小心翼翼地把咖啡给他调好送去,面带微笑地说:“先生,首先感谢您对我的欣赏和信任。但由于暂时没能抽出身来,耽误了您的时间,我感到非常抱歉!”这位港商却不领情,把左手一扬,正好碰到小王双手捧着的咖啡杯,咖啡溅了小王一身。可他视而不见,指了指手表说:“多长时间了?哼!这还像个四星级酒店的服务吗?”

小王知道今天遇上了找碴儿的主,接下来的时间里,就更加全心全意地为他服务,不敢有半点马虎。他要什么,小王就给什么,动作十分麻利,语言也特别温柔和细腻。尽管他一点也不合作,仍旧一副怒气冲冲的姿态,小王毫不介意,始终挂着一脸甜美的微笑。最后,那位港商说:“虽然你的综合素质表现得很不错,但真正能打动我的,还是你的微笑,那种毫不矫情的、纯真的笑,击退了我最后一道冷漠的防线!”

结果,小王试用期结束后就被提升为领班,只在领班的位置上锻炼了两个月,就接替了餐饮部经理的位置。从服务员到餐饮部经理,就是那九次微笑改变了她的人生!(案例选自《人际沟通训练》,李元授主编)

思考题:案例中的小王用她真诚的微笑使自己很快得到晋升,你从中得到哪些启发呢?

四、旅游服务沟通技巧训练

1. 角色扮演一

飞机误点,导游员请求饭店准备午餐等候。当旅游团抵达饭店后,餐厅已经撤台。一名游客将怒火发在导游身上。请学生分别扮演导游和游客,表演下面两种情形。

情形Ⅰ:冲动的导游

游客(怒气冲冲):你是导游员,这么不负责任,我们出钱不是让你游手好闲的。

导游:我已经和饭店说过,问题出在他们那,又不在我这里。

游客:我们可不管问题出在哪儿!现在我们很饿,请你解决我们的吃饭问题。

导游:你嗓门儿那么大,我还以为你不饿呢!

游客:你什么态度?我要投诉你!

导游:你什么态度我就什么态度!

情形Ⅱ:礼貌、理智的导游

游客(怒气冲冲):你是导游员,这么不负责任,我们出钱不是让你游手好闲的。

导游:真对不起,我们接待工作出现了失误,请您原谅。现在,我马上同餐厅联系,解决吃饭问题。

(吃过午饭,游客仍然怒气未消)

导游：对于刚才发生的不愉快的事，我再一次表示歉意。希望您忘掉。不要因为此事把大家的主要目的给丢了。我想，大家吃饱了，就痛痛快快地去游览。好吗？

要求：在情形Ⅱ的角色扮演中

(1) 对怒气冲天的游客，导游不要过多申辩。

(2) 使用道歉式服务用语，尽量平息游客的怒气，求得游客的原谅。

(3) 针对事件本身，迅速为游客解决问题。

(4) 启发游客的成人型自我，引导游客恢复理性。

总结：

(1) 请扮演游客的学生谈谈面对不同旅游接待者的心理感受，使同学们懂得只有那些尊重宾客，礼待宾客的旅游接待工作者，才能让宾客感到舒服和温暖，才能得到宾客的理解和接受。

(2) 无论遇到怎样怒气冲天、蛮横无理的客人，旅游接待工作者都要沉住气，冷静理智，记住使用道歉式应答语言，并且表情认真，语气语调真诚恳切，发自内心地道歉，令人感到真实可信。同时迅速为客人解决问题，引导坏事向好的方向转化。

2. 投诉处理

某饭店前厅主管接待了一位因饭店叫醒服务失误而延误行程的客人。

主管：您好，先生，请问发生了什么事？

客人：什么事你自然知道，我耽误了飞机，你们要赔偿我的损失。

主管：您不要着急，请坐下慢慢说。

客人：你别站着说话不腰疼，换上你试试。

主管：如果这件事发生在我身上，我肯定会冷静的，所以，我希望你也冷静。

客人：我没你修养好，你也不用教训我，我们没什么好说的，去叫你们经理来。

主管：您可以叫经理来，但您应对我有起码的尊重，我是来解决问题的，不是来受气的。

客人：你不受气，难道让我这花了钱的客人受气？真是岂有此理！

(1) 在上述投诉案例中，主管的投诉处理存在哪些不足之处？

(2) 假设你以前厅经理的身份去见客人，请根据顾客投诉的心理需求和投诉处理沟通技巧要求，完成一份成功处理投诉的情景设计作业。

第五章　演讲口才训练

“口能言之，身能行之，国宝也；口不能言，身能行之，国器也；口能言之，身不能行，国用也；口言善，身行恶，国妖也。治国者敬其宝，爱其器，任其用，除其妖。”

——《荀子·大略》

学习目标

☆知识目标：了解演讲的概念、类型、基本特征；演讲稿的撰写要求；演讲有声语言和态势语言的基本技巧。

☆能力目标：能按照要求写出演讲稿，能充满自信地完成当众演讲的任务。

☆德育目标：练胆量，练口才，练智慧，培养自己不怕失败、不惧挑战、敢于突破、不断创新的勇气和精神，让自己更勇敢、更自信，更有思想，更具智慧。

第一节　演讲基础

一、演讲的概念

（一）何谓演讲

演讲又叫讲演、演说，是指演讲者在特定的时空环境中，面对听讲者，借助有声语言和态势语言等，发表个人见解、阐明道理、感召听众的语言实践活动。演讲是“讲”和“演”密切结合的口语表达的最高形式，也是一种为群众喜闻乐见的宣传鼓动手段。在现代社会里，语言是人与人沟通的主要手段，所以，演讲无论是对一个组织还是对一个人来说都有十分深远的意义。

（二）演讲与其他口才表达形式的区别

1. 与日常生活中谈话的区别

日常生活中的谈话，可以不受时空、内容、方式的限制，不要求完整系统，也不要求主题单一，只要能表达自己的思想感情，即达目的。演讲则要求在特定的时空环境中，面对广大听众，主题明确，内容完整，并恰当运用语气、语调和态势语来辅助讲话。

2. 与朗读、朗诵的区别

朗读是运用有声语言有感情地把书面材料清晰响亮地念出来。朗诵是运用有声语言、态势语言有感情地把书面材料清晰响亮地背出来。它们都是将文字这个视觉形象转化为听觉形象，着重于感染听众。演讲是一种实用艺术，它的选题具有很强的现实针对性，内容具有很大的伸缩性，更注重与听众在思想上的交流。

3. 与会议上的报告、发言、讲话的区别

会议上的报告、发言、讲话是常见的现实口才表达形式，就形式而言，一般只需要用有声语言阐明自己的观点，以发表自己的意见为目的。演讲具有更强的宣传鼓动性，它既是一种以“讲”为主的宣传活动，也是一种以“演”为辅的艺术活动。再者，它们内容的侧重点也不同，会议上的报告、发言、讲话的内容注重政策性、权威性和指导性，演讲侧重于典型性和鲜明性。

二、演讲的类型

分类角度不同，分类结果也不同。演讲学研究中至今尚无公认的有关演讲分类标准，也没有建立唯一分类标准的必要。

按演讲场所分类，其意义在于根据不同场所的特殊环境和特殊听众，选择不同的演讲风格和演讲技巧。如街头演讲要生动形象、感情充沛；课堂演讲要深入浅出、循循善诱；法庭演讲要证据确凿、逻辑严密。

按演讲风格分类，其意义在于根据演讲者个人的气质、修养和演讲内容的需要，选择最得体的风格类型。如一个天性腼腆的女孩不适合背诵慷慨激昂的演讲词；誓师大会上的演讲不能变成喜剧式的调侃。

按演讲的建构形式分类，其意义在于根据不同建构形式的独特要求，采取不同的方式提炼主题、选择材料、构筑结构框架。如即兴演讲要在较短时间内构思完成，一般适宜于采用简单明晰的结构。

按演讲内容分类，其意义在于根据不同类型的不同特征，在构思演讲时努力做到内容和形式的协调与统一。下面简要介绍按内容分类的演讲类型。

（一）政治类演讲

政治类演讲是为了处理国家重大事务和关系而向公众发表的、代表一定阶级或一定社会团体利益的讲话。政治类演讲的基本特征是：政治倾向明显，注重引起听众的共鸣，富于雄辩性和鼓动性。

1940 年，肩负着反对法西斯德国侵略的重任，丘吉尔出任英国首相，他在 5 月 13 日的下院特别会议上发表了首次施政演讲：

> ……我要向下院说：“我没有什么可以奉献的，有的只是热血、辛劳、眼泪和汗水。”
>
> 摆在我们面前的，是一场极为痛苦的严峻考验。在我们面前，有许多许多漫长的斗争和苦难的岁月。你们问：“我们的政策是什么？”我要说：“我们的政策就是用我们全部的能力，用上帝所给予我们的全部力量，在海上、陆地和空中进行战争，同一个在人类黑暗悲惨的罪恶史上所从未有过的穷凶极恶的暴政进行战争。这就是我们的政策。”你们问：“我们的目标是什么？”我可以用一个词来回答：“胜利——不惜一切代价，去赢得胜利，无论多么可怕，也要赢得胜利；无论道路多么遥远和艰难，也要赢得胜利。”……此时此刻，我觉得我有权利要求大家的支持，我要说：“来吧，让我们同心协力，一道前进。”

丘吉尔的演讲，充满战斗激情和胜利自信，时至今日，我们仍然能强烈地感受到这篇演讲中催人奋进的震撼力量。

（二）学术类演讲

学术类演讲是就科学领域中的问题向听众表述研究成果或过程，传授科学知识和学术见解的讲话。课堂讲授也属于学术类演讲。学术类演讲的基本特征是：知识性、科学性较强，语言通俗而准确，富于逻辑说服力。

著名文艺理论家朱光潜先生在《谈作文》的演讲中有这样一段：

写作如下棋，一种基本的训练是最要紧的，我们必须做到有话必说，无话不说，说须心口如一的地步。也有的人写出来的东西，与他个人的思想情感并不完全一致。这假设不是他个人的表现能力不够，就一定是在存心说谎。若写作能力不够，尚可补救，只消不断地练习必有成功之一日。但若有心说谎，却是非常危险的！

朱光潜先生用通俗朴实的话，道出了意味深长的道理。

（三）管理类演讲

管理类演讲是为了完成一定的管理目标，向听众发表的总结、动员、汇报、交流等讲话。管理类演讲的基本特征是：功利目的明显，针对性强，条理清晰，有一定的格式。

某高校一个班选举，产生了新一届的班委会，同学们鼓掌欢迎新班长讲话。

新班长发表了即兴演讲：

同学们，感谢大家的信任！既然同学们选了我，我就希望大家支持我。刚才，有同学说："某某，就等你新官上任烧三把火了！"这使我忐忑不安。不过，在我看来，我们班不存在烧"三把火"的问题。因为，我们前任班长某某，我们的前任班委，已经把火烧起来了。（掌声）所以说，我们新班委面临的工作，不是烧"三把火"，而是继承与创新的问题。

所谓继承，是因为班上已经有了好的规章制度可供我们"萧规曹随"，说创新，是因为时过境迁，我们将面临新情况、新问题，需要我们去对症下药。（掌声）

如果说，实在要烧火的话，那不是"三把火"，而是全班 47 把火。为了这难得的学习生活，希望同学们都燃烧起来，既照亮自己，也照亮别人！（掌声）

完了，谢谢大家，请多关照！（掌声）

这位班长的即兴演讲，干脆有力，不卑不亢，他把当选原因归于同学们的信任；肯定了前任班干部，消除了落选者的失落感；把"三把火"的概念，巧妙地转换为"47 把火"，以此调动大家的责任心和荣誉感。

（四）法律类演讲

法律类演讲包括法庭上的公诉、辩论，以及为了宣传，贯彻法理、法制、法规而发表的各种讲话。法律类演讲的基本特征是：确凿的事实，固定的程序，严密的逻辑，雄辩的力量。

著名律师张赞宁在我国首例"安乐死"杀人案的庭审中有如下一段辩护词：

起诉书认定夏素文的主要死因是肝性脑病。对此，本辩护人没有异议。但是起诉书认定"冬眠灵仅加深了患者的昏迷程度，促进了患者的死亡"，我认为，这并没有事实依据。

本辩护人认为，夏素文的死因，完全是由于疾病本身，即肝硬化晚期，肝细胞高度衰竭，最后并发肝性脑病所致。夏的死与冬眠灵之间，并没有必然的因果关系……被告人蒲连升、王明成的多次供述以及大量的证人证言，均已证明了病人夏素文的肝硬化已到晚期，死亡将不可避免……而夏素文两次接受药物总量仅为 87.5 mg。这个剂量比照药典的正常治疗给药剂量(25～50 mg/次及 100～200 mg/日)仍在正常允许范围内。还应看到，患者最后一次接受 50 mg 冬眠灵的时间距死亡时间间隔 14 小时，而此时药物的最强作用时间已经过去，结合患者死亡过程中始终没有呼吸抑制及血压下降的症状，与之相反，患者体温异常升高，这种表现与冬眠灵的药理作用难以吻合，可见夏之死并非由此直接引起。

"安乐死"尚未被我国法律认可，在社会上也有很大争议。张赞宁律师首先用事实和医学道理证明病人之死完全是由疾病所致，与被告开的"冬眠灵"无关，这就避开了"安乐死"这个敏感话题。

(五) 宗教类演讲

宗教类演讲是对教徒、群众发表的宣传教义、教规，讲授宗教故事，激发宗教热情的讲话。宗教类演讲的基本特征是：语言通俗却充满神秘和晦涩感，结论绝对却通过事例步步引进，现场感染力极强。

有一位大主教这样告诫他的教徒：

人有肉体，这肉体就同时是人的负担和诱惑。人施着它，并受它的支配。人应当监视它，约束它，抑制它，必须是到了最后才服从它。在那样的服从里，也还可以有过失；但那样犯下的过失是可蒙赦宥的，那是一种堕落，但只落在膝头上，在祈祷中还可以自赎。

这位大主教完全运用一种精神上的召唤力来说服和劝阻他的教徒。

(六) 道德类演讲

道德类演讲是以人生观、精神文明等为基本内容，对群众进行思想品德教育的讲话。道德类演讲的基本特征是：声情并茂，以理服人，具有强烈的教育、启示作用。

如一位为中国桥梁建设事业奋斗了一辈子的女高级工程师在演讲时回答青年学生的提问：

现在的年轻人要玩要乐是可以理解的，如果还像我们那样吃苦，社会还有什么发展呢？但他们不能忘记，他们享受的现代文明，是无数代人为他们创造的，他们更不能忘记自己应该承担的义务，即为他们的子孙后代创造更灿烂的文明。

这种在尊重和理解听众的基础上以理服人的讲话，容易使听众接受。

(七) 经济类演讲

经济类演讲是为了长期或短期的经济目的，向听众发表的旨在宣传企业、产品、服务等内容的讲话，它包括公共关系演讲。经济类演讲的基本特征是：坦诚相待，实事求是，以影响听众的消费心理和消费行为为最终目的。

昆明"世博会"前夕，昆明市某副市长在全市各宾馆、饭店迎接世博会、提高服务质量的大会上作了一次动员讲话，其中一段如下：

要使每个员工都明确知道和理解世博会对昆明旅游业、旅游企业、旅游从业人员的重要性,明白今年的接待服务工作做好了,昆明旅游业的可持续发展就有了更大的空间,每个从业人员都有希望获得更好的发展前景和经济收益。反之,接待服务做“砸”了,世博会后客人就会减少,每个从业人员将面临下岗、失业及转行谋生的可能。因此,这是背水一战的问题。

这位副市长将政府的重大经济活动与每个从业人员的切身利益联系起来,借此调动每一位普通从业人员的工作自觉性。

(八)礼仪类演讲

礼仪类演讲是在各种社交仪式上发表的表达一定感情的讲话,包括送迎、贺喜、祝捷、宴请、凭吊等各种礼仪性讲话。礼仪类演讲的基本特征是:讲究礼仪,言词谦恭得体,感情真挚充沛。

例如,爱因斯坦1935年11月23日在纽约罗里奇博物馆举行的玛丽·居里悼念会上的演讲:

在像居里夫人这样一位受人尊崇的人物,结束她的一生的时候,我们不要仅仅满足于回忆她对人类已经做出的贡献。第一流人物对于时代和历史进程的意义,在其道德品质方面,也许比单纯的才智成就方面还要大。即使是后者,它们取决于品格的程度,也远超过通常所认为的那样。

我幸运地同居里夫人有二十年崇高而真挚的友谊。我对她人格的伟大愈来愈感到钦佩。她的坚强,她意志的纯洁,她的律己之严,她的客观,她公正不阿的判断——所有这一切都难得地集中在她一个人的身上。她在任何时候都意识到自己是社会的公仆,她非常谦虚,永远不给自满留下任何余地。由于社会的严酷和不平等,她的心情总是抑郁的。这就使得她具有那样严肃的外貌,很容易使那些不接近她的人发生误解——这是一种无法用任何艺术气质来解脱的少见的严肃性。一旦她认识到某一条道路是正确的,她就毫不妥协地并且顽强地坚持走下去。

她一生中最伟大的科学功绩是证明放射性元素的存在,并把它们分离出来。之所以能取得这样的成就,不仅是靠着大胆的直觉,而且靠着在难以想象的极端困难情况下工作的热情和顽强,这样的困难,在实验科学的历史中是罕见的。

居里夫人的品德力量和热情,哪怕只要有一部分存在于欧洲的知识分子中间,欧洲就会迎来一个比较光明的未来。

这篇演讲情感真挚,语言朴素凝练,既感人至深,又发人深省,给人以深刻的启迪。

三、演讲的基本特征

(一)理论思维形象化

在各种语言表达形式中,文学创作和戏剧表演侧重于感觉和形象,哲学阐述和科技说明侧重于逻辑和思辨。它们都不是演讲。演讲最重要的特征是理论思维形象化。从总体上看,演讲的思维活动也是理论思维的推演,但是,演讲者必须把理论思维和形象感觉有机地结合起来,使演讲表达具有形象化的效果。

将抽象转化为形象的主要方法有:一是充分利用比喻和比拟;二是从事例和细节中引出

思想和观点；三是把数据转化为人们熟知的事物。

美国黑人领袖马丁·路德·金《在林肯纪念堂前的演讲》中的一段：

我梦想着，有那么一天，我们这个民族将会奋起反抗，并且一直坚持实现它的信条的真谛——“我们认为所有的人生来平等是不言自明的真理”。

我梦想着，有那么一天，甚至现在仍为不平等的灼热和压迫的高温所炙烤着的密西西比，也能变为自由与平等的绿洲。

我梦想着，有那么一天，我的四个孩子，能够生活在一个不是以他们的肤色，而是以他们的品性来判断他们的价值的国度里。

我梦想着，有那么一天，就在邪恶的种族主义者仍然对黑人活动横加干涉的阿拉巴马州，就在其统治者拒不取消种族歧视政策的阿拉巴马州，黑人儿童将能够与白人儿童如兄弟姊妹一般携起手来。

我梦想着，有那么一天，沟壑填满，山岭削平，崎岖地带铲为平川，坎坷地段夷为平地，上帝的灵光大放光彩，芸芸众生共睹光华。

马丁·路德·金的演讲，逻辑思维轨迹十分清楚，表达了希望所有美国人在平等中结为一体的强烈的政治愿望，演讲者是通过五个“我梦想”中的生动而具体的形象来表达这一神圣的愿望。

（二）语言表达立体化

书面语是一种平面的语言表达形式，而演讲者走上演讲台，融声音、形象、态势为一体，就构成了一种立体的语言表达形式。许多著名演讲家正是善于运用这种“视—听”联觉的表达形式，才给听众留下了永难磨灭的形象记忆。使语言立体化的三种主要手段是：一是充分利用抑扬顿挫、停顿等语调手段；二是充分利用面部喜怒哀乐，特别是眼神等表情手段；三是充分利用头、身躯、手、脚等肢体手段。

初学演讲者往往注重演讲文稿的撰写，却忽略了声音、形象、态势对演讲内容的立体支撑作用。还有一部分初学演讲者，因为怯场只顾低头背诵演讲稿，以至于辛辛苦苦构思好的演讲内容变成了节奏单一、平淡乏味的“背书”。

（三）思想观念人格化

“言如其人”思想是无法探测的，只能“观其言，察其行，知其人”。听众往往把演讲者所宣传的思想观念和演讲者的人格等同起来。

由于“出言陈辞”，关系到“身之得失”，因此，“辞不可不修，说不可不善”（汉·刘向《说苑·善说》）。初学演讲者既要敢于演讲，让他人了解自己；另一方面，又要慎于演讲，避免他人误解自己。演讲者如果不负责地在演讲台上胡诌一通，则是对自己人格的不尊重。

第二节 演讲前的准备

一、演讲主题的确定

演讲主题是演讲中所要表达的中心思想或基本观点。它体现着演讲者对所阐述问题的总体性看法，是整个演讲的“灵魂”和“统帅”。演讲主题要求正确、鲜明、集中、深刻。任何一个演讲都有主题，如何确定演讲的主题，直接决定着演讲的内容和价值，影响着演讲的成败。确定主题即选题的基本原则有以下几点：

（一）注意演讲的场合，考虑时间因素

无论哪种演讲，都受到场合和时间的制约，演讲内容要与演讲场合气氛协调，也就是要考虑演讲的时间和空间环境，我们所说的时空环境不仅仅指演讲现场的布置，也包括时间、背景、组织和听众等因素。

除了场合以外，选题还应考虑演讲的时间长短。心理学研究所提供的信息表明，一般人的大脑在一个小时内只能理解或接收一两个重要问题，且注意力集中在前 40 分钟里，以后的时间注意力便降低了。因此演讲内容必须集中凝练，富有特色，时间掌握得恰到好处。如果是参加演讲比赛就更有了解限定时间的必要，否则临时修改内容会让演讲者措手不及，手忙脚乱，无所适从，理不清头绪。除此之外，在有多人参加的演讲场合，必须考虑自己出场的顺序，并且要了解自己之前的演讲者的情况。这些与把握听众的心理定式和情绪有密切的关系，不可忽视。

（二）适合听众的要求，内容有的放矢

选题应有针对性，要能深刻地影响听众，极大地感染听众。由于各种社会因素，演讲的听众存在着很大的心理差异、风格差异、感情差异等。选题时应考虑不同类型听众的需要，根据不同民族、不同职业、不同层次的听众的知识水准、兴趣爱好、风俗习惯等来确定选题。只有选题适合听众，才能吸引听众的注意力，唤起听众聆听的兴趣与热情。

从参加演讲会的目的来看，听众大致可分为以下几种类型。

1. 慕名而来

一般群众对各类名人都怀有一种敬仰、钦慕之心。因此，当著名政治家、科学家、演讲家、体育明星、影视明星等发表演讲时，往往有大批听众慕名前往。此类听众大多是为了一睹名人风采，他们一般不太计较名人演讲水平的高低。同时，听众潜在的崇拜心理，往往能使名人的演讲激起异乎寻常的热烈反响。

2. 求知而来

为了获取新的知识和能力，听众会主动选择那些能满足自己求知欲的演讲。学术讲座、技术辅导、国外见闻等演讲能够吸引大批听众的原因正是因为这些演讲满足了听众的求知欲望。此类演讲只要内容充实，条理清晰，听众一般不会过于挑剔演讲技巧。

3. 存疑而来

听众对自己渴望了解的演讲话题总是抱有极大的兴趣。例如，调整工资、保健问答、产品介绍等演讲，如果关系到听众的切身利益，听众会十分主动地参与演讲交流过程。此类听众只要求演讲者把演讲内容交代清楚，他们对演讲者的身份、地位和演讲水平不会有太苛刻的要求。

4. 捧场而来

某些演讲，特别是命题演讲比赛中的演讲，往往有一些演讲者的同学、同事和朋友前来助威和捧场。这类听众的人数虽少，但在渲染演讲会场气氛、调动其他听众情绪方面有着极其重要的作用。演讲比赛和体育比赛一样，东道主往往因“地利、人和”而占据优势地位，其主要原因是拥有自己的捧场者。

5. 娱乐而来

青年人喜欢演讲比赛，是因为演讲场上充满了激烈的竞争和热烈的气氛，具有一定的娱乐性。仅仅“看热闹”这一条理由，就已经能够吸引许多听众。不过，在为娱乐而来的听众的潜意识中，隐藏着他们对高水平的演讲者的崇拜和学习演讲的欲望。这是一批公正的听众。

6. 不得不来

工作报告、经验交流、各类庆典的会场上，有相当一部分听众是由于纪律约束或出于礼貌而不得不来。这类听众对演讲内容不甚关心，在演讲过程中往往心不在焉，反响冷漠。要征服这类听众，演讲者需要有较高超的演讲技巧。

（三）主题集中凝练，寓意深刻

一篇演讲稿必须要有主题，但若主题太多，没有重点，听众就会不知道演讲者到底要传达什么信息。主题不集中，面面俱到，结果只能蜻蜓点水，讲得不深不透，就达不到演讲的目的。所以演讲的主题一定要高度集中，高度凝练。要调动演讲的一切手段，紧紧地围绕着主题，把问题讲清楚，讲深讲透，从而给听众留下一个深刻的印象。

主题集中固然重要，但仅仅主题集中还不够，因为集中并非目的而是手段，主题集中是为了将注意力放在某一焦点上，深入探究事物的本质，给听众以深刻的启迪。

一般听众对以下几类话题都怀有浓厚的兴趣。

1. 满足求知欲的话题

人们对于无限的宇宙、遥远的过去、神秘的未来以及各种陌生的知识领域，总是感到迷惘和困惑，总希望掌握各类知识，充实和发展自己。这是人类生存的本能需要。

2. 刺激好奇心的话题

人人都有好奇心，世界趣闻、名人轶事、突发事件、科学幻想、个人经历等，都能激发听众的好奇心。

3. 事关听众利益的话题

群众最关心涉及切身利益的事情，关系到听众衣、食、住、行利益的演讲当然会受到欢迎。高明的演讲者具备把间接涉及听众利益的话题转化为与听众直接相关话题的能力。

4. 有关信仰和理想的话题

听众，特别是青年听众，无论古今中外，都不会厌恶有关人生探索、理想追求、事业开拓等话题。某些有关信仰和理想的演讲不受欢迎，主要是缺乏针对性和生动性。

5. 娱乐性话题

幽默、笑话、故事穿插于演讲之中或构成一段完整的演讲，在博得听众一笑的同时也征服了听众。娱乐性演讲一般时间较短，或用于娱乐、礼仪场合，或用于调剂长时间演讲的会场气氛。

6. 满足听众优越感的话题

世界上很少有人讨厌“奉承”。演讲者要尽量掌握听众的基本情况，以便在演讲中穿插一些能满足听众优越感的话题。

二、演讲材料的准备

材料是思想观点形成的基础，也是思想观点赖以生存的支柱。演讲者要使自己的演讲丰富精彩，就必须大量地、详细地占有材料，并正确选用材料，这是演讲成功的前提和基础。

（一）演讲材料的分类

演讲材料分为以下三种：

1. 直接材料

直接材料是演讲者在现实社会生活中，通过调查、观察、体验、感受而获取的第一手材料。直接材料要真实、具体、生动。

2. 间接材料

间接材料是指通过书籍、报刊、文献、广播、电视等媒介获得的材料，由于间接材料并非直接获得，所以又称为第二手材料。

3. 创新材料

创新材料是演讲者在直接材料和间接材料的基础上经过归纳、分析、演绎、推理所得到的带有新颖见解与观点的材料。

（二）演讲材料的要求

1. 典型性

用个别的材料来证实自己的论点，就必须搜集和选择具有典型性、代表性的材料，只有典型的事例，才能给演说的主题提供有力的证明，起到发人深省的作用。

2. 真实性

真实是演讲的第一要素，真实是演讲的生命。所以只有真实的材料才能抓住听众的心，达到演讲的目的。

3. 针对性

选择的演讲材料要贴合演说主题、演讲场合与氛围。不能信手拈来，给人以穿鞋戴帽之感。

三、演讲结构的安排

演讲结构是演讲者为了充分表现主题，把分散的、零碎的材料，按照语言表达的规律有机地、巧妙地组织安排起来的整个框架。

（一）横式结构

这类演讲结构的特点是按照时间的推移排列层次，具体又分为以下几种方法：

1. 时序法

时序法是按照事物存在、事件发展时间的自然顺序来安排结构的方法。以时序安排典型事例，清晰的条理与确凿的事实紧密结合，能有力地完成演讲主题。

2. 倒序法

倒序法是把事件发展的过程反过来安排结构的方法。这种安排结构的方法，具有清晰的条理，形成由果到因的结构形式，先摆出事实结果，造成悬念，再叙述原因和过程，这种以果溯因的方法有较强的吸引力。

3. 递进法

递进法是根据事物的不同层次，由表及里、由浅入深、环环相扣、逐层深入的结构方式，具有较强说服力。

（二）纵式结构

这种结构的特点是按照事物的组成部分展开，或按空间分布展开，或按事物的性质归类关系展开，具体有如下几种方法：

1. 空间法

空间法是按照事物的空间位置的某种顺序来安排结构的方法。这种方法，从层次到顺序来讲，能给听众以清楚、整齐的视觉形象，而不是给人混乱不清、支离破碎的印象。运用这种方法，要有明确的立足点和观察点，使之具有鲜明的条理性和立体性。

2. 总分法

先总述中心观点，再分述各部分的分论点。这种方法能把一个比较大而复杂的问题，解析为几个小而单纯的问题，从几个具体问题的分析认识，上升到对总体的认识。

3. 并列法

把选择的材料逐条逐项并列排布，这种结构的演讲，其中心意旨往往是一个比较广泛的论题，演讲者要抓住几个有代表性的问题，围绕主题，逐点论述，逐点小结，并逐一分析、解答、阐述、论证。

（三）合式交叉结构

这类结构通常以时间顺序为主线，穿插横向组合材料，或以横向组合材料为主，间接穿插纵向组合材料，交叉展开，步步深入，既有条理，又有气势，是比较全面而灵活的结构方式，适用于容量大、时间长的演讲。

四、演讲稿的撰写

演讲的撰写要遵循凤头、猪肚、豹尾的原则：

1. 把握开头

出手不凡的开头，能唤起听众的兴趣和求知欲。演讲的开场白有两个作用，一是迅速吸引听众的注意力，二是为整个演讲制造一个适宜的气氛，为全篇演讲定下基调，并自然地引起下文。俗话说，"万事开头难"，演讲开头要想吸引人，必须直接从问题的实质或从能引人入胜的有趣的事物开始。常见的有以下几种：

（1）设问式开头。

也叫"问题引路"，一上台就向听众提出一个或几个出人意料或发人深省的问题，请听众和演讲者一起思考。针对人们关心的事物提出问题，可以立即引起听众的注意，迅速把听众引入所提问题之中，使听众展开积极的思考，主动地参与到演讲的过程中，大大增加了听众的互动性，产生共鸣。

一位老先生在做关于干部工作作风的演讲时，首先向听众提问：

人是从哪里老起？（听众纷纷作答，有的人说人从脚老起，有的人说从大脑老起，会场气氛十分活跃）我看有的人从屁股老起。（全场哄堂大笑）某些干部不深入实际，整天泡在会海里，坐而论道，那屁股可造孽了，又要负担上身的重压，又要与板凳摩擦，够劳累的了。如此一来，岂不是屁股先老吗？

这位老先生在抨击官僚主义之前，先利用一个提问制造了第一个悬念，提起了听众的兴趣，然后利用一个出乎听众意料的自答制造了第二个悬念，使听众在笑声中等待解开悬念，从而有效地控制了听众的思想和情绪。

（2）叙事式开头。

演讲者一开始就讲述新近发生的奇闻怪事、令人震惊的重大事件或生动感人的故事，这种开头，由于故事具有内容新奇、情节生动等特点，仿佛是一石激起千层浪，能迅速激起听众的兴趣，掀起感情的波澜。

（3）入题式开头。

这种演说开头简洁明快，直接入题，能使听众很快理解演讲主题的含义，从而自然顺畅地进入主题。

1883年，马克思逝世，恩格斯发表了著名的《在马克思墓前的讲话》：

3月14日下午两时三刻，当代最伟大的思想家停止思想了。让他一个人留在房里总共不过两分钟，等我们再进去的时候，便发现他在安乐椅上静静地睡着了，但已经是永远地睡着了。这个人的逝世，对于欧美战斗着的无产阶级，对于历史科学，都是不可估量的损失。这位巨人逝世以后所形成的空白，在不久的将来就会使人感觉到。

恩格斯的开场白以简洁的语言交代了演讲的中心论点：马克思的逝世是世界无产阶级不可估量的损失。

（4）警言式开头。

开场直接引用名言、警句、谚语等，为展开自己的演讲主题作必要的烘托。名言、警句、谚语等都是大家耳熟能详的，并且具有某种权威性，能产生权威性和说服力。如左英的《生命之树常青》的开头：

伟大的诗人歌德曾有这样一句话："生命之树常青"。是的，生命是阳光带来的，应该像阳光一样，不要浪费它，让它去照耀人间。

这个开头引用了歌德的名言，对演讲的内容起到揭示主题的作用，并能引起读者的思考。在引用名言、警句时要尽量引用原文，不要以讹传讹，更不能断章取义。

（5）示物式开头。

演讲开始先展示一件实物，如模型、物品、挂图等给人以新鲜、形象的感受，然后借助具体实物，阐述自己的见解，这种开头较为新奇，直观性和实体感强，有利于内容的表达和逐步深化。

利用实物制造悬念是悬念式开场白的特殊形式。一位日本教授在给大学生做演讲前，面对台下叽叽喳喳、谈论不休的大学生们，他没有急于宣布演讲主题，而是从口袋里摸出一块黑乎乎的石头扬了扬：

请各位同学注意看，这是一块非常难得的石头，在日本，只有我才有这一块。

当同学们都伸长脖子想看个究竟的时候，会场安静了，这时，教授才说明，这块石头是他从南极探险带回来的，并开始了他的南极探险演讲。

2. 围绕主体

主体是演讲稿的主要部分，篇幅较大。要使演讲的观点站得住，立得牢，就必须做到内容充实丰满，有血有肉，要围绕中心论点，处理好论点与论据间的关系，合乎逻辑地逐步展开论述，使结构缜密，层次清晰，过渡自然。

（1）层次的安排。

由于层次是结构的基础，所以演讲者要注意传递信息，在表达主题过程中应形成相对完整、独立的思想理念。撰写演讲稿，安排层次的进程，实际上就是对所选材料进行归类的进程。要根据客观事物内部的联系来合理安排层次。比如，事件一般有发生、发展、高潮、结局等几个过程，问题一般有提出、分析和解决等几个阶段；要互相照应，过渡自然，给人以匀称感。同时，演讲稿要在短时间让听众接受大量信息，所以结构层次不能太复杂，要给人一种明快的感觉。

（2）高潮的安排。

演讲最忌平淡乏味、空洞无物，应该做到波澜起伏，应在感情上牢牢抓住听众，在理论上明确说服听众，在内容上深深吸引听众。在演讲的主体上，要组织和安排一个或几个演说高潮，形成强烈的“共振效应”。演讲高潮实际上就是演讲和听众感情最激昂、精神最振奋的时段。它是通过运用典型的感人事例、准确精当的议论、深刻的哲理、恰切的修辞、生动的语言、真挚的情感和得体的动作等组成的强烈的兴奋点。它是崇高美、哲理美和诗意美的完美结合，从而达到高度的和谐统一。

3. 适宜结尾

结尾是演说稿的自然收尾。“豹尾”形象地说明了结尾要雄健有力，言止而意长，使人回味无穷。常见的类型和方法有：

（1）总结式结尾。

这种结尾，扼要地总结演说内容，能起到提醒、强调的作用，给听众留下完整的总体印象，并使演讲显得十分干练，不冗繁。

作家浩云在四川某大学做“论男子汉”的演讲，在对男子汉的外在形象和内在品质做了种种评述后，浩云提出了他本人对真正男子汉的理解和期盼：

但愿我们的世界，因为会有更多的男子汉的出现，而充满了男性的美，男性的力度，男性的清醒与坚定，也充满了男子汉深厚宽广的爱。

总结式结尾容易被演讲者掌握，但要避免构成对前面演讲内容和形式的简单重复。

（2）感召性结尾。

这种结尾多是提希望，发号召，表决心，立誓言，祝喜庆，贺成就。能够把握听众的感情，给听众以鼓舞并留下深刻印象。

北京大学学生殷俊在“北大的两只眼睛”演讲中，从文科和理科的不同角度阐释了北大精神，最后引用古人的铭刻，企盼北大继续谱写光辉的未来，使演讲达到高潮：

百年北大，谱写了壮丽的一页，在历史的坐标系上画下了一道光辉的轨线，这条北大函数线是处处连续的，纵然有起有伏，却终于保持了向上的趋势。我希望，在下一个百年，这条曲线能有正的斜率，换句话说就是：苟日新，日日新，又日新！

“把高潮放在最后”，是大多数演讲者自觉或不自觉所遵循的结构原则。

(3) 引用名言或诗句作为结尾。

它的实质是利用语言高度精练、思想内涵丰富,即用被人们普遍认可和使用的名人名言或诗句结束演讲,给整个演讲的论点一个强有力的证明,从而进一步深化了主题,并把演讲推向高潮。

著名羽毛球运动员韩健“在失败面前挺起胸膛”的演讲,就以他自己对失败与成功的辩证认识作为结尾:

我深知,我将来可能败得很惨,但我不怕,因为怕失败的人永远不会成功!

(4) 呼应式结尾。

这种结尾与开头呼应,使整篇演讲稿首尾吻合,结构完整,增强了演讲的鼓动力。需要注意的是,使用呼应式的结尾,不应只是简单重复开头,而应该升华主题。

如闻一多《最后一次的讲演》的结尾:

我们要随时像李先生一样,前脚跨出大门,后脚就不准备再跨进大门!(长时间热烈的鼓掌)

闻一多以“后脚就不准备再跨进大门”的比喻来号召人们随时准备牺牲。

(5) 抒情式结尾。

满怀激情,以优美的语言直抒胸臆,这种结尾感情丰富,意境深远,具有强烈的感染力。抒情式结尾是一种常见的效果较好的结尾方式,但要注意去除“套话”,应多在内容上下功夫,只有内容与形式统一,才能达到完美的演讲境界。

1991 年,李雪健因主演《焦裕禄》获“金鸡”“百花”最佳男主角奖。在颁奖仪式上,李雪健的答谢词堪称余韵式的典范:

苦和累都让一个老实人——焦裕禄受了,名和利都让一个幸运者——李雪健得了。

第三节 演讲的技巧

演讲作为一门学问与艺术,包含许多技巧,借以增添演讲的效果来达到演讲的目的,让听众接受演讲者的意见或建议。

一、演讲有声语言表达技巧

有声语言表达是指演讲过程中使用亲切自然、活泼生动、悦耳动听、通俗易懂、感情强烈的语言。演讲有声语言除了要求清晰、流利、丰富多彩、有条不紊等,还要求做到生动形象,有以下几种技巧。

(一) 演讲有声语言的措词处理

1. 尽量使用通俗的言语

在演讲过程中,应多举具体事例来证明自己的观点,并且让每一位听众能接受,以达到演说的最大效果。如在“中美建交谈判始末”演讲中演讲者引用了周恩来总理的话“乒乓球弹过去震动了世界,小球转动了大球——地球”,语言就十分形象生动,具有极强的吸引力。

2. 演讲时言语形象生动

演讲者若想达到自身的预期效果,就必须事先进行演讲有声语言设计,声情并茂,充分调动声音等演说技巧和演说手段。只有综合运用这些手段,对演讲稿进行艺术的加工创造,才能使演讲取得成功。例如闻一多先生的《最后一次讲演》,闻先生慷慨激昂的演讲和无所畏惧的气势,就使国民党反动派如坐针毡。

3. 演讲时幽默语言的运用

演讲要想吸引听众的注意力就要善于利用幽默这个小工具,不过幽默若是用得不好,反而带来负面的效果,所以应切忌滥用幽默的言语,这包括两点:

(1) 幽默语言运用的度。幽默语言不要用得过多过滥,否则就会冲淡主题,给人一种油滑的感觉。

(2) 把握幽默语的运用场合。幽默语一般适用于轻松的非正式场合,若是一些肃穆、隆重的演讲,则不适合运用幽默语。

(二) 演讲语调语音的处理

语调是指演讲时声音抑扬顿挫、高低起伏的变化。说话讲演时,语言不能平淡无奇、平铺直叙,演讲者的语言只有通过抑扬顿挫、轻重缓急、错落有致的修饰,才能变得生动、富于音韵美,才能引起听者的兴趣。

1. 语势

语势,指演讲声音升降平直、高低起伏的变化形式,借此以表达演讲者的态度,抑扬得当可以使语气清楚明白,洪亮有力。语势主要分为:

(1) 平直调。表现一般的叙述说明,或者表示庄严、悼念、冷淡等。

(2) 上扬调。表达情绪激昂、心潮起伏等,还表示惊叹、疑问等。

(3) 降抑调。表达精神忧郁、心绪低落,还表示肯定、坚决、感叹等。

(4) 曲折调。表示有意外之言,或是反语、诙谐、夸张等。

2. 停顿

停顿,指演讲者的声音暂时的休止与接续。停顿是由演讲内容的需要和演讲者的生理需要而决定的,此外,停顿还可以起到控制会场气氛的作用。恰当的停顿就是口语中的标点符号,指句子中、句子间、层次间以及段落间语音上的间歇、停歇。停顿一般分为语法停顿、逻辑停顿和感情停顿三种。

(1) 语法停顿。指与语法结构相联系的语调间歇形式。在语法停顿中,标点符号制约着停顿的位置及停顿时间的长短。

(2) 逻辑停顿。指为了突出、强调某一事物或显示某种语意而作的停顿,逻辑停顿的位置一般取决于上下文的内容。

(3) 感情停顿。指为了突出某种感情而作的停顿。感情停顿主要出现在感情强烈时,常采用呼吸方法,即急呼、急吸或屏气来加强感情色彩。

3. 重音

重音,指为了突出主题、表达思想、抒发情感而对某些词语加重语气。主要有三种重音。

(1) 语法重音。不带特别强调的色彩,只是音量稍稍加重即可。

（2）强调重音。不受语法限制，主要由语句目的决定。

（3）感情重音。多为表现内心情感激动，如情绪激昂、激动喜悦、愤怒悲伤等。常用的方式有加强音量，拖长音节等。

重音的表达方式，主要有以下四种：

（1）重读。把重音读得重些、响些，一般用于表达明朗的态度或形象鲜明的事物。

（2）轻读。减弱重音的音量、音势。这种方式常用来烘托意境，表达深沉凝重，含蓄内向的细腻感情，听起来轻柔深挚、真切感人，给人以回味的余地。

（3）拖音。把要强调的字音拖长一些。

（4）顿读。在要强调的字词前后作必要的顿歇，这种用时间顿歇来表示重音的方法会使重音的分量加重，给人留下更深的印象。

4. 语速

语速，指演讲者吐字发音的快慢缓急。语速分为以下三种：

（1）快速。多表示急切、兴奋、愤怒等。

（2）中速。多表示情感平淡、情绪变化不大的状况。

（3）慢速。多表示痛苦忧伤、失落悲观等。

二、演讲态势语言表达技巧

演讲不仅须有声语言的表达，态势语言也是一种很主要的表现手段。演讲者要善于运用体态、动作、表情等来提示演讲的主题，表达内心丰富的情感。演讲态势语言表达的基本要求是：准确、优美、适度。

（一）演讲的仪表

演讲仪表，指演讲者展示在听众面前的外表容貌。良好的仪表能给听众留下好的印象。清新整洁、稳健大方、气宇轩昂的仪表风度，可以充分吸引听众的注意力，给听众以赏心悦目之感。

演讲者的服饰应色彩和谐，轻便协调。色彩和谐要求做到服饰与特定的环境和内容相协调。不同的着装色彩能传递给听众不同的色彩符号语言：深色给人以深沉、庄重之感；浅色使人感到清爽舒适。不同的色彩会引发人们不同的联想，对人产生不同的心理影响。在演讲前，演讲者要考虑到演讲的内容、环境时空等诸多因素来进行衣饰的色彩搭配。演讲时不宜以单色调打扮，而应该在某一基色调基础上展示色彩的变化，但配色也不要太过杂乱。研究表明，鞋子对情绪的影响较大，演讲以穿皮鞋为最佳选择，它能与各类服饰搭配。此外也不可忽视袜子的搭配。

（二）演讲的体态

优雅的体态是听众评判演讲整体效果的重要指标。它是表达内容、情感，调动听众情绪的有力手段。

1. 演讲视线

演讲者应该善于用眼睛说话，达到控制全场听众情绪的目的。常用的演讲视线有：

（1）环视法。把视线从听众的左方扫到右方，从右方扫到左方或从前排扫到后排，从后排扫到前排。构成一个“环形—整体—环形”的视线弧形路线。此方法适用于感情浓烈、场面较大的演讲。

（2）前视法。就是演讲者的视线平直向前，直到视线平视落在后排听众头顶上。要注意顾及坐在偏僻角落里的听众。

(3) 点视法。在需要作特殊的情感处理与听众有不良反应时,可大胆运用此法,对制止听众中的骚动情绪有很大帮助。

(4) 虚视法。这种方法更适用于初次演讲者,可以帮助克服胆怯和紧张心理,也可以表达演讲时怀疑、忧伤、愤怒等情感。即"眼中无听众,心中有听众"。

此外还有仰视与俯视等方法。演讲视线应根据演讲情节的变化、内容的需要而综合考虑,灵活应用。

2. 演讲手势

在演讲中,根据演讲的内容和情绪表达的需要,演讲者运用手指、手掌、拳头、手臂的动作变化,以达到渲染情绪的作用。常用的手势有:

(1) 指示手势。这种手势是用来指示具体真实形象的,分为实指和虚指两类。实指是演讲者手势确指在场的人或事或物,且均在听众的视线内,如"我"或"你们","上面"或"这一个"等。虚指是指演讲者和听众不能看到的,比如"在很久很久以前""在那遥远的地方"。指示手势比较明了,不带感情色彩,比较容易做到。

(2) 模拟手势。用手势描述形状物,其特点是"只求神似,不求形似"。模拟手势信息含量大,升华了感情。因此有一定的夸张色彩。

(3) 抒情手势。此手势在演讲中运用频率最高。比如兴奋时拍手称快,恼怒时挥舞双拳。是一种抽象感很强的手势。

演讲手势贵在整体设计自然、协调、精简、灵活、富于变化,切忌死板、脱节、做作。

手势的使用区域分为:

(1) 上区(肩部以上)。上区一般表示理想、希望、喜悦、祝贺等,向上、向前、向内往往表达积极肯定的意思。

(2) 中区(肩部至腰部)。中区多表示叙述事物和说明事理,一般不带有浓厚的感情色彩。

(3) 下区(腰部以下)。下区一般表示憎恶、反对、批判、失望等,手向下、向后、向外,往往表达消极否定的意义。

3. 演讲表情

演讲者面部是感情的晴雨表,听众可以从上面读懂演讲者的情感世界。在演讲中微笑与平和是面部表情的主要体现。下面列举常见的面部表情:

(1) 愉悦:眼睛平眯,嘴角上提。

(2) 悲伤:嘴角下垂,眉毛紧锁。

(3) 惊愕:眼睛睁大,眉毛高扬。

(4) 发怒:眉毛倒竖,紧咬牙关。

(5) 嘲讽:眼睛斜视,脸颊抬高。

面部表情运用应当表达明确、适度,避免表情单一、羞怯呆滞、夸张做作、情不由衷。

4. 演讲站姿

我国著名演说家曲啸说:"演讲者的体态、风貌、举止、表情都应给听众以协调平衡的至美感受,要想从语言、气质、神态、感情、意志、气魄等方面充分地表现出演讲者的特点,也只有在站立的情况下才有可能。"演说家的经验告诉我们演讲的最佳姿势是站立式。演讲站姿主要有下面三种:

(1) 前进式。这是最常用的一种站姿。右脚在前,左脚在后,前脚脚尖指向正前方或稍向外侧斜，两脚延长线夹角呈45度左右，脚跟距离在15 cm左右。这种姿势重心没有固定，可以随着上身前倾与后移的变化而变化，不会因时间长而身体无变化不美观。此外，前进式站姿能使手势动作灵活多变，以便做出不同的手势。

（2）稍息式。一般情况下这种站姿适于长时间的站立演讲时短时更换姿势，不宜长时间单独使用，不然，会给人一种不严肃之感。这种站姿是一脚自然站立，另一只脚向前迈出半步，两脚跟之间相距12 cm左右，两脚之间形成75度夹角。运用这种姿势，形象比较单一，重心总是落在后脚上。

（3）自然式。比较适用于非演讲比赛。两脚自然分开，平行相距，与肩同宽，约20 cm。

此外还有丁字式、立正式等。

篇幅较长的演讲可以采用坐姿。

（三）演讲风度、礼仪

演讲风度即演讲形象，它是指演讲者通过演讲活动所展示出来的形体动作和思想意志的综合特征，给听众留下很突出、很集中、很深刻的总体形象。演讲者的风度主要表现在演讲者含蓄幽默、谈笑风生、浩气凛然等方面。风度反映了演讲者的文化程度、艺术底蕴、文化背景等个人素质的侧面，是演讲者必须具备的素质。

演讲礼仪指演讲者在演讲过程中对听众的礼节，演讲礼仪表达了演讲者的精神状态，它将给听众留下最初的印象，下面是一般演讲过程中所应注意的礼仪。

一是进入演说会场时，应面带微笑，雍容大方，态度谦和，不可左顾右盼，东张西望，也不能躲闪扭捏，更不能孤芳自赏，清高傲慢。

二是就座前应保持尊敬、诚恳的态度，也不要多做推让，给人虚假的感觉。入座后切忌交头接耳，而应静坐，给人以沉稳谦和的印象。

三是当被介绍给听众时，要站起来谦和地向听众微笑致意。而不要扭捏畏缩，也不能得意忘形。

四是走上讲坛站稳后，目光迅速扫视全场，与听众作眼神的交流，然后以诚恳谦虚的态度向听众敬礼，稳定神态后即可开始演说。

五是演讲完毕后，向观众敬礼，向主持人和主席台致敬，下台时，也不要紧张慌乱，应像上台时一样的气定神闲。

三、演讲控场应变技巧

（一）控场技巧

控场是指演讲者在整个演讲过程中能把握主动，对现场情况实施有效控制，无论发生什么事，都能果断采取措施，使演讲得以顺利进行并收到预期效果。

1. 冷场控制技巧

冷场是指在演讲过程中，听众对演讲毫无兴趣，反应冷淡，出现交头接耳、打瞌睡、看书报、心不在焉、陆续有人退场等情况。可采取以下技巧，变“冷场”为“热场”。

（1）变换话题。将原来准备的演讲内容弃置，针对现场听众感兴趣的内容作即兴演讲，以调动听众情绪。

（2）运用幽默。以逗笑、提神的话语、神态、动作、语调等调整听众情绪，吸引听众注意，等现场气氛活跃后，再接着原有思路讲下去。

(3) 缩短内容。将原有内容做调整或压缩,只挑选精彩、关键之处讲,从而减少冷场时间。

2. 侵场控制技巧

侵场是指在演讲过程中突然有某种外在因素侵入现场,如停电、麦克风发出异响、场外雷雨大作、露天演讲下起雨来等,对演讲的顺利进行造成不利影响。侵场是意外事件,出现后应该不慌不乱,冷静处理。

(1) 主动适应。如出现停电,稍作停顿后如果仍然没来电,可以讲个笑话,说点闲话,稳定现场秩序;如外面雷雨大作,可以提高音量,加快语速,让听众聚精会神于演讲内容。

(2) 临场应变。如出现演讲者自己造成的意外情况,可以根据演讲现场情况巧妙应对。如在1952年的奥斯卡颁奖典礼上,获奖者雪莉·布恩由于激动,跑得太急,在上奖台台阶时绊了一下,差点摔倒,她在致辞时巧妙地用双关语说:"我经历了漫长的艰苦跋涉,才达到事业的高峰。"话音一落,掌声一片。

(3) 幽默化解。如麦克风发出怪叫声时,演讲者可以稍作停顿,微笑着说:"对我的话,台下这么多朋友都没有意见,你倒叽里呱啦提起意见来了!"

(二) 应变技巧

1. 演讲者忘记演讲词

演讲者忘词时,千万不要慌乱,不要在台上沉默着苦思冥想,而应临场发挥,使演讲进行下去。可概述一下已讲过的主要观点,同时快速联想回忆这部分演讲词,几秒钟后还是回忆不起来,就应该立刻放弃回忆,进入下一部分的演讲。也可用刚讲过的最后一句话或一个概念,作为下一段的开头,直接讲没有忘记的内容,用这些新的内容稳定自己的情绪,重新吸引听众。如果忘记的内容在讲的过程中又想起来了,那就要看这部分内容是否重要,若不重要,就没必要再补充上,若这部分内容很重要,就可以见机行事,在适当的时候将其重新补充进去,这样,演讲就完整了。

2. 演讲者说错演讲词

演讲者说错演讲词时,既不可置若罔闻,也不必特意申明讲错而道歉,而应灵活处理。

(1) 自我质疑。发现自己说错,及时在后面加一句反问,接下去简要阐述一下如何不对,便可立即接上原来的话题说下去。

(2) 将错就错。发现自己说错后,顺水推舟,暂时改变话题,紧扣中心稍作阐释,再按原来的话题说下去。

(3) 重新讲述。发现自己说错后,而且根本无法补救,可按正确的再讲一遍,借以纠错。

3. 演讲内容与别人重复

在同一个演讲会上,有时可能出现几个人的演讲内容相同、自己要讲的内容别人先讲了等情况,这时就不能再按原稿讲了,因为没有比重复更令人感到枯燥乏味的了。紧急处理的方法有:一是丢掉原稿,重选主题;二是从原稿中取出一部分,引出新意,深化开去;三是主题不变,换一个角度来加以阐述。

实战演练

一、演讲思维训练

1. 用联想思维串词成文

各小组的每个同学在卡片上随意写出四个词语,打乱这些词语,抽到的同学运用联想思维，将这些毫无关联的词语串词成文。

2. 抽象名词形象化

我们先列一组抽象名词：

心态、爱情、人生、理想、家庭、团队、成功、友谊、沟通、感恩

再列一组具体的物象名词：

树、水龙头、小草、太阳、钢笔、大海、小鸟、水池、火车、领带、桌子

要求各位同学从第一组中随便选择一个词语，再从第二组中也任意选择一个词语，然后把它们联系起来，用比喻方法说一段话。

二、演讲稿赏析和撰写训练

1. 请结合思考题赏析下面这篇演讲稿

我 的 偶 像

我相信，今天在场的各位，或多或少，大家心中都有一个或多个自己的偶像。

今天来到这儿，我是想告诉大家我的偶像。我们一起先来想三个问题：

如果说你一不小心，用不到三年的时间，从美国的名校拿到一个博士学位，你的导师对你说，你很有才呀！我觉得你只要跟着我混，我带着你，给你最好的待遇，你留在美国，我就让你成为世界一流的科学家。这个时候，你们会怎样选择？可能做科研对你们来讲太遥远，因为咱们都不是“学霸”。那么，如果说是你的男朋友或女朋友，他有一天回家告诉你，说，亲爱的！我要调动工作了，但是，去哪儿，做什么和去多久，我都不能说，这个时候，你要怎么办？好，如果说，有一项事业，因为你的努力，让中国在这个领域拔地而起，提高了中国的话语权，你觉得自己应当获得这个国家怎么样的奖励？

我的偶像用他的一生回答了这三个问题：26 岁，用不到三年的时间，拿到了美国的博士学位。在拿到博士学位之后的第九天，回到了 1950 年的那个一穷二白的中国。34 岁，他回家告诉妻子说，我要调动工作了，明天走。妻子问他，你要去哪儿？你要去做什么？你要去多久？他的回答是一样的：不能说！不能说！不能说！从此，他从他的妻子、两个孩子和所有熟悉他的人的视线中消失了，整整 28 年。回来的时候，他是一个直肠癌晚期的病人，61 岁。作为中国第一颗原子弹和第一颗氢弹的理论设计的总负责人，他一共获得的国家奖金就是特别奖 20 元，其中原子弹 10 元，氢弹 10 元。

是的，我的偶像是邓稼先。

从去年开始，我有机会在话剧舞台上重塑这位科学巨匠，从那个时候开始，我才意识到，原来“两弹元勋”这四个金灿灿的大字背后藏着那么多的难以想象。

难以想象，一次实验事故发生时，邓稼先一个人冲进实验区，捧起那枚摔碎的核弹，命令所有人都在场外待命；难以想象，核辐射的后果是止疼用的杜冷丁从一天一针变成一个小时一针。难以想象，邓稼先躺在病床上说得最多的一句话是，你们快去工作吧！别让那些国家把我们中国拉得太远了。

2012 年 3 月，我有幸去拜访邓稼先的夫人许鹿希女士，我没有想过，两弹元勋的夫人，今天仍然住在 50 多年前的老房子里，房子里的陈设和 50 多年前没什么区别。我们走的时候，老人说，今天给你们讲了这些往事，我需要缓一缓。我没想到，邓稼先离开我们将近 30 年之后的

今天,往事对他们家人来讲,并不如烟。

就在不久之前,习近平主席到荷兰海牙参加世界核安全峰会,电视之前的我泪流满面,因为我想到了老邓。如果老邓还在,他今年正好90岁,如果他知道,中国发展得这么好,中国的核试验走得这么稳,他该会有多骄傲,有多高兴。如果老邓还在,我多想亲口告诉他,我们这些80后、90后的孩子,真的很崇拜他！因为有他,因为有和他一样的大批科技工作者的努力,中国才有了现在的模样,我们才有了今天的生活,我们不该忘了他们。

今年是中国第一颗原子弹爆炸成功50周年,是邓稼先90周年诞辰,让我们一起在这样特殊的时刻,向老邓致敬！向每一个科技工作者致敬！

——引自2017-02-24“我的偶像——邓稼先(清华大学梁植演讲)”

思考题

(1)这篇演讲稿是如何开头的？好在哪里？

(2)这篇演讲稿是如何使用材料的？有什么借鉴意义？

(3)这篇演讲稿是运用何种方式结尾的？

2. 以《我的偶像》为主题,写一篇1 000字的演讲稿。

三、分小组演练个人语言魅力“四个一”并进行评选活动

要求每个同学按照下列要求为自己认真准备个人语言魅力“四个一”。

个人语言魅力“四个一”：诵一首诗(词),背一段绕口令,讲一个故事,说一个笑话。

各小组进行演练,评选出本小组最具语言魅力的同学。

四、演讲有声语言使用技巧训练

1. 通过重度、轻读、拖音、顿读等不同方式练习重音的读法。

让暴风雨来得更猛烈些吧！(高尔基《海燕》)

用了世界上最轻最轻的声音,轻轻地唤你的名字每夜每夜。(纪弦《你的名字》)

一路上巴尼忍着剧痛,一寸一寸地爬着。(《难以想象的抉择》)

第二天清晨,这个小女孩坐在墙角里,两腮通红,嘴上带着微笑。她死了,在旧年的大年夜冻死了。(安徒生《卖火柴的小女孩》)

2. 停顿

从前,有一个吝啬的财主,请一位私塾老师来家教学,在合同上规定：

无鸡鱼亦可无鸭肉亦可青菜一盘足矣

到吃饭时,他只给先生一碟青菜,先生不肯,指责财主违反合同。请运用停顿复述财主和先生的话。

3. 运用适当的节奏与语速朗读下面文章

麻　雀

屠格涅夫

我打猎回来,走在林荫的路上,猎狗跑在我的前面。

忽然,我的猎狗放慢脚步,悄悄地向前走,好像前面有什么野物。

风,猛地摇着路旁的白桦树。我顺着林荫路望去,看见一只小麻雀呆呆地站在地上,拍打着小翅膀。它嘴角嫩黄,头上长着绒毛,分明才出生不久,是从窝里摔下来的。

猎狗慢慢走近小麻雀,嗅了嗅,张开大嘴,露出锋利的牙齿。突然,一只老麻雀像一块石头似的从一棵树上飞下来,落在猎狗的面前。它蓬起了全身的羽毛,样子很难看,绝望地尖叫着。在它看来,猎狗是个多么庞大的怪物啊！可是,它不能站在高高的没有危险的树枝上,一股强大的力量,使它飞了下来。

猎狗怔住了,它可能没有料到老麻雀会有这么大的勇气,慢慢地、慢慢地向后退。

我急忙唤回我的猎狗,带着它走开了。

五、演讲态势语言使用技巧训练

1. 眼神训练

最大限度地向左、向右转动眼球;向上、向下转动眼球;向左上、右上、右上、左下转动眼球;使眼球做圆形转动;左—左上—右上—左下,反方向再转动一次。

变换眼神"注视—虚视—环视—点视—前视—注视"。

2. 表情训练

朗读下列句子,注意分析人物的不同神情和传达出的不同意味。

康大叔显出看他不上的样子,冷笑着说:"你没有听清楚我的话。看他的神气,是说阿义可怜哩!"(鲁迅《药》)

渔夫一见,喜笑颜开,说道:"我把这瓶子带到市上去,可以卖它十块金币。"(民间故事《渔夫的故事》)

有个姑娘听了笑起来:"浪花也没有牙,还会咬？怎么溅到我身上,痛都不痛？咬我一口多有趣。"(杨朔《雪浪花》)

他爬将起来,又拍着手大笑道:"噫,好！我中了!"(吴敬梓《范进中举》)

推开窗户一看,呀！凉云散了,树叶上的残滴,映着月儿,好似荧光千点,闪闪烁烁地动着。——真没想到苦雨孤灯之后,会有这么一幅清美的图画！(冰心《笑》)

3. 选用下面这段演讲词做"运用手势"练习

朋友们,当今的祖国确实迫切需要我们的爱。我们对她改革中的痛苦要用双手去爱抚,对她改革中的失误要用爱的心境去理解,而对她的开拓与创业要以爱的行动去参与!

第六章　旅游职业道德

道德是做人的根本……没有道德的人，学问和本领愈大，就能为非作恶愈大。

——陶行知

学习目标

☆知识目标：了解旅游职业道德的含义、特点及作用；了解客我关系的基本知识，掌握旅游职业道德规范的基本要求。

☆能力目标：有辨别职业行为是否符合旅游职业道德要求的能力，能运用旅游职业道德规范来约束自我。

☆德育目标：培养学生树立正确的职业观和职业精神，具有良好的旅游职业道德，成为爱岗敬业的合格旅游从业人员。

第一节　旅游职业道德概述

一、职业道德

（一）职业道德的概念

1. 道德

所谓道德，就是由一定社会的经济基础所决定的，以善恶为评价标准，以法律为保障，并依靠社会舆论和人们内心信念来维系的，调整人与人、人与社会及社会各成员之间关系的行为规范的总和。

2. 职业道德

职业道德是指人们在进行职业活动过程中，一切符合职业要求的心理意识、行为准则和行为规范的总和。它是一种内在的、非强制性的约束机制，是用来调整职业个人、职业主体和社会成员之间关系的行为准则和行为规范。

由于职业活动（工作或劳动）是人类最基本的实践活动，因此，在诸种道德中，职业道德处于主体地位。人类丰富多彩的社会生活可以分为家庭生活、公共生活和职业生活三大领域。为调整和规范这些领域中的关系，相应地形成了婚姻与家庭道德、社会公德和职业道德。一般来说，一个从事某项职业的人，其生命的三分之一以上的时光是在工作与劳动中度过的，而一个人生命的价值，也取决于他对社会的贡献，因此，职业道德对于人的一生是至关重要的。

（二）职业道德的特点

1. 专业性

职业是社会分工的产物，所以，任何一种职业都有与其他职业不同的性质和任务。每种职业都有各自的服务内容，有不同的服务对象和各种不同的职业要求。因此，职业道德具有很强的专业性。

2. 广泛性

职业道德是适应职业生活而产生的。职业道德体现在职业劳动者和其服务对象之间的各种关系和行为中，涵盖了广泛的社会生活领域和社会成员。职业道德也是社会各行各业的劳动者组成的职业群体都必须遵守的道德。对一切从业人员来说，只要从事职业活动，在其特定的职业生活中都必须遵守职业道德，谁也不能例外。

3. 可操作性

道德作为一种观念形态，并不单纯表现为抽象的理论和一些原则，而是更多地表现为一种行为规范，它又是具体的，总会在行动中表现出来，具有很强的可操作性。各种职业根据自身行业的不同特点，概括提炼出一些具体明确的要求，用简洁实用、生动明快的语言形式表现出来，以激励和约束从业人员。

4. 相对稳定性和连续性

大多数职业的道德要求都是世代传承的，所以，职业道德具有很强的相对稳定性和连续性。职业道德内在的稳定性和连续性特点，反映在从事不同职业的人的道德风貌，道德心理和道德行为中。因为长期的特定职业实践，逐渐形成了比较稳定的职业传统习惯，比较稳定的职业行为准则，比较特殊的职业心理和品格。

5. 时代性

职业是随着时代的发展而嬗变的，职业的存在与否又是和特定时代的社会分工紧密相连的，因而职业道德也会随着时代的发展而出现变化。而且同一职业在不同时代也会表现出不同特点。当前，我国职业道德的时代性主要体现在解放思想、实事求是、与时俱进、勇于创新、努力奋斗、无私奉献等各个方面。

二、旅游职业道德

（一）旅游职业道德的概念

旅游职业道德是旅游从业人员，在旅游职业活动中所遵循的，与其特定职业活动相适应的道德规范，以及形成的道德观念、道德情操和道德品质等。

旅游职业道德要求是旅游从业人员在旅游职业活动中必须遵循的道德规范，即旅游从业人员“应该”做什么，“不应该”做什么；“应该”怎样做，“不应该”怎样做。

（二）旅游职业道德的作用

社会主义旅游职业道德的作用是道德功能和作用在旅游业的具体表现。

1. 提高旅游从业人员的素质

旅游从业人员的良好素质表现为德、智、体、美、劳的全面发展的统一，其目标是成为有理想、有道德、有文化、有纪律的社会主义旅游工作者。可见，“德”是旅游从业人员的首要素质。要提高旅游从业人员的品德素质就必须实施旅游职业道德教育。

2. 改善经营管理,提高经济效益和社会效益

旅游业的经营管理,不仅依靠法律、制度和奖惩条例,还必须结合职业道德教育,使员工有职业责任心和道德责任感。社会主义旅游职业道德对于正确调节企业与旅游者利益关系、旅游企业与其他行业之间的关系、旅游企业内部各种关系时所起的作用,往往比法律手段和行政手段范围更广泛,影响更深刻。

3. 改善服务态度和提高服务质量

旅游从业人员与旅游者之间提供服务与享受服务的关系被称作"客我关系"。要使旅游者满意,旅游从业人员必须以良好的服务态度,向旅游者提供优质服务。

4. 推动良好社会风气的形成

旅游业是社会主义事业的重要组成部分,是社会主义精神文明建设的重要领域之一。旅游活动带来广泛的人际交往和文化交流,促进民族文化发展,丰富人民群众的精神生活,使人们开阔眼界,了解世界。旅游业是面向世界的行业,社会主义旅游职业道德不仅关系到旅游业的发展,而且直接影响我国的社会风气和国际声誉。

5. 抵制精神污染,反对和纠正行业不正之风

改革开放后,随着国际旅游业的发展,西方某些消极或腐朽的文化冲击着中国优良的传统道德观念。社会主义旅游职业道德规范了旅游从业人员的行为,提高了他们的道德认识水平和抵制能力,培养了从业者良好的道德品质,反对并纠正了行业不正之风。

第二节 旅游职业道德规范与要求

一、旅游企业与顾客的关系

旅游职业道德起到调节旅游企业及其从业人员与旅游者之间利益关系的作用。为更好地调节这种利益关系,有必要了解旅游企业及其从业人员与旅游者之间关系——客我关系的本质特征。

(一) 客我关系

客我关系是指服务业的社会服务工作人员与各种顾客之间的人际关系。在旅游服务过程中,提供服务者与接受服务者之间形成了服务与被服务的关系。

1. 对客我关系的认识

客我关系是在社会服务活动过程中,服务人员与顾客之间建立起来的一种人际关系。由于"客"和"我"双方在心理上、行为目的方面的原因,易发生"冲突"。

(1) 从客我交际过程各方的行为分析。

客我之间的交际,从宏观上讲是大量的、频繁的、每日每时都在进行的。但是,具体到客我个人之间的交际,却大多数是偶然的、短暂的、纯事务性的。在较短暂的交际中,一般顾客认为,无论哪位服务人员接待都无所谓,只要达到目的、满足需要即可;而服务人员则认为,为哪位顾客服务都一样,没有选择的可能和必要,服务就是目的。此外,由于客我交际条件,环境的特殊性以及心理上、行为目的上的差距,在双方的关系中潜藏着"易爆"因素。从顾客角度来讲,他们的主要心理是尽快办好、办完自己的事务,很少去注意和感谢对方提供的便利、快捷的服务付出了多少心血和努力,因为顾客付了款。因此,对服务人员的服务不周到,态度冷淡,言

语不逊都会十分敏感,稍感不满或遇到冲撞就会产生恼怒。从服务人员角度来讲,与顾客的交往是工作要求、基本义务,感情往往是机械的,甚至有勉强的成分。若思想境界不高,修养不够或情绪不佳,还会对自己交往中所处的地位感到"不平等",反感或抵触。从而采取"冷漠""蔑视""变相训导"等形式与顾客争平等,以求得心理上的平衡。

(2)从客我交际过程中双方的心理状态分析。

在客我交际过程中,双方都有"警觉点"和"过敏"现象存在。顾客的主要心理状态是对能否达到预期的目的信心不足,对可能遇到的无端冷落、嘲弄甚至欺侮而感到担心和警觉。这种心理的存在,使顾客对服务人员的态度十分敏感。

当然,冲突的产生与客我双方的素质较低,即思想境界、道德水平、自制能力和交际水平差也有关系。

在服务活动中,"客"和"我"是一对矛盾,它是客观存在的。通过双方的努力,特别是通过服务人员的努力,不与顾客发生冲突,使矛盾得到解决,让顾客满意而去。这就要求服务人员不断提高自身素质,增强职业道德意识。这里的关键问题是如何正确认识顾客。

2. 正确认识顾客

顾客是产品和服务的接受者。顾客作为产品和服务的接受者,就决定其是服务企业直接或间接进行接触的对象。

(1)顾客的特征。

首先,顾客是有需求的群体。他们作为一种消费群体,有着共同的基本需求,也有一定的心理需求。再次,顾客的心理活动受到社会群体的影响和制约,这些影响包括经济和文化影响,社会和家庭影响,企业和服务人员的影响。最后,在市场经济中,顾客对消费有自主选择权。

(2)顾客的本质。

从企业经营的目的去分析顾客可以把握住其本质特征。

其一,顾客是服务企业经营利润的来源。企业各种服务设备设施皆是为了满足顾客物质和精神需求开设的。顾客支付的一切费用,是企业利润的来源,也可以认为顾客是服务业的"衣食父母"。

其二,顾客是服务承受的主体,顾客基于自身的需求而到服务企业谋求某种服务,满足他的合理需求就是服务人员的工作。

其三,顾客是有个性的人,他们有自己的个性,有自己的喜好和厌恶,有自己的偏爱或偏见。服务是人性化了的特殊商品。顾客希望到服务企业消费时像到"家"一样的亲切、温暖、舒适、方便、富有人情味。

其四,顾客要求服务"物有所值"。顾客是付款后购买服务产品的人,服务人员是提供服务,并接受顾客的付款的人。这种经济利益关系决定双方必须遵守等价交换原则。

其五,顾客最敏感最重要的需求是得到"尊重"。

其六,顾客是一个群体。顾客可以理解为由不同个体组成的一个集体名词,这就决定了顾客群体中每个个体需求是有差异的。因此,在服务时要研究顾客需求的共性和个性,找出规律,在最大程度上适应和满足顾客需要。

总之,通过对顾客本质的分析可以进一步理解到,服务行业奉行的"宾客至上""以顾客为中心""顾客需求就是我们的责任"等服务宗旨,甚至推崇"顾客永远是对的"信条,确有一定的道理,这是服务业经营获得成功的重要基础。

（二）正确处理客我关系

在服务过程中，“客”与“我”是一对既对立又统一的矛盾。从服务企业经营管理分析，服务人员是矛盾的主要方面。服务人员应不断主动地了解掌握顾客心理，运用社会公德和职业道德调节相互之间的关系。

1. 处理客我之间矛盾的根本途径

解决客我之间矛盾的根本途径是大力发展经济，规范市场，使服务企业在市场上公平竞争，优胜劣汰。

同时，要坚持企业的精神文明建设，大力提倡遵守职业道德。在客我之间形成“人人为我，我为人人”的新型人际关系。

2. 处理客我关系的分寸

客我关系的处理，在具体服务工作中还要有一定的原则和技巧，做到：

（1）友善而非亲密；

（2）服务而非雇佣；

（3）礼貌而非卑躬；

（4）助人而非索取；

（5）重点关照而非谄媚。

明确了客我之间的关系，掌握了客我关系的特征和易发冲突的原因，就会在服务工作中，自觉地运用旅游职业道德调节好人际关系，做到优质服务。

二、旅游职业道德的基本要求

根据社会主义职业道德基本规范和旅游行业职业特点的客观要求，旅游行业从业人员在职业活动中应遵循以下职业道德规范：爱岗敬业，遵纪守法；热情服务，宾客至上；诚实守信，公私分明；团结协作，顾全大局；一视同仁，不卑不亢。

（一）爱岗敬业，遵纪守法

爱岗敬业，是指热爱自己的本职工作，以恭敬负责的态度对待工作，勤勤恳恳，兢兢业业地履行岗位职责，“专心致志，以事其业”。遵纪守法，是指旅游行业从业人员在职业活动中严格遵守国家的法律、法令和有关政策，自觉遵守各种规章制度、条例、守则等职业纪律。

爱岗敬业、遵纪守法是旅游从业人员做好工作的前提和基础，是提高旅游服务质量的根本保证，是旅游业取得社会、经济效益的源泉。践行这一条规范必须做到以下几点：

1. 树立正确的择业观，克服职业偏见

社会有分工，职业无贵贱，职业没有三六九等的划分，旅游业从业人员和各行各业的劳动者一样都是社会主义的劳动者，在平凡的工作岗位上兢兢业业，认认真真地做好自己的本职工作就是为社会做贡献，就是为人民服务。因此旅游从业人员要以服务人民为荣，以主人翁的姿态投入到工作中去，做到“干一行，爱一行，钻一行”，在平凡烦琐的旅游服务中，尽心尽责，以做好本职工作为最大的乐趣，不断钻研业务，提高服务技能。

2. 坚守工作岗位，具有高度责任心

坚守工作岗位是工作取得成绩的前提，只有守住自己的岗位，做好一颗螺丝钉，才有可能做出业绩。擅自离岗，见异思迁，是工作的大忌，三心二意的人即使在再好的工作岗位上都是碌碌无为的。

有职业责任心是敬业爱岗的重要表现。一个人即使有较高的知识水平和较强的工作能力,如果没有一定的责任心,则不但不能把工作做好,甚至会造成重大的失误;而一个责任心较强的人,即使他目前的知识水平还不高,工作能力也不太强,但他完全有可能通过自己的努力和在同事们的帮助下把工作做好,而且他的知识水平和工作能力也一定会在此基础上不断得到提高和加强。

3. 热爱工作对象,具有职业良心

旅游业属于第三产业,它是一项社会服务行业,服务对象是中外旅游者。热爱服务对象就是要全心全意地为中外游客服务,关心和爱护每一位客人。由于服务对象具有复杂性,在性别、年龄、民族、职业、宗教信仰、政治态度等方面存在差异,所以要从游客的具体情况出发,热爱每一位客人,将客人当亲人,为他们提供一流的服务。

职业良心是旅游从业人员的自我认识,是执行职业道德的工具。没有职业良心,就没有职业道德。游客是旅游从业人员的衣食父母,所谓"乘人之车者,载人之患;衣人之衣者,怀人之忧;食人之食者,死人之事"。我们从业人员应将客人的利益放在首位,保护客人的人身和财产安全,摆正道德和金钱的关系,不为小恩小惠所动,做有职业良心的从业者。

4. 执行政策法规,抵制不正之风

旅游行业的政策法规、职业纪律是旅游职业活动的出发点、过程和归宿,是确定从业人员的职业责任和职业规范的重要依据。

旅游从业人员一定要自觉遵守相关的法律法规和规章制度,要以遵纪守法为荣,以违法乱纪为耻。如旅行社要遵守《旅行社管理条例》《旅行社管理条例实施细则》等法律法规;旅游饭店要遵守《食品卫生法》《餐饮业食品卫生管理办法》《中国旅游饭店行业规范》《餐饮业食品卫生管理办法》等法律法规。旅游从业人员要认真学习和遵守相关法律和法规和各种规章制度。

职业纪律具有强制性,谁违反了将受到相应的批评、处分或制裁。

不正之风与遵纪守法是背道而驰的。旅游业中的行业不正之风有:价格欺诈,胡乱收费,"宰客"现象严重;私收回扣,索要小费,蒙骗和刁难旅游者;套购外汇,炒卖炒买,搞非法的牟利活动;不务正业,热衷推销业务之外的旅游商品,降低服务质量;多吃多占,贪污受贿,私分国家和集体财物;搞不正当竞争和地方保护主义,扰乱旅游市场秩序;参与走私,贩黄、贩毒等严重犯罪活动。不正之风直接损害了旅游者的合法权益,降低了产品质量和服务质量,在行业和企业内部造成了分配不公,影响相互之间的团结协作,更造成了旅游市场的混乱,最终导致旅游行业的衰退。因此,旅游从业人员在严于律己的同时,还要有为国家、为人民牺牲个人利益的奉献精神,敢于与一切违法现象和以权谋私等不正之风作斗争,做到:"公"字当头,"责"字在先,守身如玉,不为物惑,不为利诱。如饭店行李员不得向客人收要小费,更不能蒙骗和刁难客人,旅游定点商店不能宰客,旅行社不能违反旅游合同或擅自更改旅行路线和项目。

(二)热情服务、宾客至上

热情服务是指旅游从业人员在工作过程中尊重客人,主动、热情、耐心、周到地关心客人并为他们排忧解难的态度和行为。宾客至上就是视顾客为"上帝",把宾客的利益放在首位,始终如一地为客人着想,努力满足他们在消费过程中正当、合理的各种需求。

热情服务、宾客至上是我国人民的传统美德,是旅游行业的生存之本,发展之道,是旅游从业人员的待客之道和应具备的基本品德。践行这一条规范,必须做到以下三点:

1. 树立服务观念

作为服务行业的旅游业，服务质量是旅游行业的生命线，是旅游企业的立身之本。旅游从业人员正是以服务的形式为社会提供劳动，从而使企业获得经济效益。美国现代酒店之父斯塔特勒有一句名言：“人生即服务。”他说：“酒店出售的东西只有一个，只有服务。卖劣质服务的酒店就是劣质酒店，卖好服务的酒店就是好酒店。”因此旅游从业人员一定要树立服务观念，做好服务工作，做到微笑服务，文明服务。

微笑是热情友好的表示，是真诚的象征，微笑是“通向世界的通行证”“是打开人们心灵最美好的语言”“是与宾客建立友谊的彩桥”，微笑给客人带来“宾至如归”的亲切感。在法国各种服务行业的墙上、橱窗里都张贴着一首名为《微笑》的诗，并把诗排列成了一颗心脏形状：

微笑并不费力，但它却产生无穷的魅力。

受惠者成为富有，施予者并不贫穷。

它转瞬即逝，却往往留下永久的回忆。

富者虽富，却无人肯抛弃。

穷者虽穷，却无人不能施予。

它带来家庭之乐，又有友谊绝妙的表示。

它可使疲劳者解乏，又可给绝望者以勇气。

如果偶尔遇到某个人，没有给你应得的微笑，

那么将你的微笑慷慨地给予他吧；

因为没有任何人比那不能施予别人微笑的人更需要它！

俗话说，“诚于内形于外”，只有对客人真诚，为客人着想，才会有自然、由衷、亲切的微笑。旅游从业人员在职业活动中做到微笑服务，即做到“微笑服务五部曲”：笑脸相迎，主动招呼；文明用语，礼貌待客；当好参谋，耐心周到；热情送别，善始善终；奉献爱心，一片真诚。

2. 树立客人意识

客人是旅游行业的服务对象，没有了客人就谈不上服务，更谈不上企业的生存发展。因此旅游从业人员一定要牢固地树立客人意识，一切工作以客人为主，一切工作都是建立在为客人服务的基础上，认识到，“客人是我们的上帝，即使他们做错了，也永远是正确的”；“客人并不依靠我们而生存，而我们却要依靠客人而生存”；“客人上门是因为看得起我们，我们为他们服务是理所当然的”；“客人的需要就是我们的工作”。树立客人意识就是“以客人为中心”，把客人的利益放在首位；要尊重客人；想客人所想，急客人所急，提供优质服务。

把客人的利益放在首位要求旅游服务要不断地适应宾客，比如饭店增加各种便利客人的服务项目，像美国一些饭店为了满足越来越多的人希望不受吸烟危害的要求，专门划出部分楼层客房设为禁烟客房，并对禁烟客房彻底装修，更换全部地毯、墙纸、窗帘及床上用品。

尊重客人，第一，要做到尊重客人的人格、信仰以及生活习惯。客人接受服务不仅在于获得有形的物质享受，更多的是获得精神上的满足。因此，旅游从业人员需要深入了解东西方文化的特点、价值观念的差异和各地区人群在信仰、习俗上的不同，才能在提供服务的过程中对客人予以充分的尊重。倘若我们无视客人的尊严，触犯客人的隐私，违背客人的禁忌，哪怕你的用意再好，也会适得其反。如佛教徒不吃荤，印度教徒不吃牛肉，伊斯兰教徒不吃猪肉；某些国家不能用左手与他人接触或用左手传递东西；天主教徒忌讳“13”这个数字，遇上这个日子，一般是不举行宴请活动的；各国忌讳的颜色不同；等等，这些旅游服务人员都要一一了解，而且

在服务过程中应先为客人着想。

第二,要注意保护客人的自尊。人往往都有虚荣心,从业人员有时会因经验不足而使客人出“洋相”,这是应当避免的。有虚荣心的客人最忌讳说自己“买不起”“吃不起”或“住不起”,他们通常都要说些冠冕堂皇的话来掩饰。对此,只能“看穿”却不能“揭穿”。如客人退房时把某件用品顺手带走时,要委婉地提醒客人:房间的某件用品不见了,请协助找一下,而自己得暂时离开,切忌直言不讳地逼客人交出来。这样既完成了工作,又留住了客人的面子。客人也会对你发自内心地感激。

第三,要想客人所想,急客人所急,一要处处方便客人,体贴客人,千方百计为客人排忧解难。二要尽心尽责,竭尽全力,尽善尽美,周到主动服务、细致服务。从业人员要发挥自己的主观能动性、创造性,尽自己最大努力做好份内的事,做到提供的服务比客人预想的好,在服务范围、服务时间、服务项目、服务方式等方面本着满足客人的需要,方便客人的宗旨,完善旅游各项服务,让客人得到最好、最美的享受。

3. 文明礼貌服务

旅游从业人员在职业活动中要做到文明礼貌服务,就须仪表整洁,举止大方,语言亲切,讲究卫生。

旅游行业的从业人员每天要面对来自四面八方的客人,从业人员的仪容仪表会给客人留下深刻印象,它在一定程度上体现了企业的形象,反映出企业的管理水平和服务水平。从业人员的仪容仪表要做到:在工作岗位上要穿工作服,衣冠容貌要整洁,头发、胡须、指甲不宜过长,并要修理整齐。

举止大方就是不卑不亢,落落大方,态度和蔼,举止端庄,以礼待人,服务的动作幅度不宜过大,动作要轻,坐立、行走都要有正确的姿势,注意克服易引起客人反感的无意识的小动作,如吸烟、吃零食、掏鼻孔、剔牙齿、挖耳朵、打饱嗝、打哈欠、抓头搔痒、搓汗垢、修指甲、伸懒腰等。一般地说,站不能倚门靠壁,坐不能无精打采,走不能小跑或手舞足蹈,做到走路要轻盈,说话要轻声,操作要轻柔,动作要规范,姿态优美,风度潇洒。

语言文明亲切就是做到“和气”“文雅”“谦逊”。不讲粗话、脏话,不强词夺理,不恶语伤人。俗话说:“良言一句三冬暖,恶语一声六月寒。”和气就是心平气和,与宾客交流时应自然得体,语气要关切,语调要柔和,而强词夺理、恶语伤人,盛气凌人,以势压人,颐指气使,高声斥骂,都违反了这一要求。文雅就是文明有礼。使用文雅的语言,去掉粗鄙的语言,才能显示出从业人员的修养水平。谦逊就是要尊重客人,多用讨论、商量的口气说话,服务征询时多用“请”“您”,绝不要盛气凌人,夸夸其谈,哗众取宠。

语言文明还要求讲好礼貌用语,与客人谈话时应注意:第一,说话声音不宜过大,以使对方能听清为宜,尤其注意讲话时不要溅出口沫。第二,不要谈客人忌讳的事情。一般不要询问对方履历、物品价钱、年龄、女宾婚姻等,也不要谈疾病等不愉快的话题。第三,与客人谈话要实事求是,不知道的事情不要随便答复或允诺。第四,用好敬语。在接待活动中要得体地称呼客人。在国际交往中一般对男宾称“先生”,对女宾称“夫人”“女士”或“小姐”。对外国部长以上的高级官员,按国家情况称“阁下”或“先生”。第五,与客人谈话时,不要总是自己讲,别人讲话时要双目注视对方,注意聆听,不要随便插话。宾客之间交谈时,不要趋前旁听,不要在一旁窥视,更不要插话干扰。

仪表整洁、举止大方、语言亲切的基本要求就如《礼记》中谈到的礼的基本要求,“不失足于人,不失色于人,不失口于人”,这是指在行为上不失足于人,态度上不失色于人,语言上不失口于人。如客房服务员不敲门就进入客人房间,造成客人不满,这就是“失足于人”;如导游员因客人多问了几句就表示厌烦,甚至板起脸孔,冷若冰霜,爱理不理,这就叫“失色于人”;如接待的工作人员稍不遂心就向客人发脾气,讽刺、挖苦、嘲笑,甚至满口粗话,这便是“失口于人”了。

(三) 诚实守信,公私分明

诚实守信是指旅游从业人员忠诚老实,不说谎话,不弄虚作假,遵守许下的诺言,言行一致,表里如一,做到“言必信,行必果”。公私分明是指旅游业从业人员正确处理和摆正公和私的利益关系,以国家利益、集体利益为重,不贪图个人利益,不为了个人利益损害集体、国家利益。

诚实守信、公私分明是旅游行业经营原则的具体体现,是树立企业形象的基础,是创造品牌的灵魂,是旅游从业人员应有的思想品质和行为准则,是高尚情操在职业活动中的重要体现。践行这一条规范要做到以下两点:

1. 诚信服务

旅游业要取信于人,重要的一条是信守合同。在旅游活动中尽管有一些不确定的因素,但要尽最大的努力,按时保质保量地履行合同,使客人满意。要以诚实守信为荣,以见利忘义为耻。如旅行社不能任意改变旅游线路、取消某些旅游项目或降低服务标准,否则就会受到客人的谴责,引起不必要的纠纷,最终有损企业的形象。

广告宣传要恰如其分。做好广告宣传,招徕四方客人,这对旅游业来说是相当重要的。但我们的广告宣传一定要实事求是,恰如其分,不得弄虚作假,欺骗和愚弄客人。

实事求是,知错就改。在工作中即使力求把服务做得尽善尽美,但失误往往难以避免,从客人一方来说,也常常会出现一些差错或误解。因此对于纠纷、争议,应本着实事求是的态度来解决。如果确系我们的失误,应主动承担,勇于认错,以诚意赢得客人的谅解;如果是客人的差错,也要设法帮助其解决,使客人感到满意;如果因无法预料导致的差错,要主观上多努力,争取对方的谅解和协助。

2. 勇于奉献

一要正确处理个人利益和集体利益的关系。个人是企业的一个有机组成部分,个人的荣辱与企业息息相关。如果企业受到损失,那个人的利益也难以保障,正所谓“皮之不存,毛将焉附?”

二要正确处理索取和奉献的关系。旅游业是窗口产业,客人对服务人员的要求高,从业人员在工作中要付出大量的体力和精力,有时收入与付出不能成正比,因此从业人员要有更多的奉献精神,多付出,不奢求回报,以集体利益为重,树立为人民服务的思想,全心全意地为客人、为企业和为社会服务。我们旅游行业学习的典范文花枝在生死关头把生的希望让给游客,把死的威胁留给自己;在被抢救的途中,尽管不时陷入昏迷,但她一直紧紧地将装有3万多元团款的挎包抱在胸前。这种将个人安危置之度外,时刻以集体利益至上,不求索取的精神是我们学习的楷模。

(四) 团结协作,顾全大局

团结协作是指旅游业内部全体从业人员相互之间团结友爱,各服务部门之间协同奋斗。顾全大局是指旅游从业人员的一切言论和行为都要从国家、旅游业、企业的大局出发,要识大体,顾大局,保证大局不受损害。

团结协作，顾全大局是生产社会化的客观要求，是建立新型人际关系的需要，是提高旅游服务质量的重要保证。践行这一条规范必须做到以下两点：

1. *团结互助*

现代化的旅游业具有较强的综合性和连贯性，游客的流动性也较大，要在同一时间、不同空间满足游客多种消费需求并提供周到的服务是需要多部门、多环节、多岗位的众多旅游从业人员共同努力来完成的。这就要求这些行业和部门齐心协力、和睦相处、以诚相待、相互支持，才能实现最佳的经济效益和社会效益，所有从业人员必须团结互助，以团结互助为荣，以损人利己为耻，互相支持，“心往一处想，劲往一处使”，共同完成各项任务，达到一加一大于二的效果。

一天，南京金陵饭店的“金钥匙”打电话给广州白天鹅宾馆的“金钥匙”，称该饭店一位已赴广州的住客误拿了一位新加坡客人的行李，当新加坡客人发现时，这位客人已经在飞往广州的途中，要求广州饭店“金钥匙”协助寻找。白天鹅宾馆的“金钥匙”立即赶到机场截回被误拿的行李，但当他们回复金陵饭店时，“金陵”方面告知该新加坡客人已飞赴中国香港。于是，他们又与香港“金钥匙”联系，香港“金钥匙”接报后，马上到香港启德机场找到该客人并告知他的行李已找到，而这位客人因急于回国要求把他的行李从广州直接寄运到新加坡。根据这一情况，他们立即向新加坡“金钥匙”通报了情况，并通过敦豪全球货运(DHL)把此行李寄到新加坡。两天后，新加坡“金钥匙”发来传真，告知这件几经周折的行李已安全送回客人手中。至此，一个中外饭店“金钥匙”携手合作的故事画上了一个完美的句号。

2. *以大局为重*

从业人员在工作中绝不能有为了个人私利或小集团利益而损害整体利益、全局利益的言论和行为。如在某宾馆的职工食堂里，实习生小刘饭量较大，先后添了两次饭，还觉得没吃饱，又去加饭。一厨师说：“吃这么多！”小刘听后非常不高兴，用家乡话骂了厨师一句，结果两人打了起来，因厨师们人多，实习生人少，小刘吃了亏。他越想越不服气，就和十几个实习生商量，决定罢工。

这一天“国际学术交流会”正好在宾馆召开，就餐客人很多，餐厅非常忙。可是没有服务员，这可急坏了店方。于是由宾馆老总出面让部门经理向小刘赔礼道歉。然而，实习生们还是不上班。无奈宾馆总经理为了使国际学术交流会顺利进行，把所有部门的经理叫出来一起服务。事后，宾馆把这位厨师开除了，扣罚了实习生们的工资。

（五）一视同仁，不卑不亢

一视同仁是指旅游从业人员在职业活动中对客人不分厚薄，一样看待、同等对待。它要求从业人员不论客人的国籍、种族、身份、贫富等都能友好地相待，一样地尊重他们的人格、习惯以及宗教信仰等，满足他们的正当的服务需求；在任何客人面前不分厚薄，维护他们的合法权益，关心他们的切身利益，真诚地为他们服务。不卑不亢指从业人员在工作中要维护自己的人格、国格，坚持自己的信念，要谦虚谨慎，但不要妄自菲薄；为客服务，但不低三下四；热爱祖国，但不妄自尊大；学习先进，但不盲目崇洋。强调不卑不亢，就是要反对民族自卑感，反对拜金主义。

一视同仁是人道主义原则的具体体现，是旅游业的商业性所提出的要求。不卑不亢是旅游从业人员的国格、人格和民族尊严的具体体现。践行这一条规范要做到以下几点：

1. *一视同仁*

旅游行业的服务对象尽管来自不同的地方，有社会地位、经济状况、外观衣着等方面的不同,但在服务者眼中的地位应是平等的,来者都是客,对客人不能厚此薄彼,要做到“六个一样”和“六个照顾”。

“六个一样”是:

(1) 高低一样。即对高消费客人和低消费客人一样看待,不能重“高”轻“低”。

(2) 内外一样。即对国内客人和境外客人一样看待。

(3) 华洋一样。即对华人客人(包括华侨、外籍华人和港澳台客人)外国客人一样看待。

(4) 东西一样。即对东方国家(指第三世界的发展中国家)、西方国家(指发达国家)客人一样看待,不能重“西”轻“东”。

(5) 黑白一样。即对黑种人客人和白种人客人一样看待,不能重“白”轻“黑”。

(6) 新老一样。即对新来的(第一次来本地旅游者)客人和老(回头客)客人一样看待。

“六个照顾”是:

(1) 照顾先来的客人;

(2) 照顾外客和华侨、外籍华人和港澳台客人;

(3) 照顾贵宾和高消费客人;

(4) 照顾黑人和少数民族客人;

(5) 照顾常住客人和老客人;

(6) 照顾妇女、儿童和老弱病残客人。

2. 自尊自强

旅游从业人员在为外国游客提供服务时,在一定程度上代表着国家和民族,一言一行,一举一动,都直接关系到国家和民族的利益和声誉。因而要培养这样的道德情操:既不骄傲自大,盲目排外,居高临下,盛气凌人;也不自卑自贱,盲目崇洋媚外,奴颜婢膝,拍马逢迎。要谦虚豁达,树立民族自尊心和自信心,绝不做有损人格和国格的事情。

3. 谦虚谨慎

旅游从业人员应做到谦虚谨慎但不要妄自菲薄。谦虚,是谦逊虚心,平等待人,尊重他人;谨慎,是作风严谨细致,工作一丝不苟,精益求精,慎重小心。而妄自菲薄,一般表现为思想上不上进,精神上萎靡不振,行动上畏缩不前,甚至灰心丧气,失去自信心和自尊心。这是过分轻视自己,缺乏实事求是科学态度,不自尊、自爱、自信的表现。旅游从业者应学习先进,但不盲目崇洋;热爱祖国,但不妄自尊大;要尊重客人的看法和意见,对客人的错误观点不宜直接、正面地驳斥或取笑,而要谨慎、委婉地解释和说明。每个从业人员应该把自己放在一个学习者的角度来担好自己的责任,多听听客人的意见,并及时给予有效的反馈。当从业人员在处理各种问题和纠纷时,则更加要谨慎细致。只有这样才能让客人产生愉悦感和信任感,从而提高企业的形象,获得客人的尊重。

实战演练

一、阅读案例,回答问题

李秋虹的故事

李秋虹是河北省邯郸市国际旅行社的导游,6 年来,她接待的中外团队有 400 多个,接待人次达上万人,以自己出色的工作和良好的职业道德赢得了中外游客的称赞。

她热爱导游工作,对导游工作情有独钟。许多游客都这样说:“秋虹啊,不是你适合导游这个职业,就是导游这个职业适合你。”她从小就梦想长大后带领游客走遍祖国的锦绣河山,名胜古迹。2000年,她的梦想终于实现了,光荣地加入了导游员的队伍。有人问她:“你为什么那么热爱导游这个工作呢?”她回答:“游客出来是玩儿的,而我们导游员是带给游客快乐的使者,所以导游是一个快乐的职业,有谁不爱‘快乐’呢?”

她热爱自己的家乡,对所生活的城市邯郸充满情感。邯郸是一座拥有着近八千年悠久历史的文明古城,关于邯郸介绍的文字资料大多都在古籍中。为了让国内外的游客真正了解邯郸,认识邯郸,她一直在寻找一种讲解方式,能够把几千年的邯郸历史讲给21世纪的游客听,让他们在领略邯郸灿烂文明的同时并不会觉得那么枯燥。四年的导游讲解中,她终于找到了这个契合点,她自创的“评书式”讲解,以古鉴今,生动,轻松,亦庄亦谐,收放自如,不仅“有听头儿”,更令人耳目一新,回味无穷。

她热爱游客,把游客当成亲人。在一次赴成都九寨沟旅游中,李秋虹作为全程陪同的导游员,对团队中的每一个人都倾注了关心。谁有高原反应了,谁食宿不适应了,她忙前忙后,帮助游客排忧解难。在参观九寨沟风景区的时候,她自己也出现了高原反应,在开往黄龙景区的路上,有一位女游客突然因为晕车呕吐不止,她全然不顾自己的高原反应,心里只有一个念头:“要赶快清理,不能让其他游客受到影响。”就这样,她坚持把车厢清理干净,自己却因劳累伴随高原反应,实在坚持不住晕过去了。在返回酒店后,她还是坚持要陪着那名游客到诊所,协助医生跑前跑后,当她护送游客回到酒店时已经是深夜12点多了。游客含着热泪地说:“秋虹,你比亲人还要亲啊!”她淡淡一笑:“这是我应该做的,导游本来就是游客的亲人嘛!”

像这样的事情在秋虹带团过程中数不胜数,她经常给游客带来许多意想不到的惊喜,每次出团前她都仔细阅读团队计划,了解客人的情况,如果团队中小朋友多,她会给他们准备些小礼物;如果团队中老年人多,她会准备些应急物品,像指甲刀、热水瓶等以备不时之需;如果碰到团里有客人过生日,她会在那天送上一个大蛋糕,给他开一个别开生面的旅行生日会,在点点闪烁的烛光里映出的是一颗导游员的心啊!

2005年10月李秋虹获得“邯郸市十佳导游员”称号;同年11月获“河北省十佳导游员”的荣誉称号。

——摘自 xuexilia.com 2016-07-18,“优秀导游事迹材料三篇”

思考题:

(1) 为什么游客会说,“秋虹啊,不是你适合导游这个职业,就是导游这个职业适合你”呢?

(2) 作为一名未来的旅游从业者,你从李秋虹身上学到了哪些职业道德品质?

二、责任心测试

1. 活动步骤

(1) 4个人一组,两人相对站着,另外两人相对蹲着,站着和蹲着的人在一排;

(2) 站着的两个人进行猜拳,胜者一方蹲着的人去刮对面蹲着的人的鼻子;

(3) 输者一方轮换位置,即站着的人蹲下,蹲着的人站起来;

(4) 继续开始下一轮。

2. 游戏点评

(1) 如何看待责任?

(2) 当同伴失败的时候,有没有抱怨?

(3) 两个人有没有同心协力对付外界压力?

三、情景模拟

1. 情景导入

金陵饭店中餐厅的服务员小岳久久难忘这样一件事。那一次开晚餐,由于客人太多的缘故,她不断地说着"对不起,请让一下"的同时,还是不得不侧身将一份炒青菜送到餐桌转盘上。当她再次返身巡台时,却发现一位客人搭在椅上的衣服有两块油渍,仔细一看,是菜汁,那儿正是自己上菜的地方。此时客人仍然谈笑举杯,毫无察觉。小岳心里真矛盾:若立即上前主动告之并认错,也许客人会发火影响食欲;不说呢?反正他也没发现,即使走时发现,也可以否认,无凭无据他有什么办法。那么,你认为小岳她会怎么做呢?

——摘自 baidu.com 2018-10-02《旅游行业职业道德规范》

2. 请同学们扮演服务员小岳和客人,将这个情景剧演下去。

3. 如果同学扮演的服务员选择把真相告诉客人,请回答下列问题:

(1) 践行旅游职业道德规范中的诚实守信原则,具体应做到什么?

(2) 如果你是客人,对于小岳的做法,你的感受是怎样的?

第七章　旅游职业协作

单个的人是软弱无力的，就像漂流的鲁滨逊一样，只有同别人在一起，他才能完成许多事业。

——叔本华

学习目标

☆知识目标：了解团队和团队协作的含义、基本要素，成功团队的特征，团队建设的五个发展阶段及旅游从业者应具备的团队协作素养。

☆能力目标：具有能和他人协作完成工作的能力。

☆德育目标：培养学生与他人协作的能力和团队融合的良好品质，使他们成为敬业乐群的合格旅游从业人员。

第一节　认识团队

一、团队的概述

（一）团队的含义

团队（team）是由员工和管理层组成的一个共同体，它合理利用每一个成员的知识和技能协同工作，解决问题，达到共同的目标。

管理学家斯蒂芬·P·罗宾斯认为：团队就是由两个或者两个以上的，相互作用、相互依赖的个体，为了特定目标而按照一定规则结合在一起的组织。

（二）团队的构成要素

1. 目标

团队应该有一个既定的目标（purpose），为团队成员导航，知道要向何处去，没有目标这个团队就没有存在的价值。

2. 人

人（people）是构成团队最核心的力量，2个或2个以上的人就可以构成团队。

3. 定位

团队的定位（place）包含两层意思：

团队的定位，团队在企业中处于什么位置，由谁选择和决定团队的成员，团队最终应对谁负责，团队采取什么方式激励下属。

个体的定位，作为成员在团队中扮演什么角色，是订计划还是具体实施或评估。

4. 权限

团队当中领导人的权限(power)跟团队的发展阶段相关,一般来说,团队越成熟领导者所拥有的权力相应越小,在团队发展的初期阶段领导权相对比较集中。

5. 计划

计划(plan)的两层面含义:

(1) 目标最终的实现,需要一系列具体的行动方案,可以把计划理解成目标的具体工作的程序。

(2) 提前按计划进行可以保证团队的顺利进度。只有在计划的操作下团队才会一步一步地贴近目标,从而最终实现目标。

(三) 成功团队的特征

1. 凝聚力

成大业的人如孙中山、毛泽东都有一个共同点,就是能将千万人的心连在一起,这是十分独特的能力。我们跟随一个领导者,就是希望他能创造一个环境,结合众人的力量,创造一个未来!正是这种凝聚力,在创造着人类的历史。试想如果团队成员远离你,甚至你的言行让他们失望,你还会成功吗?

2. 合作力

大海是由无数的水滴组成的,每个人都是团队中的水滴。21世纪,个人敌不过团队。个人的成功是暂时的,而团队的成功才是永久的。团队的成功靠的是团队里每位成员的配合与合作。如同打篮球,个人能力再强,没有队友的配合也无法取胜。打比赛时5个人就是一个团体,有人投球、有人抢篮板、有人战术犯规,其目的都是为了实现团队的目标。

3. 融纳力

旅游事业是团队的事业,集体的事业,个人的力量是有限的。成功靠团队共同推进,每个成员一定要明白,团队的利益和目标重于个人的利益和目标。在团队中如果人人只想照顾自己的利益,这个组织一定会崩溃,团队没有了,个人的目标自然也实现不了。既然是团队行动,就应听从领导人的安排,任何事情就变得很容易,这叫融纳力。团队的目标就是靠这种无我的融纳力而达成的。

4. 士气力

没有士气的团队,是缺乏吸引力、凝聚力、战斗力的,而士气旺盛的团队,无论在任何环境,遇到任何困难,都是无往而不胜的。刘邓大军挺进中原,狭路相逢勇者胜,就是最好的证明。正是这种士气,让不可能变成了可能,从此解放战争掀开了新的一页。

二、团队的建设

每个团队如同每个人所走的不同的人生之路一样各自不同,但都会经历几个阶段,著名管理学家布鲁斯·塔克曼认为有五个发展阶段:组建期、激荡期、规范期、执行期和休整期。

(一) 组建期

在一个组织中组建团队一般有两种可能:一是建立以团队为基础的组织,即以团队为整个组织的运行基础;二是在组织中有限的范围内或在完成某些任务时采用团队的形式。其特点是,团队的目的、结构、领导都不确定;整个团队还没有建立起规范,或者对于规范还没有形成共同的看法,团队成员各自摸索群体可以接受的行为规范。当团队成员开始把自己看作是团队的一员时，这个阶段就结束了。

此时，管理人员的主要任务有以下两个方面：

1. 初步构成团队的内部框架

在团队成立伊始，组织管理者应该对团队的各个要素十分明确，包括团队的目标、规模、规范、定位、职权、人员和计划。其团队内成员的角色应如何分配，工作人员如何取得，都是在团队的组建期设定的。

2. 建立团队与外界的初步联系

主要包括：

（1）建立起团队与组织其他工作集体及职能部门的信息联系及相互关系；

（2）确立团队的权限，如自由处置的权限，须向上级报告请批的事项，资源使用权，信息接触的权限等；

（3）建立团队绩效激励与约束的制度体系；

（4）争取对团队的支持，如专家指导培训及物资，经费，精神方面的支持；

（5）建立团队与组织外部的联系与协调的关系，如建立与企业顾客，企业协作者的联系，努力与社会制度和文化取得协调等。

团队由不同动机、需求与特性的人组成，此阶段团队成员缺乏共同的目标，彼此之间的关系也尚未建立起来，人与人的了解与信任不足，彼此之间充满着谨慎和礼貌。在人际关系的发展方面表现为，成员之间相互了解和交往，彼此间交换兴趣和新鲜感受。所有团队成员需要明白的是"人们对我的期望如何？我如何才能融入团队？我该做什么？有什么规矩？"在心态和行为方面则可能表现为：在完全了解情势之前，不会轻易投入；有模糊或不确定的状况。

在此阶段管理人员必须立即掌握团队，快速让成员进入状态，降低不稳定的风险。确保团队组建有效进行。在团队组建之初，团队成员比较关注所要做的工作的目标和程序。此阶段团队的关系方面要强调互相支持，互相帮助，此时期人与人之间关系尚未稳定，不能太过坦诚，因为可能对方无法接受。此阶段的领导风格要采取控制型，不能放任，大致目标由领导者自己确立（但是要合理和经过大多数成员的认同），清晰直接地告知成员想法和目的，不能让队员自己想象和猜测，否则容易走样。此时也要尽快建立必要的规范，不需要完美，但是需要尽快让团队进入轨道。

（二）激荡期

团队经过组建阶段后，隐藏的问题逐渐暴露，就会进入激荡期。团队内部冲突加剧，虽然说团队成员接受了团队的存在，但对团队加给他们的约束，仍然会有抵制。成员们争权夺利，为获得有控制权的职位而钩心斗角，对于团队的发展方向争论不休，外面的压力也渗透到团队内部，在各人维护自己的权益的同时，增加了组织内部的紧张气氛。在这一阶段，热情往往让位于挫折和愤怒。抗拒、较劲、嫉忌是常有的现象，那些团队组建之初就确立的基本原则可能像风中的大树一样被打倒。这个阶段之所以重要，是因为如果团队成员可以安全通过的话，出现在面前的就不再是支离破碎的部分，而是团队本身了。

激荡包括成员与成员之间、成员与环境之间、新旧观念与行为之间三方面的激荡。

1. 成员与成员之间的激荡

团队进入激荡期后，会产生成员之间的激荡。这时，有关工作行为，任务目标，工作指导等方面的问题都暂时被搁置在一边，成员之间由于立场、观念、方法、行为等方面的差异而产生各种冲突,人际关系陷入紧张局面,甚至出现敌视、强烈情绪及向领导者挑战的情况,一些人可能暂时回避这种紧张的气氛,甚至有人准备退出这一新生团队。面对如此情势的团队领导者和成员,一方面要认识到,激荡期是团队成长所必须经历的阶段,产生冲突并不一定是坏事,相反,它促成了潜在问题的暴露,为团队尽早进入规范期创造了条件,而且冲突和激荡还是成员之间互相提高,团队有效决策和绩效提升的重要手段;另一方面,领导和成员都应积极促成冲突的解决,并且要清楚地认识到协调个人的差异和安定大家的情绪是需要时间的,绝不能采取压制的手段,而应稳妥地引导大家理智对待这一局面,讲明"冲突不如合作"的道理,在冲突与合作中寻求理想的平衡。在这里,许多有关解决冲突、促进沟通、改善人际关系的方法和技巧都可加以运用。

2. 成员与环境之间的激荡

首先,这种激荡体现在成员与组织技术系统之间,主要包括:

(1) 成员与组织技术系统之间的激荡。例如,团队成员可能对团队采用的信息技术系统或新的制作技术不熟悉,经常出差错。这时最紧迫的是进行技能培训,使成员迅速掌握团队采用的技术。

(2) 成员与组织制度系统之间的激荡。一方面,在团队建设中,组织会在其内部建立起尽量与团队运作相适应的制度系统,如人事制度、考评制度、奖惩制度等。这些制度极有可能是不完善的,也极有可能不为已经习惯于传统体制的人员相适应。这时要做的工作,一是使成员尽快适应新的体制,二是不断完善和推广新的体制,使之适应成员的实际情况、环境的客观变化及团队建设计划的执行。另一方面,新的制度体系通常是与传统体制并存的。不仅新旧体制会有矛盾,而且处于新旧体制之下的团队成员也会常常感到无所适从。领导要做的工作,一是尽量消除新旧体制之间的矛盾;二是表示推行新体制的决心,消除团队成员狐疑观望,首鼠两端的态度,使之尽快全身心地投入团队建设之中。

(3) 团队成员及整个团队与组织其他部门之间的激荡。团队在成长过程中,与组织其他部门要发生各种各样的关系,也会产生各种各样的矛盾冲突,需要进行协调。

(4) 团队与社会制度及文化之间的关系协调。

3. 新旧观念与行为之间的激荡

团队在激荡期会产生新旧观念与行为之间的激荡。传统组织通常假设人是"经纪人",认为人天性懒惰,漫不经心,不愿负责,阳奉阴违,易受诱惑,不诚实,只关心自己的事。团队则假设人是复杂的人,而且更注重人的功能,以及人工作努力、积极参与、愿意负责、慷慨宽容、诚实可信的方面。这样,团队在激荡期就面临着人性的假设、管理哲学、价值观等方面的激荡与改变。传统组织在决策方面往往以个人决策为主,专断的情况很多;在组织方面强调严格的分工、等级制度与硬性的规章;在领导方面强调命令和服从,很少有民主;在控制方面重监督、惩罚与强制;在文化方面重视各安其位、严格执行、绝对服从等。而团队在决策方面则是采取团队集体决策及成员参与决策;在职责划分时非常灵活,成员彼此平等,行为准则很有弹性;在领导方面则强调民主和自我管理;在控制方面则强调共同愿景目标下的自我监督;在文化方面重视互相帮助、互相协作、活力热忱等。在传统组织中进行团队建设将面临着一系列行为方式的激荡与改变,过程中可能会碰到很多的阻力。在新旧激荡交替中,成员可能会因为害怕责任,害怕未知,害怕改变等而拒绝新的团队行为方式;领导可能会因为权力变小而拒绝放弃严厉的控制。这时需要运用一系列手段来促进团队的成长,如采用新的培训方式,舆论宣传,纪律处分，强制手段，奖励措施等。在这一阶段，成员将经历一系列的压力、挫折、学习、强化、行为矫正等过程。

（三）规范期

经过一段时间的激荡，团队将逐渐走向规范。组织成员开始以一种合作方式组合在一起，并且在各派竞争力量之间形成了一种试探性的平衡。经过努力，团队成员逐渐了解了领导者的想法与组织的目标，建立了共同的愿景，互相之间也产生了默契，对于组织的规范有了了解，违规的事情减少，日常工作能够顺利进行。在这个阶段中，团队内部成员之间开始形成亲密的关系，团队表现出一定的凝聚力。这时团队成员会产生强烈的团队身份感，并再次把注意力转移到工作任务和目标上来，大家关心的问题是彼此的合作和团队的发展。团队成员对新的技术、制度也逐步熟悉和适应，并在新旧制度之间寻求某种均衡。团队与环境的关系也逐渐理顺。但是团队成员对领导者的依赖很强，还不能形成自治团队。

在新旧观念的交锋中，新型的观念逐渐占据上风，并逐渐为团队成员普遍接受。总之，团队会逐步克服团队建设中碰到的一系列阻力，新的行为规范得到确立并为大家所认同。在这一阶段，团队面临的主要危险是团队的成员因为害怕遇到更多的冲突而不愿提出自己的好建议。这时的工作重点就是通过提高团队成员的责任心和权威，来帮助他们放弃沉默。

最重要的是形成有力的团队文化。如何形成有力的团队文化，促成共同价值观的形成，调动个人的活力和热忱，增强团队的凝聚力，培养成员对团队的认同感、归属感、一体感，营造成员间互相合作、互相帮助、互敬互爱、关心集体、努力奉献的氛围，将成为团队建设的重要内容。团队能否顺利渡过规范期以及团队形成的规范是否真正高效有力，将直接影响团队建设的成败与最终的绩效。在这一阶段，建议还应该有更广泛的授权与更清晰的权责划分。在成员能接受的范围内，提出善意的建议。如果有新进的人员，必须让其尽快融入团队之中，部分核心成员可以参与决策。在授权的同时，要维持控制，不能一下子给的太多，否则回收时会导致士气受挫，配合培训是此时很重要的事情。当团队稳定下来，团队对于什么是正确的行为基本达成共识时，这个阶段就结束了。

（四）执行期

在这个阶段，团队结构已经开始充分地发挥作用，并已被团队成员完全接受。团队成员的注意力已经从试图相互认识和理解转移到充满自信地完成手头的任务，如何提高团队效率和效益上来；并且能用他们的全部能量去面对各种挑战，能经受住一定程度的风险，这是一个出成果的阶段。此时，团队成员的角色都很明确，并深刻领悟到完成团队的工作需要大家的配合和支持，同时已学会以建设性的方式提出异议，大家高度互信，彼此尊重，也呈现出接受群体外部新方法、新输入和自我创新的学习性状态。整个团队已熟练掌握如何处理内部冲突的技巧，也学会了团队决策和团队会议的各种方法，并能通过团队会议来集中大家的智慧做出高效决策，通过大家的共同努力去追求团队的成功。在执行任务过程中，团队成员加深了对彼此的了解，增进了友谊，同时整个团队在摸爬滚打中更加成熟，工作也更加富有成效。

这时，领导者必须创造参与的环境，以身作则，使得工作更有成效。此阶段，自治团队已经成功。组织爆发前所未有的潜能，创造出非凡的成果，并且能以合理的成本，高度满足客户的需要。

（五）休整期

在休整期，对团队而言，有以下几种可能的结局：

1. 团队解散

为完成某项特定任务而组建的团队也会因任务的完成而解散。此时,高绩效不是压倒一切的首要任务,注意力转移到了团队的收尾工作。这个阶段,团队成员的反应差异很大,有的很乐观,沉浸于团队的成就中,有的则很悲观,惋惜在共同的工作团队中建立起的友谊关系不能再像以前那样继续下去。

2. 团队休整

公司会在完成阶段性工作任务之后作出人员调整的计划安排,开始休整而准备进行下一个工作周期,此间可能会有团队成员的更替,即可能有新成员加入,或有原成员流出。

3. 团队整顿

在执行期表现不太令人满意的团队,进入修整期时,可能会被勒令整顿,即通过努力消除一些假团队的特质,经过"回炉处理",希望锤炼成真正的团队。于是出现新的一轮的团队建设。对团队实行整顿的一个重要内容是优化团队规范。这时可用到皮尔尼克(S.Pilnick)提出的"规范分析法"。首先是明确团队已经形成的规范,尤其是那些起消极作用的规范,如强人领导而非共同领导,分别负责任而非联合责任,彼此攻击而非互相支持等假团队的特质,其次是制定规范剖面图得到规范差距曲线。再次是听取各方面的对这些规范进行改革的意见,经过充分的民主讨论,制定系统的改革方案,包括责任、信息交流、反馈、奖励和招收新的员工等。最后是对改革措施实行跟踪评价,并作出必要的调整。

此时管理者更需要运用系统的思考,统观全局,并保持危机意识,持续学习,持续成长。

以上的五个阶段反映的是团队建设的一般性过程,在实践中有时也会有偏差。团队建设过程会出现跳跃现象;或是会出现各个阶段的融合。如在团队发展的前期和后期可能产生激荡,在前期出现激荡的原因可能是团队成员定位不清,而后期出现的激荡有可能是奖酬分配过程中出现了"不公平"的现象导致的。你可以结合自身团队的现实状况对照分析,并寻找你作为团队的领导者需要做的重点工作。

总的来说,如果团队建设过程顺利,它通常会表现出如下特征:

(1) 团队行为与组织目标所规定的方向日趋一致;

(2) 团队绩效逐渐提高;

(3) 团队的自我管理、自我调节和自我完善能力不断增强;

(4) 团队越来越能兼顾组织、团队和个人的利益并把三者有机结合起来;

(5) 团队能持续学习提高。

第二节　旅游团队协作

一、团队协作及其基本要素

(一) 团队协作概述

团队协作是一种为达到既定目标所显现出来的自愿合作和协同努力的精神。它可以调动团队成员的所有资源和才智,并能够自动减少不和谐、不公正现象,同时会给那些诚心、大公无私的奉献者适当的回报。如果团队协作是出于自觉自愿时,它必将产生强大而且持久的力量。

（二）团队协作的基本要素

良好的团队协作包括四个基本要素：共同的目标、组织协调各类关系、明确规范管理与称职的团队领导。

1. 共同的目标

共同的目标是形成团队精神的核心动力，是建立良好团队合作的基础。因此建立团队合作的首要要素，就是确立起共同的愿景与目的。目标是一个有意识地选择并能被表达出来的方向，要能够运用团队成员的才能和能力，促进组织的发展，使团队成员有一种成就感。但是由于团队成员的需求、思想、价值观等因素的不同，要想团队每个成员都完全认同目标，也是不易的。

2. 组织协调各类关系

关系包括正式关系和非正式关系。例如上级与下属，这是正式关系；他们两个恰好是同乡，这就是非正式关系。组织协调各类关系，则是要通过协调、沟通、安抚、告诉、启发、教育等方法，让团队成员从生疏到熟悉、从戒备到融洽、从排斥到接纳、从怀疑到信任，团队中各类关系愈稳定，愈值得依赖，团队的内耗就会愈小，整个团队的效能就愈大。

3. 明确制度规范管理

团队中如果缺乏制度规范会引起各种不同的问题。如果人事安排没有相应制度，工作处事没有明确流程，奖惩赏罚没有标准，不仅会造成团队具体的困扰、混乱，也会引起团队成员间的猜测、不信任。所以，要制定出合理、规范的制度流程，把各项工作纳入制度化、规范化管理的轨道，并且促使团队成员认同制度，遵守规范。

4. 称职的团队领导

团队领导的作用，在于运用自己调动资源的权力，调动团队成员的积极性，让团队成员在共同努力下达到工作目标。因此团队领导要运用各种方式，以促使团队目标趋于一致、建立起良好的团队关系及树立团队规范。团队领导在团队管理过程中，对有些不好把握、认识不清问题的处理，最有效的方法是进行换位思考，把自己置身于被管理者的角度去感受成员的所思、所感、所需，将他人的需求和特性作为出发点制定出相应的管理办法和制度规范。

二、旅游从业者应具备的合作素养

（一）旅游职业团队成员应具备的基本素质

一个优秀的有合作精神的旅游职业团队离不开每个成员的努力，如果每个成员都能从大局出发，严格要求自己，多从其他成员的角度考虑问题，在团队合作中能尊重同伴、互相欣赏、宽容他人，那么，一个优秀的旅游职业团队就形成了。

1. 尊重同伴

尊重没有高低之分、地位之差和资历之别，尊重只是团队成员在交往时的一种平等的态度。平等待人、有礼有节，既尊重他人，又尽量保持自我个性，这是旅游职业团队合作能力之一。团队是由不同的人组成的，每一个团队成员首先是一个追求自我发展和自我实现的个体，然后才是一个从事工作、有着职业分工的职业人。虽然旅游职业团队中的每一个人都有着在一定的生长环境、教育环境、工作环境中逐渐形成的与他人不同的自身价值观，但他们不论其资历深浅、能力强弱，都有一种被尊重的需要。

尊重，意味着尊重他人的个性和人格、尊重他人的兴趣和爱好、尊重他人的感觉和需求、尊重他人的态度和意见、尊重他人的权利和义务及尊重他人的成就和发展。尊重，还意味着不要求别人做你自己不愿意做或没有做到过的事情。当你不能加班时，就没有权力要求其他团队成员继续“作战”。

尊重，还意味着尊重团队成员有跟你不一样的优先考虑。只有团队中的每一个成员都尊重彼此的意见和观点、尊重彼此的技术和能力、尊重彼此对团队的全部贡献，这个团队才会得到最大的发展，而这个团队中的成员才会赢得最大的成功。尊重能为一个团队营造出和谐融洽的气氛，使团队资源形成最大程度的共享。

2. 互相欣赏

学会欣赏、懂得欣赏。很多时候，同处于一个旅游职业团队中的伙伴常常会乱设“敌人”，尤其是大家因某事而分出了高低时，落在后面的人的心里就会很容易酸溜溜的。所以每个人都要先把心态摆正，用客观的目光去看看“假想敌”，到底有没有长处，哪怕是一点点比自己好的地方都是值得学习的。欣赏同一个团队的每一个成员，就是在为团队增加助力；改掉自身的缺点，就是在消灭团队的弱点。

欣赏就是主动去寻找团队成员尤其是你的“敌人”的积极品质，然后，向他学习这些品质，并努力克服和改正自身的缺点和消极品质。这是培养团队合作能力的第一步。“三人行，必有我师焉”，每一个人的身上都会有闪光点，都值得我们去挖掘并学习。要想成功地融入旅游职业团队之中，就要善于发现每个工作伙伴的优点，这是走进他们身边、走进他们之中的第一步。适度的谦虚并不会让你失去自信，只会让你正视自己的短处、看到他人的长处，从而赢得众人的喜爱。每个人都可能会觉得自己在某个方面比其他人强，但你更应该将自己的注意力放在他人的强项上，因为团队中的任何一位成员，都可能是某个领域的专家。因此，你必须保持足够的谦虚。这样会促使你在团队中不断进步，并真正看清自己的肤浅、缺憾和无知。

3. 宽容他人

雨果曾经说过：“世界上最宽阔的是海洋，比海洋更宽阔的是天空，而比天空更宽阔的则是人的心灵。”这句话在无论何时何地都是适用的，即使是在角逐竞技的职场上，宽容仍是能让你尽快融入团队之中的捷径。宽容是团队合作中最好的润滑剂，它能消除分歧和战争，使团队成员能够互敬互重、彼此包容、和谐相处，从而安心工作，体会到合作的快乐。

团队成员间的相互宽容，是指容纳各自的差异性和独特性以及适当程度的包容。但这并不是指无限制的纵容，一个成功的团队，只会允许宽容存在，不会让纵容有机可乘。

宽容，并不代表软弱。在团队合作中它体现出的是一种坚强的精神，是一种以退为进的团队战术，为的是整个团队的大发展，同时也为个人奠定了有利的提升基础。首先，团队成员要有较强的相容度，即要求其能够宽厚容忍、心胸宽广、忍耐力强。其次，要注意将心比心，即应尽量站在别人的立场上，衡量别人的意见、建议和感受，反思自己的态度和方法。

（二）在旅游职业团队中完善自我

通过团队协作，旅游从业者自身会有许多的收获。每一个旅游从业者都要有意识地去提升性格修养、强化合作意识、锻炼优秀品质。

1. 提升性格修养

性格有先天因素，修养则靠后天养成。旅游从业者要提高团队协作能力，既要不断发现和矫正自身性格中不利于与他人合作的地方，也要不断提高修养，养成正确的为人处世态度。旅游从业者可以从以下两方面努力。一是努力提高文化素养。二是积极进行自我矫正，如发现自己有“不合群”倾向，就要注意多参加集体活动，多与同事交流；发现有自高自大毛病，就要多去发现别人身上的长处；发现有说话过头的习惯，就要注意把握言行分寸，从而在不断磨砺性格、提高修养的过程中提高自己的团队合作能力。

2. 强化合作意识

善于与人合作，不仅是一种良好的品质，也是一种实际能力。旅游从业者要重视同事之间、上下级之间的合作。上下级之间的合作，既体现在上级对下级的关心与尊重，也体现在下级对上级的配合与负责上。作为领导，既要充满自信，不可狂妄自大，应主动了解和理解下属，学会欣赏他们的聪明和才智，帮助他们克服缺点和不足，努力增强自己的亲和力，调动下属的工作积极性；作为一般工作人员，要在工作中发挥主动性，既要对上负责，也要对下负责，不能事不关己、高高挂起，更不能互相推诿、敷衍塞责。

3. 锻造优秀品格

优秀品格是合作能力得以提升的保障。旅游从业人员可以从三方面培养优秀品德。一是增强集体意识。要知道个人是集体中的个人，没有集体就没有个人，要把个人利益统一到集体利益之中。二是尊重同事。虽然个人能力有大小，分工有不同，但在人格上大家是平等的，既不能妄自菲薄，也不能妄自尊大。只有尊重别人，才能得到别人的尊重和支持。三是看淡名利。在团队合作方面出现的问题，很多都是由追逐名利引起的。在名利问题上不宜花费过多精力，而应经常换位思考、互谅互让。

（三）成为团队中最受欢迎的人

要成为团队中最受欢迎的人，旅游从业者要做到以下几点要求：

1. 出于真心，主动关心帮助别人

一个人可以去拒绝别人的销售、拒绝别人的领导，却无法拒绝别人对他出于真心的关心。大多数人都在期望着别人对自己的关心，所以你要做到别人做不到的事情，如果别人不肯去关心其他人，那你要付出更多去关心他们。每一个职场人士都希望与同事融洽相处、团结互助。因为人们深知，同事是和自己朝夕相处的人，彼此和睦融洽，工作气氛好，工作效率自然也就会更好。反之，同事关系紧张、相互拆台、发生摩擦，正常工作和生活不但会受到影响，就连事业发展也会受到阻碍。

2. 要谈论别人感兴趣的话题

每个人一生中都在寻找一种感觉，就是重要感。在和别人沟通的时候，你是一直不断地在讲还是认真地在听别人讲呢？如果你认真地在听别人讲，同时你又再问一些别人感兴趣的话题，别人就会对你非常有好感，因为人们都喜欢谈论自己。如果你愿意拿出时间来关心他人感兴趣的话题，你愿意了解他人所讲出来的他非常感兴趣的话题，那你，定会成为一个非常受欢迎的人。

如何让自己成为一个受团队欢迎的人呢？这就要你去了解别人的兴趣所在，并且同别人去沟通他最感兴趣的话题。两个人之间总会有共同之处，比如谈及什么样的城市去旅游时，他会说到自己喜欢的城市，你可以跟他讨论那个城市，因为那是他最感兴趣的话题。当你跟他沟通这样的话题的时候，他感受到了你对他的关切，就会变得非常喜欢你。

3. 赞美你周围的同事

赞美被称为语言的钻石，每个人一生都在寻找重要感，所以人们都希望得到别人的赞美。人们希望获得成长和成就感，如果团队能为成员提供空间、使他们很好地获得成长感的时候，大多数情况下团员都会留在团队,而且全力以赴,认真地为之付出。

不断地赞美、支持、鼓励周围的朋友和同事是使自己成为团队中受欢迎的人的有效办法。每一个人都有优点和独特性,所以要找到每个人独特的优点去赞美他。比如一个成员取得了一些绩效,当你希望这种绩效再一次被延伸的时候,就要去赞美他,然后这种结果就会再一次发生,受赞美的行为也会持续不断出现。如果有一个旅游销售人员刚刚签了一个很大的合同,团队当中的每一个成员都应去赞美他,都应该认为他是团队当中的英雄,因为只有当他受到了这种赞美和鼓励,才会愿意下一次再去采取同样的行为,为这个团队付出。

(1) 不要批评,要提醒,团队成员可以去提醒别人而不是去批评别人。比如说你觉得他哪里不够好,可以说我想提醒你一下,你哪里还可以更好,因为你是非常有潜质的,所以我才拿出时间来跟你沟通,你介意吗?他当然会说我不会介意。这个时候你就可以开始去关心他。

如果真的一定要批评他,就不妨采取三明治批评法。你可以用积极正面来引导消极负面的东西,然后采取积极正面的一个行动,就能达到积极正面的结果。

(2) 不要总提意见,要多提建议。意见是一种对现实的不满,可能会带有一点点抱怨。建议也是一种不满,但它是将不满转化为满意结果的过程。当你养成一个提建议而不是提意见的习惯的时候,你会发现,团队当中的人都愿意贡献出更多的建议出来,这种建议是对团队帮助非常大的。

(3) 不要抱怨,要采取行动。抱怨不会解决任何问题,只有采取行动,才会产生结果。不要抱怨任何一个结果,因为抱怨会夸大结果,使团队的每一个人都注意到这种事实,然后影响到每一个人的心情。同时,受抱怨影响最大的是自己,越抱怨,情绪越不好,情绪越不好,产生的绩效越不好。

(4) 对别人的成就感到高兴,并真心地予以祝贺。如果真心地祝福获得财富的人,你也会慢慢地获得财富。

如果你忌妒别人或者说你为别人取得的成就而感到不舒服,那是因为你的心胸不够宽广。如果你的心胸宽广,你会为别人取得的成就而感到高兴,并且祝贺他,因为你是一个对自己非常有自信的人。做一个能够为别人取得成就而祝福的人,你就会取得跟他一样的成就。

(5) 激发别人的梦想。人最重要的一个能力就是使别人拥有能力,所以人际关系当中最重要的就是要敢于去激发别人的梦想。

当你激发了别人的梦想,别人通过你的激发和鼓励取得成就时,他就会衷心地感谢你。每一个人都期望别人给他十足的动力,帮他做出人生的决定,所以你要去激发别人,使他产生梦想,让他拥有应该拥有的"企图心"和上进心,激发他去获得最想要的结果。

实战演练

一、阅读案例并思考问题

雁阵——完美的团队

天空中成群结队南飞的大雁一般都按照V字形编队飞行。每一只大雁扇动翅膀时,都为跟随其后的大雁创造一种托举力。通过编队飞行,整个雁群的飞行距离比一只大雁单独飞行增加了71%。一只大雁掉出了编队,它马上就会感到独自飞行的阻力,因此它会迅速地飞回编队，以借助前面大雁翅膀扇动的托举力量。当领头雁累了，它便飞回雁队，与此同时，另一只雁代替它来领头。编队中后排的大雁通过鸣叫，鼓励前排的大雁保持速度。当一只大雁生病、受伤甚至被击落的时候，两只大雁就会飞出编队，随它飞下以保护并且帮助它。它们陪伴着它，直到它能够重新起飞或者死去。然后，它们随着另一个雁队重新上路，或者赶上自己的雁队。

——摘自 baidu.com 2018－06－30《大雁团队的飞行与启示》

思考题

（1）我们可以从大雁身上学到什么？

（2）优秀团队的成员应具备哪些合作素养？

二、团队协作训练项目

1. 口字上边加两笔，能写出多少个字？

（1）个人独立完成，看看能写多少个？

（2）团队集思广益、交流协作，看看能写出多少个？

2. 团队拓展游戏——无敌风火轮

（1）道具要求：报纸、胶带

（2）场地要求：一片空旷的大场地

（3）游戏规则：12～15 人为一个团队，利用报纸和胶带制作一个可以容纳全体团队成员的封闭式大圆环，将圆环立起来，全队成员站到圆环内边走边滚动大圆环。

（4）活动目的：培养团队成员团结一致、密切协作、克服困难的团队精神；培养团队成员的计划、组织、协调能力；培养团队成员服从指挥、一丝不苟的工作态度；增强队员之间的相互信任和理解。

三、完成下列项目任务

1. 任务导入

作为一位新店长，你被派到一家旅游商店。你发现店里业绩并不理想，店员相互间很少沟通交流。在遇到需要清洁店面、清理库存、上报销售数据等工作时，店员们表现得并不积极，还互相推诿。尤其是当店里的饰品丢失时，所有店员都觉得此事与自己无关。如果有员工需要协作，其他成员也置之不理。

为了增强团队的凝聚力和战斗力，你必须烧起“三把火”。第一把火：增强员工的工作自豪感。第二把火：树立团队的目标感。第三把火：加强团队成员之间的沟通。

2. 任务要求：

（1）设计一份“旅游商店团队建设”策划书。

（2）策划书包括两部分内容，团队问题成因分析，对应策略与具体做法。

（3）每项工作的策略与做法表达要清晰、简练，字数在 100 字以内。

（4）要求任务成果版面设计美观、格式规范、按时上交。

第八章 职业生涯规划

人生的路虽然漫长,但紧要处常常只有几步,特别是当人年轻的时候。

——柳青《创业史》第一部

学习目标

☆知识目标:了解职业生涯规划的概念、基本步骤、意义,以及舒伯等人的基本理论;掌握职业选择与决策的方法,并撰写自己的职业生涯报告流程与方法。

☆能力目标:通过科学分析自我现状及职业目标要求,设计和调整自己的职业生涯规划。

☆德育目标:培养学生独立自主、艰苦奋斗、勇于竞争的职业意识与职业精神;着力于就业观、择业观的培养;树立自我认知、自我规划、勇于抉择、积极实践成长的理念。

第一节 职业生涯规划概述

梭罗曾说:"人是自己幸福的设计者。"通过职业生涯规划,我们可以为自己的未来旅游人生绘制理想的蓝图。

一、职业生涯规划

(一) 基本概念

1. 生涯与职业生涯

讲到生涯概念的内涵,从经济学的观点看,生涯是个人在一生中所经历的一系列的职位,是个人接受培训教育以及职业发展所形成的结果;从社会学的角度看,生涯被看成是人一生中不同阶段所扮演的一系列的生活角色;从职业发展的过程来看,生涯被看成是个人通过从事工作所创造出的一个有目的、延续一定时间的生活模式和不断发展的职业角色。"在个人的一生中,由于心理、社会、经济、生理以及机遇等因素相互作用造成了工作、职业的发展变化。职业的发展是个人发展中最主要的方面,它跨越人的整个一生并涵盖个人和自我概念、家庭生活,以及个人所处的环境、文化等方方面面"。

美国职业生涯管理专家舒伯(Super.D.E)认为,生涯是个人终其一生扮演角色的整个过程,生涯的发展是以人为中心的。职业生涯是一个人在就业领域所经历的一系列岗位、工作或职业,以及相关的态度、价值观、愿望等连续的过程。

2. 职业生涯规划

职业生涯规划可以定义为这样一个循环过程:先觉知、有意愿、量己力、衡外情、定目标、找策略、重实践、善反省、再调整、重出发。① 意识到自己需要制定职业目标；② 进行自我探索，重点探索自己的职业兴趣、能力、性格和价值观；③ 进行职业世界探索，收集并排列备选职业；④ 综合分析与权衡，结合时代特点，根据自己的职业倾向，确定最佳的职业奋斗目标，⑤ 按计划实施工作行动；⑥ 做评估调整，为实现目标作行之有效的安排。

美国职业心理学家施恩(Schein)教授提出外职业生涯与内职业生涯。外职业生涯是指从事一种职业时的工作时间、工作地点、工作单位、工作内容、工作职务与职称、工资待遇等因素的组合及其变化过程。内职业生涯是指从事一种职业时的知识、观念、经验、能力、心理素质、内心感受等因素的组合及其变化过程。大学生职业生涯其主要核心是内职业生涯的发展，是职业知识、观念、经验、能力、心理素质等的培养与提高。内职业生涯各项因素的取得，可以通过别人的帮助而实现，但主要还是得靠自己努力追求而实现。内职业生涯的各构成因素内容一旦取得，别人便不能收回或剥夺。内职业生涯是真正的人力资本所在，提高内职业生涯而取得的工作成绩，会转化为外职业生涯。

3. 职业锚

职业锚的概念是由美国施恩(Schein)教授提出的，是指当一个人不得不做出职业选择的时候，他无论如何都不会放弃的、职业中的那种至关重要的东西或价值观。职业锚以一个人的工作经验为基础，有三大作用：一是有助于从业者选择自己的职业发展道路。二是有助于确定职业目标和职业角色。三是有助于提高个人的工作技能，提高自己的职业竞争力。

职业生涯中从业者首先要关注的是自己。自己拥有什么？自己想要什么？人是职业生涯的主动塑造者，个人在不同的生命阶段中，会有不同的期望，这些期望会不断地变化与发展，个体也就不断地成长。每个人的职业生涯，都是一种发展、演进的动态过程。

(二) 职业生涯规划三部曲

1. 职业生涯三部曲

美国“职业指导之父”帕森斯(Parsons)指出，要选择职业，一要了解自我，二要了解自己身处的职业世界，然后综合两方面进行匹配。根据帕森斯等人提出的理论做出经典金字塔模型，如图 8－1 所示。

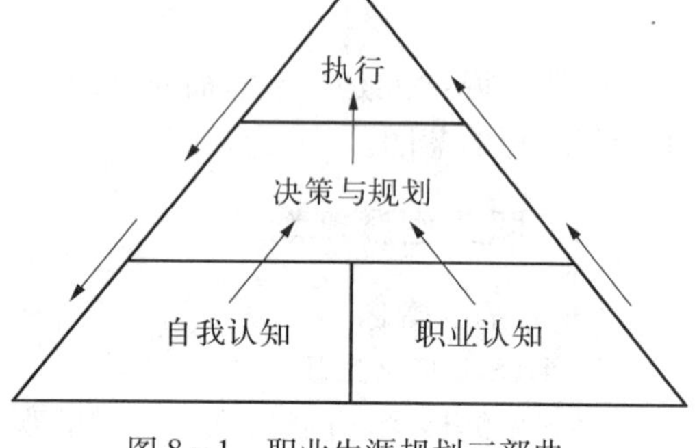

图 8－1　职业生涯规划三部曲

2. 职业发展双通道

双通道职业阶梯是指从业者在组织中发展的两种不同路径，每条路径反映着从业者对组织使命的不同贡献。第一条路径，或称管理阶梯，是指管理人员通过监督或知道责任的加重而获得升迁机会；第二条路径，专业技术阶梯，则是通过专业贡献的增大，实现专业技术人员专业轨道的上升而且这种专业贡献不以监督、管理员工为主要内容，如图 8－2 所示。

二、舒伯生涯彩虹图及生涯发展理论

(一) 舒伯(Super)的生涯发展理论

1. 舒伯生涯发展理论

20 世纪 50 年代起，舒伯(Super)以新的方式对生涯发展进行思考，提出了生涯彩虹理论，该理论很好地概括了人的一生的职业发展历程。认为职业发展是人成长的一部分，除了职业

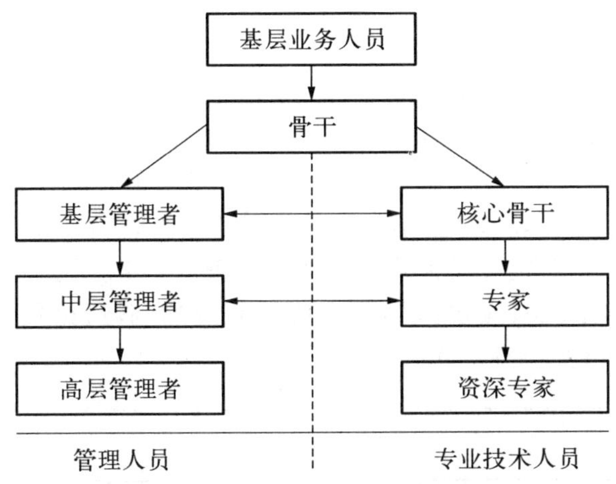

图 8－2　职业生涯发展双通道模型

角色外，个人在生活中还扮演着其他角色，有孩子、学生、休闲者、公民、持家者、配偶或伴侣、退休者、父母或祖父母。他把人的职业生涯发展分为成长、探索、建立、维持与衰退 5 个主要阶段。

（1）成长阶段。

出生至 14 岁，该阶段从孩童开始发展自我概念，开始以各种不同的方式来表达自己的需要，且经过对现实世界不断地尝试，修饰他自己的角色。这个阶段发展的任务是：发展自我形象，发展对工作世界的正确态度，并了解工作的意义。这个阶段共包括三个时期：一是幻想期（4 岁至 10 岁），它以“需要”为主要考虑因素，在这个时期幻想中的角色扮演很重要；二是兴趣期（11 岁至 12 岁），它以“喜好”为主要考虑因素，喜好是个体抱负与活动的主要决定因素；三是能力期（13 岁至 14 岁）：它以“能力”为主要考虑因素，能力逐渐具有重要作用。

（2）探索阶段。

15 岁至 24 岁，该阶段的青少年，通过学校的活动、社团休闲活动、打零工等机会，对自我能力及角色、职业作了一番探索，因此选择职业时有较大弹性。这个阶段发展的任务是：使职业偏好逐渐具体化、特定化并实现职业偏好。这阶段共包括三个时期：一是试探期（15 岁至 17 岁），考虑需要、兴趣、能力及机会，作暂时的决定，并在幻想、讨论、课业及工作中加以尝试；二是过渡期（18 岁至 21 岁），进入就业市场或专业训练，更重视现实，并力图实现自我观念，将一般性的选择转为特定的选择；三是试验并稍作承诺期（22 岁至 24 岁），初步确定职业方向与试验其成为长期职业生活的可能性，若不适合则可能再经历上述各时期以确定方向。

（3）建立阶段。

25 岁至 44 岁，由于经过上一阶段的尝试，不合适者会谋求变迁或作其他探索，因此该阶段较能确定个人在整个事业生涯中属于自己的“位子”，31 岁至 40 岁，从业者开始考虑如何保住这个“位子”，并固定下来。这个阶段发展的任务是统整、稳固并求上进。这个阶段又可细分为两个时期：一是试验—承诺稳定期（25 岁至 30 岁），个体寻求安定，也可能因生活或工作上若干变动而尚未感到满意；二是建立期（31 岁至 44 岁），个体致力于工作上的稳固，大部分人处于最具创意时期，由于资深往往业绩优良。

（4）维持阶段。

45 岁至 65 岁，个体仍希望继续维持属于他的工作“位子”，同时会面对新的人员的挑战。

这一阶段发展的任务是维持既有成就与地位。

（5）衰退阶段。

65岁以上，由于生理及心理机能日渐衰退，个体不得不面对现实逐渐隐退。这一阶段个体往往注重发展新的角色，寻求不同方式以替代和满足需求。

在上述舒伯的生涯发展阶段中，每一阶段都有一些特定的发展任务需要完成，每一阶段须达到一定的发展水准或成就水准，而且前一阶段发展任务的达成与否关系到后一阶段的发展。在以后的研究岁月中，舒伯对发展任务的看法又向前跨了一步。他认为在人一生的生涯发展中，各个阶段同样要面对成长、探索、建立、维持和衰退的问题，因而形成“成长—探索—建立—维持—衰退”的循环（见图8-3）。

生涯阶段	青年期(14~25岁)	成年期(25~45岁)	中年期(45~55岁)	老年期(65岁以上)
成长阶段	发展适合的自我概念	学习与他人建立关系	接受自身的限制	发展非职业性的角色
探索阶段	从许多机会中学习	寻找心仪的工作机会	辨识新问题设法解决	寻找合适的退隐处所
建立阶段	在选定的领域中起步	投入所选定的工作	发展新的因应技能	从事未完成的梦想
维持阶段	确定目前所做的选择	致力维持工作的稳定	巩固自我防备竞争	维持生活乐趣
衰退阶段	减少休闲活动时间	减少体能活动时间	专注于必要的活动	减少工作时间

图8-3 循环式发展模型

2. 舒伯生涯彩虹图

1976到1979年间，舒伯在英国进行了为期四年的跨文化研究，之后他提出了一个更为广阔的新观念——生活广度、生活空间的生涯发展观（life-span，life-space career development），舒伯将它命名为“一生生涯的彩虹图”（life-career rainbow）（见图8-4）。

（1）横贯一生的彩虹——生活广度。

在一生生涯的彩虹图中，横向层面代表的是横跨一生的生活广度。彩虹的外层显示人生主要的发展阶段和大致估算的年龄，包括：成长阶段（约相当于儿童期），探索阶段（约相当于青春期），建立阶段（约相当于成人前期），维持阶段（约相当于中年期）以及退出阶段（约相当于老年期）。在这五个主要的人生发展阶段内，分别还有各自的小的阶段，舒伯特别强调各个时期年龄划分有相当大的弹性。应依据个体不同的情况而定。

（2）纵贯上下的彩虹——生活空间。

在一生生涯的彩虹图中，纵向层面代表的是纵贯上下的生活空间，是由一组职位和角色所组成。舒伯认为人在一生当中必须扮演九种主要的角色，依序是：子女、学生、休闲者、公民、工作者、夫妻、持家者、父母和退休者。

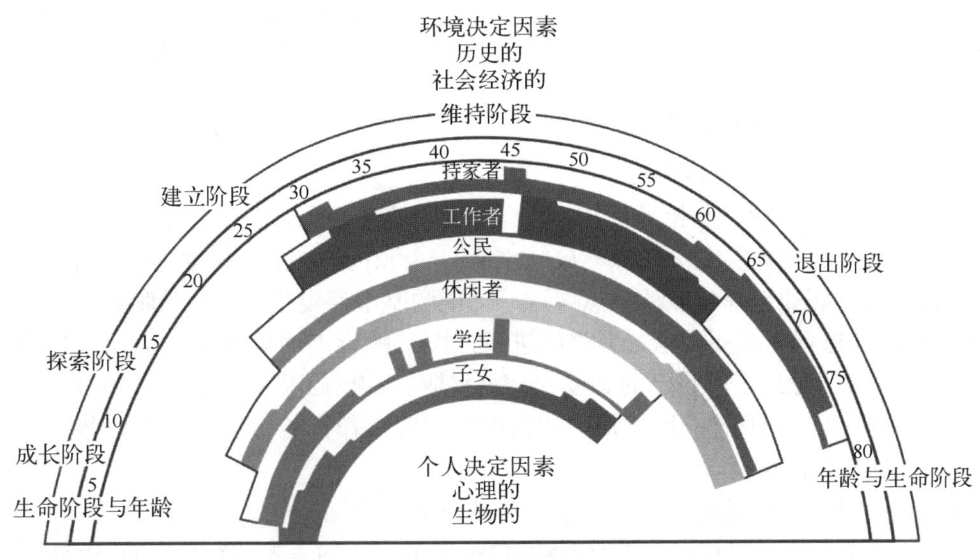

图 8－4　生涯彩虹图

各种角色之间是相互作用的，一个角色的成功，特别是早期角色的成功，将会为其他角色提供良好的基础，为了某一角色的成功付出太大的代价也有可能导致其他角色的失败。图 8－4 的阴影部分表示角色的相互替换、盛衰消长。它除了受到年龄增长和社会对个人发展、任务期待的影响外，往往跟个人在各个角色上所花的时间和感情投入的程度有关。从阴影比例中可以看出，成长阶段（0～14 岁）最显著的角色是子女；探索阶段（15～20 岁）是学生；建立阶段（30 岁左右）是持家者和工作者；维持阶段（45 岁左右）工作者的角色突然中断，又恢复了学生角色，同时公民与休闲者的角色逐渐增加，这正如一般所说的“中年危机”的出现，同时暗示这个时段必须再学习、再调适才有可能处理好职业与家庭生活中所面临的问题。

3. 舒伯理论的评论

（1）舒伯理论的优点。

舒伯是生涯辅导理论的大师，其生涯发展论综合了差异心理学、发展心理学、自我心理学以及有关职业行为发展方向的长期研究结果，舒伯本人比较喜欢将其理论命名为“差异—发展—社会—现象心理学”（differential-developmental-social-phenomenological psychology），舒伯汲取了这四大学术领域中有关生涯发展的精华，建构了一套完整的生涯发展理论。其理论观点是现今生涯辅导重要的理论基础，指导目前生涯辅导的具体实施，得到了各国生涯辅导界的普遍支持。

在 20 世纪 70 年代的生涯辅导理论中，多数人关心的焦点都集中在“职业选择”上，只有少数理论工作者对生涯发展的问题发生兴趣，如金斯伯格是少数学者中最突出的一位。

舒伯不断地发展与完善自己的理论。以往舒伯理论大多局限于职业发展阶段和对职业的自我观念论上，这些可以解释个体一生的生涯发展，其涵盖范围很广，但深度略嫌不够。“一生生涯彩虹图”的提出，正好弥补了原有的不足。在实际应用方面，其横向的发展阶段、发展任务（即生活广度的部分）和纵向的生涯角色的发展（即生活空间的部分），交织成一个具体的生涯发展结构，这对辅导时促进个体的自我了解、自我实现，有很大裨益。

（2）舒伯理论的局限性。

由于社会的快速变迁，终身学习观念的提出以及人的寿命的增加，生涯发展理论中关于中年期、老年期的角色与任务,有待进一步的研究,否则理论会欠完整。

舒伯生涯发展论似乎较忽略经济、社会因素对生涯发展方向的影响,且学习的因素与职业发展历程的关系也须进一步深入研究。

(二) 其他生涯发展理论

1. 帕森斯(Parsons)特质因素论

特质因素论是最早的职业指导理论,也是用于职业选择与职业指导的经典性理论,1909年美国波士顿大学教授弗兰克·帕森斯(Frank Parsons)在其《选择一个职业》的著作中提出了人与职业相匹配是职业选择焦点的观点。这一理论的基本假设是:个人和职业都有稳定的特征,而适当的职业选择就是要在这二者之间进行匹配。帕森斯明确阐述了职业选择的三大要素:① 特质,即应清楚地了解自己的态度、能力、兴趣、智谋、局限和其他特征;② 因素,即应清楚地了解职业选择成功的条件、所需知识和在不同职业工作岗位上所占有的优势、劣势、机会和前途;③ 上述两者的平衡。

根据这个理论,帕森斯提出了"职业选择中的三大原则":

原则一:了解自我。即对自我进行探索,包括了解个人的兴趣、能力、资源、优势、劣势等。

原则二:了解工作。了解职业的能力素质要求、知识经验、工作环境、薪酬、晋升机会及发展前途等。

原则三:匹配。将上述两类资料进行综合并找出与个人特质匹配的职业。帕森斯认为个人选择职业的关键就在于个人的特质要与特定职业的要求相匹配,只有这样,个人才能更加适应职业,并使个人和用人单位同时受益。

2. 霍兰德(Holland)职业类型理论

20世纪60年代,在帕森斯观点的基础上,美国著名职业指导专家霍兰德(Holland)提出了职业类型论。经过50年的发展,现已成为影响最大的理论。主要原则为:① 职业选择是个人人格的延伸和表现,个人的兴趣即是人格;② 同一职业团体内的人具有相似的人格,因此他们对很多情境和问题会有类似的反应方式,从而产生类似的人际环境;③ 人可以分成六种人格类型:现实型、研究型、艺术型、社会型、企业型和传统型,人所处的环境也可以相应地分为六种类型:即现实型、研究型、艺术型、社会型、企业型和传统型,每一特定类型人格的人,会对相应的职业类型中的工作或学习感兴趣;④ 个人的人格与工作环境之间的适配与对应,是职业满意度、职业稳定性与职业成就的基础。

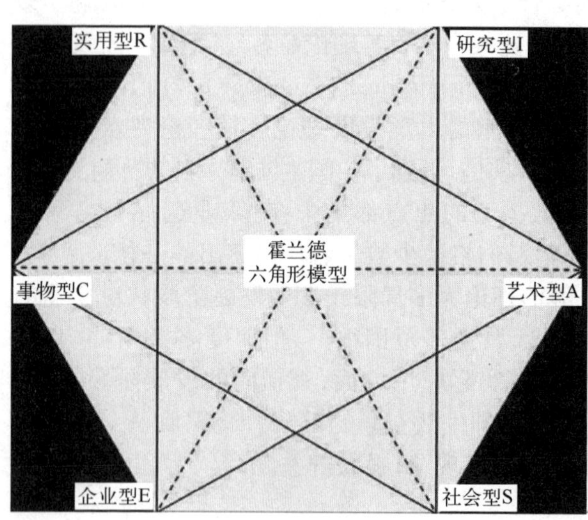

图8-5 霍兰德六角型图

无论是人格,还是职业的六种类型,都不是并列划分,界线清晰的。这六种类型,按实用型、研究型、艺术型、社会型、企业型、事务型的顺序围成一个正六边形(见图8-5),存在三种关系:相邻、相隔、相斥,三种关系在一致性上由高到低,再到相反。

职业生涯规划就是要寻求这种人格与职业类型的适配性或高一致性,即最理想的情况就是现实型的人进入现实型的职业。这样，个人在职业生涯中就能获得职业满足感、持久性和职业成就。

3. 克朗伯兹社会学习理论

社会学习理论由班杜拉（Albert Bandura）于20世纪70年代提出，它以行为主义、强化理论和认知信息加工理论为基础。克朗伯兹（Krumboltz）把它引入生涯辅导领域，并提出：个人的社会成熟度在很大程度上依赖于对他人行为的学习和模仿，并由此决定了个人的职业导向。

克朗伯兹认为有四个因素会影响职业决策：

（1）遗传因素和特殊能力：个人的遗传特质在某种程度上决定了个人的职业表现。

（2）环境因素和实践：来自人类的活动和自然的力量，通常在个人能力的控制之外。

（3）学习经验：克朗伯兹认为，每个人都有独特的学习经验。并提出了两种学习类型：① 工具式学习经验；② 联结式学习经验。个人通过观察真实和虚构的模型，通过对人、事之间的比较来学习如何对外部刺激做出反应，某些环境刺激会引起情绪上积极或消极的反应。

（4）任务取向的技能：包括解决问题的能力、工作习惯、心理状态、情绪反应和认知的历程等。克朗伯兹认为，在个人发展的历程中，上述四种因素会相互作用，形成个人对自我与世界的推论和信念。

4. 认知信息加工理论

职业决策理论特别强调生涯决策的模式，这种理论认为，即使个人充分掌握了自己的内在特质和外部工作世界的信息，也未必就能做好生涯决定。而人的整个生涯发展过程必须不断面临生涯决定的问题，因此决策在生涯发展中具有重要地位。这里简要介绍认知信息加工（CIP）理论。

1991年，盖瑞·彼得森（Gary Peterson），詹姆斯·桑普森（James Sampson）和罗伯特·里尔登（Robert Reardon）合著了《生涯发展和服务：一种认知的方法》一书，阐述了思考生涯发展的新方法，即认知信息加工理论。该理论提出了信息加工金字塔模型（见图8－6），它包含做出一个职业生涯选择所涉及的各种。

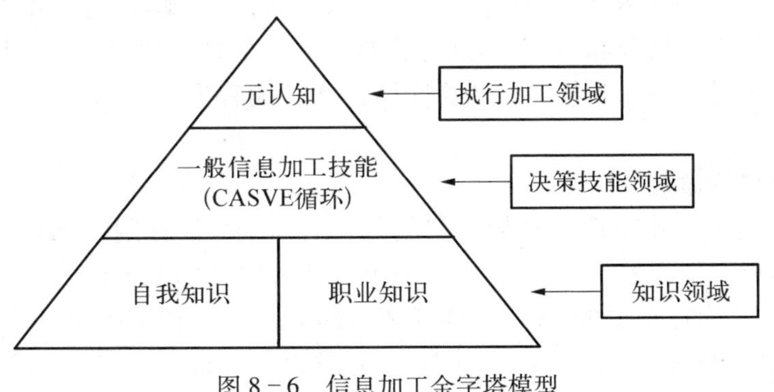

图8－6　信息加工金字塔模型

金字塔的中部被称为决策技能领域，包含了五个步骤，即CASVE循环（见图8－7）：

沟通（communication）（确认需求）：个人开始意识到问题的存在；

分析（analysis）（将问题的各组成部分相互联系起来）：对所有的信息进行分析；

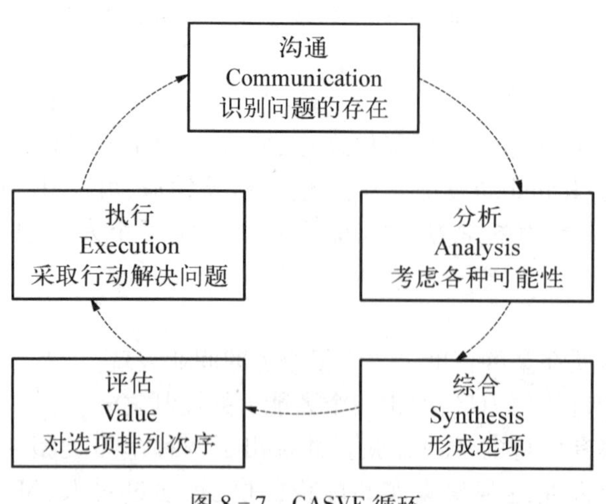

图 8-7 CASVE 循环

综合(synthesis)(形成选项):个人形成可能的解决方法并寻求实际的解决方法;

评估(value)(评估选项):评估每种选项的优劣,评出先后顺序;

执行(execution)(策略的实施):依照选择的方案做出行动。

金字塔的顶部是执行加工领域,在这里对自身状态进行觉察、监督和调控。通过这个过程,可以思考个体处于 CASVE 循环中的哪一个步骤,是否需要更多关于自我或者职业的信息,是否已经完成了决策过程,该做哪些调整以及准备何时执行一个选择。

金字塔的最底层是知识领域,包含自我知识和职业知识。自我知识包括了解自己的价值观、兴趣和技能,职业知识包括理解特定的职业、学校专业及其组织方式。在认知信息加工金字塔中,知识领域相当于电脑的数据文件,需要我们进行存储;决策领域相当于电脑的应用软件,对所存储的信息进行加工处理;执行领域相当于电脑的工作控制功能,操纵电脑按指令执行程序,对其下的两个领域进行监控和调节。从这个模型可以看出,任何一个层次出问题,都会影响职业生涯规划决策的质量。

认知信息加工理论重点关注的是如何决策,它展示了解决职业生涯问题的过程。作为向导,它能够帮助我们在制定决策的过程中认清现在所处的位置和将来的走向,也能够帮助个体提升个人生涯发展的质量。

三、职业生涯规划的意义

职业生涯规划有突破障碍、开发潜能和自我实现三个积极目的。一个人最大的幸福,是能以自己选择的方式生活。择其所爱,爱其所择的结果,会使一个人以己为荣,并呈现出圆融、丰足、喜悦、智慧和充满创业力的气质。通过职业生涯规划,可以把“我想做的事情”与“我能做的事情”有机结合起来,在客观分析自身和外界环境之后,制订出科学可行的、个性化的方案,实施这个方案,将会使自己的优势得到最大程度的发挥,需求得到最大程度的满足。

(一) 掌握自己的命运

一般说来,人的一生中有四大领域需要规划:工作、学习、休闲、家庭。各个环节相互关联,每个环节都需要花费心思、科学规划。当一个人拥有明确的规划时,面对重要选择才不会受他人左右。什么是自己想要的,哪个方向才离目标更近都心中有数,才不会走入弯路。清楚地认识到自己的人生目标和每个阶段的重心,才能成为一个真正掌握自己命运的人。借助职业生涯规划,把握每一个可能成功的机会,认识自我,发展自我,完善自我,培养个人的素质和修养,设计一生职业发展的最优路径。

(二) 有利于自我觉醒

职业生涯规划是一个意识问题,对于大学生来说,唤醒主动的自我探索意识,才能让个人掌握和搜索更多的信息。家长和学生在高中阶段将“上大学”视为人生的最大目标,因此,很多人进入大学之后就失去了未来生活的目标,也失去了学习的动力,而上大学是一个为今后从事某一职业的积累和准备阶段。职业生涯规划促使大学生去考虑将来成为一名职业人所需的能力和素质,让大学生有目的地去汲取知识、加大学习动力。

(三) 有利于自我定位

你今天站在哪里并不重要,但是你下一步迈向哪里却很重要。职业生涯规划的重要前提是认识自我。只有认识自我、了解自我,才能有针对性地明确职业方向,而不盲目化。认识自我是对自我深层次的解剖。了解自己能力的大小,明确自己的优势和劣势,根据过去的经验、经历,选择未来可能的工作方向,从而彻底解决“我想干什么”和“我能干什么”的问题。在此基础上,通过了解行业的特性、所需的能力、就业渠道、工作内容、工作发展前景、行业的薪资待遇等外部环境,理性地确定自己所具备的资本。这是人生所有规划和行动得以成功的基本依据,正所谓“知己知彼,百战不殆”。

(四) 找到实现理想的通道

职业生涯规划让我们拥有明确的目标,并围绕目标去学习和提升,即使目标不够明确,也会沿着既定的方向前行,这就是实现理想的通道。实现目标的强烈意愿对于个人而言是非常重要的,意愿越大,成功的机会也就越大,通过将意愿变成超强的行动力;行动力的根源来自意愿,意愿强烈才可以实现目标。

只有在发现和确定了人生奋斗的大目标之后,围绕这个中心,我们平常的行为才会更有效率和价值。职业生涯规划为我们的人生之旅设定了导航仪,指引我们走向成功。哈佛大学的一项追踪研究表明,只有 4%的人能获得成功,而他们成功的共同点在于,他们为自己的职业生涯早早确定了明确的目标,并且始终坚持。

(五) 实现人与职业的和谐发展

职业生涯规划实现人与职业的和谐,以促进自身的持续、健康、协调的全面发展进步为根本目标,在人职匹配的基础之上,将人的发展与职业的发展有机结合,使职业成为实现自我人生价值、自我人生幸福的工具和内容,让个人的发展成为推动促进职业发展和进步的主力,达到自我与职业的双赢,实现人与职业的和谐发展。

第二节 职业选择与决策

一、明确个人自我现状

职业生涯路线的确定,首先需要从自我人生目标、自身优劣以及目前所面临的挑战与机会开始思考。即从我想往哪一路线发展？我适合往哪一路线发展？我可以往哪一路线发展？这三个问题入手。因此我们必须明确自己目前的现状是什么样的,主要从性格、兴趣、价值观、能力和心理状态五个方面着手,去了解自己的现状。而每一种对应着相应的心理专用工具的测试,如图 8－8 所示：

(一) DISC 分析

19 世纪瑞典心理学家、哲学家卡尔·荣格(Carl Jung)将毕生精力,投入在人的行为研究上。经过数十年的统计分析,提出了 DISC 人类行为理论。这套理论对后来的心理学、社会

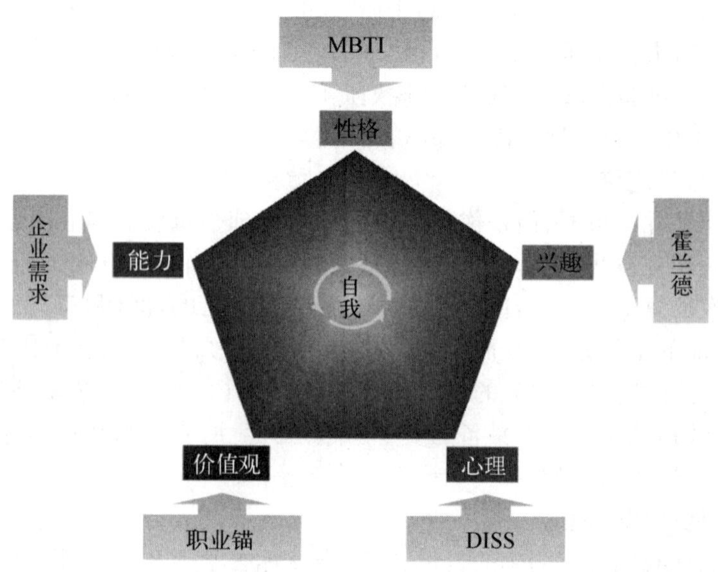

图 8－8　自我现状地图

学、人类行为学产生了极大的影响。美国国防部甚至在一战、二战期间使用这套理论进行军官的行为分类与管理。而这套理论对个人经营自己的人际关系、强化沟通技巧、开拓业务、维护长期的客户关系也有莫大的助益。

1. D 型：Dominance 支配型(指挥者)

情绪：易怒

恐惧：被利用

作风：高 D 直接、有压迫感、果断

中 D 好胜、有自信、不摆架子

低 D 小心、温和

目标：结果、控制

说明：支配度高者有自己的想法，且非常想成功，同时极擅让别人依他们的方法做事，具有支配能量高的人会做全盘考虑，并看情况是否有利，为满足自己的需要，他们会透过直接且压迫性的行为掌控环境，一旦现况不利时，他们通常能压住反对的声音。工作时支配度高者很像生意人。他们的工作环境忙碌、正式、有效率、有组织且功能性高。果断、反应快的人擅言词，同时尖锐而不圆融，因为他们以事为主，并要求结果。高自我意识的长处，使这类人经常成为组织的火车头，因为他们好胜、喜欢改变且讨厌现况。身为爱探险的行动派，这类人要的是直接答案，且喜欢马上看到结果。

2. Ⅰ型：Influence 影响型(社交者)

情绪：乐观

恐惧：排斥、失去社会认同

作风：高 I 活力充沛、自我促销、容易交往

中 I 稳若泰山、有自信、深思熟虑

低 I 自制、悲观、退缩

目标：人际交往及认同

说明：高 I 者沟通能力强，并对自己的社交能力很有自信。为了满足需要，具有高影响能量者会先结合他人，说服其进行合作，以团队方式完成预期目标。I 型生性较乐观，会将大多数状况视为有利条件，有别于 D 型的敏感行为，由于他们急于认识他人并获其欣赏，因此这类人的行为，有时是不善社交者很难理解的。他们通常有能力说服他人共同合作。他们的自我意识很强，与 D 型一样口才极佳，但高 I 型者较圆滑，对他人的感觉较敏感。他们非常外向，而且以人为主，同时珍惜关系。他们喜欢人际接触频繁的环境，因为他们在任何时候都可以交朋友。

3. S 型：Steadiness 稳健型（支持者）

情绪：无情绪

恐惧：突然改变、失去保障

作风：高 S 有耐心、容易预测、立场超然、合作

中 S 冷静、通融、步调快、动作快

低 S 停不住、性急、即兴、紧张

目标：保障、稳定

说明：稳健度处于曲线顶端的人，对大多数组织而言是纯金，因为他们不仅是忠诚的员工，也是可信赖的团队成员。他们是按部就班的逻辑思考者，喜欢为一个领袖或目标奋斗。稳健型偏爱稳定且可预测的环境，而需要改变时，他们会希望事先被告知。他们热爱长期的工作关系，以服务为导向，同时有耐心且和善，是一个能设身处地为他人着想且富同情心的聆听者，他们真正关心他人的感觉和问题，在专案中尤其能扮演幕僚的角色。稳健度高者很谦虚，且大部分情况下，刚开始时他们都不会直接表达。如果你不同意他们的想法，并想加以说服，最好带着如山铁证。要他们改变之前，先给他们重新思考的时间和空间。

4. C 型：Compliance 服从型（思考者）

情绪：危机意识

恐惧：被批评、缺乏标准

作风：高 C 精准、尽忠职守、自制

中 C 重分析、逃避、固执

低 C 武断、反抗心、不圆滑

说明：尽忠职守、谨慎、遵守他人之规定。服从型与支配及影响型经营者之间有很大的差异。他们天生精准且井然有序。由于他们思路清晰，只要知道正确的方向为何，就会受到激励，因此他们喜欢规矩和秩序。他们对自己和下属的要求都非常高。这类人遵守纪律，凡事讲求细节且维持高标准，不管做什么都要求完美。从适合工作类型来说，他们是杰出的会计师、程式设计师及脑部外科医师。

（二）MBTI 分析

20 世纪 40 年代，美国一对母女在荣格的心理学类型理论的基础上提出了一套个性测验模型。伊莎贝尔·迈尔斯（Isabel Myers）和凯瑟琳·布里格斯（Katharine Briggs）把这套理论模型以她们自己的名字命名，叫作 Myers - Briggs 类型指标 MBTI。MBTI 理论提出者荣格和伊莎贝尔母女从纷繁复杂的个性特征中，归纳提炼出 4 个关键要素——动力、信息收集、决策方式、生活方式，从而把不同的个性的人区别开来。MBTI 人格分类模型和理论的意义在于“解释人

与人之间的差异现象”以及优化决策，对决策流程“进行理性的干预”。

MBTI 通过了解人们在做事、获取信息、决策等方面的偏好来从四个角度对人进行分析，每个维度有两个方向，共计八个方面，其中两两组合，可以组合成 16 种人格类型（见图 8－9）。

精力支配：外向 E — 内向 I

认识世界：实感 S — 直觉 N

判断事物：思维 T — 情感 F

生活态度：判断 J — 知觉 P

研究方向：主要探讨各种性格类型与相关职业的匹配程度。

适用范围：主要应用于职业发展、职业咨询、团队建议、婚姻教育等方面，是目前国际上应用较广的人才甄别工具。

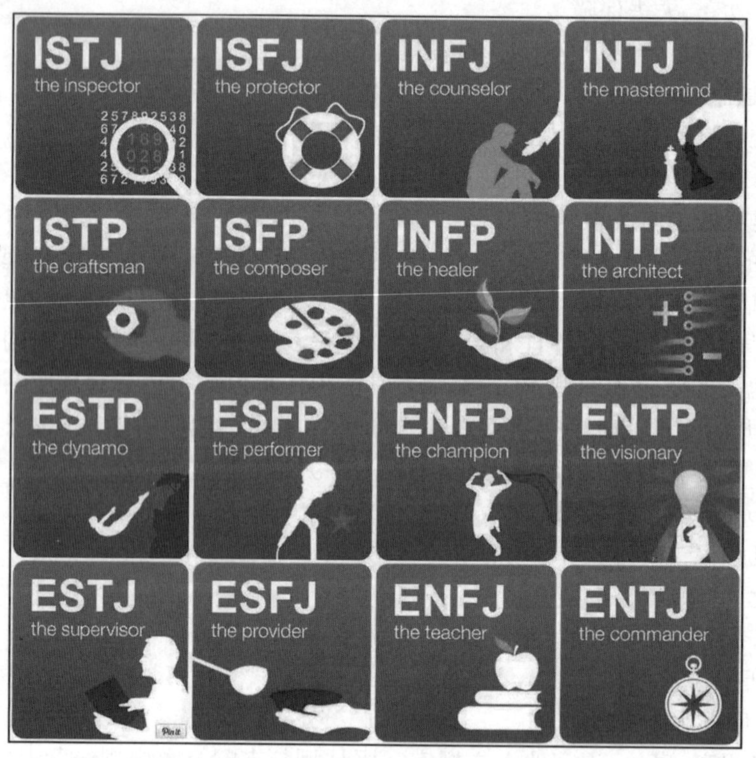

图 8－9　四个角度八个方面组合的 16 种人格

（三）霍兰德职业倾向测试

霍兰德职业倾向测试是由美国著名职业指导专家 J.霍兰德（J. Holland）编制的，他把职业分为六种不同类型，即现实型、研究型、艺术型、社会型、企业型、常规型。霍兰德认为，每个人都是这六种类型的不同组合，只是占主导地位的类型不同。霍兰德还认为，每一种职业的工作环境也是由六种不同的工作条件所组成的，其中有一种占主导地位。一个人的职业是否成功，是否稳定，是否顺心如意，在很大程度上取决于其个性类型和工作条件之间的适应情况。

研究方向：主要探讨各种兴趣与相关职业的匹配程度。

适用范围：该测评适用于高中毕业生、在读大中专生、应届大中专毕业生，以及已参加工作但渴望转行,需要发现和确定自己职业兴趣和能力特长的人士。

(四) 职业能力测试

职业能力测试是指通过出题测试的形式来预测某人的职业定位以及适合的职业类型还有性格之类。一般这属于一种倾向性的测试,又称之为职业能力倾向性测试。职业测试最主要就是看我们的职业定位。职业定位是自我定位和社会定位的统一,只有在了解自己和职业的基础上才能够给自己做准确定位。

(五) 职业锚

职业锚是强调个人能力、动机和价值观三方面的相互作用与整合。职业锚是我们内心深层次价值观、能力和动力的整合体,它是职业决策时最稳定不变的因素。职业锚一般情况下一旦确定就很难改变。职业锚问卷是个人进行职业生涯规划咨询、自我了解的工具,能够协助组织或个人进行更理想的职业生涯发展规划。

二、职业生涯决策的内涵及类型

(一) 职业生涯决策

1. 决策是一种高级思维过程

所谓决策,是根据所获信息做出选择的过程。任何决策都是承前启后的。决策是一种高级思维过程,是一种高级智慧,其中心环节是选择,即对各种方案作出优劣判断,进行取舍。

职业决策(career decision making)在台湾被翻译为生涯决定,是国外职业心理学、职业辅导、职业指导研究的重要内容之一。目前,心理学界对职业决策的界定不尽一致。国内的《教育大辞典》中这样定义职业决策:职业决策是人们根据自身特点和社会需要做出合理的职业方向抉择的过程,内容包括个人价值的探讨和认识、关于自我和环境资料的使用、谋划和决定过程。知名职业生涯教育专家沈之菲在《生涯心理辅导》中将生涯决策定义为个人在多项选择之间权衡利弊,以达成最大价值的历程。有效的职业决策不仅有益于个体,而且也有益于整个社会。

2. 职业生涯决策的常见类型

职业生涯决策是一件复杂的事情。在实际生活中,每个人在面临职业选择和决策的时候,也有不同的表现。基本上,职业生涯决策可以分为以下七种类型。

(1) 冲动型。冲动型决策是基于个人经验上的判断,仅凭感觉未经思考,明显带有个人特征,不仅没有获得充分信息进行决策,也没有时间做详细决策。往往表现为轻易许诺,盲目性大,易情绪激动,没有经过认真调查分析,事后有时会因种种原因而不兑现。所做的决定可能很适当,也可能很盲目。

(2) 武断型。武断型决策崇尚感性直观,片面、机械、自主性强,不认真调查分析,缺乏思辨性,只是简单的黑白型决策,即非黑即白,非白即黑的决策,不太考虑中间的其他可能。这种类型的人往往在菜单上只挑第一眼看的菜,这还无所谓,而在生涯选择上如果持有这样的态度,常有大麻烦。

(3) 依赖型。依赖型的决策是自己不愿意做决定,把决定的权力交给别人,认为船到桥头自然直,天塌下来还有别人扛着;对亲近与归属有过分的渴求;宁愿放弃自己的个人趣味、人生观,只要能够找到一座靠山,时刻得到别人的温情就心满意足了。这种决策方式使人越来越懒惰、被动、脆弱,缺乏自主性和创造性,总想着让别人替自己决策。由于处处委曲求全,依赖型决策者会产生越来越多的压抑感。

(4) 拖延型。拖延型决策是由于信息不充分,不愿意改变现状或者害怕承担决策风险而经常迟迟不做决定,或者要到最后一刻才做决定。自控性差,得过且过。比如,实际状况已经很糟了,但不是马上处理,而是延至明天、后天,甚至把希望寄托在未来,期望有一天得到圆满解决,导致最后不可收拾的残局。

(5) 犹豫型。犹豫型决策是在信息很充分的情况下,表现为被动,患得患失,过于在乎利益得失,难以及时做出决策。它与冲动型决策相反,选择的项目太多,无法从中择一而行,经常处于挣扎的状态,下不了决心。其实,做出决策后,当发现决策错误时,还是可以及时应变的,没有不可改变的决策。这种类型的决策者须建立自信,面临选择时,果断决策。

(6) 宿命型。宿命型决策表现为被动、自卑,相信命运的安排,认为一切都是命中注定的。决不决策一个样,难以改变自己的处境。将决策结果归因于缘分、命运等。

(7) 系统型。系统型决策的质量取决于个人在决策中运用信息的多少,所以系统型决策在做出决策前,会全面考虑多方面的因素,然后才自主地、及时地做出有计划的系统决策。通常做决定时,理性感强,能倾听自己内在的声音,也考虑外在的要求,按部就班,可保证执行效果,是最佳的决策类型。

在以上七种决策类型中,除了系统型决策是有效、合理的决策外,其他的决策类型都存在问题。有的是没有掌握充分的信息,有的是过于依赖环境和他人,自己无所作为等。我们做出的决策可能并不只属于上述的某种类型,而是几种类型的综合。虽然决策是一个复杂的过程,但是我们还是需要在决策时,提前收集充分的信息,当机立断,从被动到主动,从盲目到理性,从依赖到自主,从片面到系统,从机械到辩证,从空想到务实,认真做好每一次决策,不断提高自己的决策水平。

如果从做决策的时间、决策时掌握的信息、决策是否自主、决策是否具有连续性这四个方面来对上述七种决策类型进行综合分析,我们可以得到以下表格(见表 8-1):

表 8-1 七种决策类型比较

	时间		信息		自主性		连续性	
	早	迟	充分	缺乏	自主	依赖	一致	多变
冲动型	○			○	○			○
武断型	○			○	○		○	
依赖型		○		○		○	○	
拖延型		○		○	○		○	
犹豫型		○	○		○			○
宿命型		○		○		○	○	
系统型	○		○		○		○	

(二) 影响职业生涯决策的因素

哪些因素可能会影响到职业决策呢?有关专家认为,个人在做出职业决策时,主要应从以下四个方面来考虑。

1. 当前的经济状况

我们经常可以看到这样的情况，一些人由于经济拮据，又不想再拖累父母家人，于是随便就去了一家向他伸出橄榄枝的单位。

2. 亲人和朋友的影响

有些人缺乏社会经验，有时也缺乏判断力，家人的选择通常会对他们最终的选择产生相当大的影响。还有些人则很喜欢攀比，朋友找什么样的工作，自己也不假思索地跟着去。其实，适当地听取家人和朋友的意见是必要的，但最关键的是要有自己的主见。

3. 社会环境

可能你的专业就业面窄，也可能就业压力确实很大，使你"没得选择"；当然也许某些职业显得很热门，你会不由自主地跟着别人一起选择。对此，特别要提醒的是，就算你真的"没得选择"，也要选择一个与你目标接近的职业，再静待时机寻求转换。不要盲目追随热点行业，再热的行当都有可能会冷，现在的冷门行业将来也可能转热。当年的会计行业、现在的 IT 行业就证明了一点。

4. 个人志向

研究表明，志向远大者，都会有明确的发展目标及职业生涯规划。这些人都会始终关注自己该走什么样的职业发展道路，什么样的选择会对自己更加有利。对于他们来说，前面的三个问题根本不是问题，或说只是暂时的问题。

而没有目标或目标不明者，则多会安于现状，或者说不知道怎么改变。如在择业上，常会是因为没有主意所以就不去选择，于是找个工作就可以了，"就业吧，先！"。这类人最需要外力的帮助，特别是在择业这样关键的决策上。

（三）职业生涯决策须遵循的原则

1. 择己所爱

从事一项你所喜欢的工作，工作本身就能给你一种满足感，你的职业生涯也会从此变得妙趣横生。兴趣是最好的老师，是成功之母。调查表明：兴趣与成功概率有着明显的正相关性。在设计自己的职业生涯时，务必注意：考虑自己的特点，珍惜自己的兴趣，择己所爱，选择自己所喜欢的职业。

2. 择己所长

任何职业都要求从业者掌握一定的技能，具备一定的能力条件。而一个人一生不能将所有技能都全部掌握。所以在进行职业选择时择己所长，有利于发挥自己的优势。运用比较优势原理充分分析别人与自己，尽量选择冲突较少的优势行业。

3. 择世所需

社会的需求不断演化着，旧的需求不断消失，新的需求不断产生，新的职业也不断产生。所以在设计你自己的职业生涯时，一定要分析社会需求，择世所需。最重要的是，目光要放长远，能够较准确预测未来行业或者职业发展方向之后，再做出选择。其中，不仅仅是要考虑社会需求，并且考虑的这个需求要长久。

4. 择己所利

职业是个人谋生的手段，其目的在于追求个人幸福。所以你在择业时，首先考虑的是自己的预期收益——个人幸福最大化。明智的选择是在由收入、社会地位、成就感和工作付出等变量组成的函数中找出一个最大值。这就是选择职业生涯中的收益最大化原则。

三、职业生涯决策的方法和步骤

合理的职业生涯决策的基本过程包括三个方面，第一是了解自己，第二是了解职业世界，第三便是运用一定方法进行职业选择和决策。而一个完整的职业决策通常包括以下几个步骤：确立问题、确定备选方案、评估各个备选方案、选定最佳方案，至此，一个职业决策便完成了。下面介绍几个在进行职业决策时比较有用的方法。

（一）职业生涯决策的优选原则：SWOT 分析法

SWOT 分析法是英文单词 Strengths（优势）、Weaknesses（劣势）、Opportunities（机会）、Threats（威胁）的缩写，其中 S、W 是指内部因素，O、T 是指外部因素。该方法最早是由哈佛商学院的 K.J.安德鲁斯教授于 1971 年在其《公司战略概念》一书中提出的。

所谓 SWOT 分析，即态势分析，就是将与研究对象密切相关的各种主要内部和外部的优势、劣势、机会和威胁等，通过调查列举出来，并依照矩阵形式排列，然后用系统分析的思想，把各种因素相互匹配起来加以分析，从中得出一系列相应的结论，而结论通常带有一定的决策性。因此，如果运用得当，SWOT 分析法是一种有效的职业生涯决策的方法。

为了便于理解，接下来给大家展示一个运用 SWOT 分析法进行职业生涯决策的例子。

小 A 是一名师范大学毕业的男研究生，心理学专业，在校期间专业成绩优秀，曾多次获取奖学金，发表论文若干篇，且一直担任学生干部工作，成绩斐然。但是他性格急躁，容易冲动，而且没有直接的工作经历，唯一的工作经历是二年级时在一家大型电子公司的人力资源部门实习了半年。现在他想谋取一份人力资源管理的工作。下面我们以此个案为例，来详细阐述如何在个人职业生涯决策中运用 SWOT 分析结果。

表 8-2　个体职业决策过程中 SWOT 结果的运用

外部环境分析（O. T.） 内部环境分析（S. W.）	机会（Opportunity）	威胁（Threat）
	(1) 人力资源管理部门逐渐受到企业的重视 (2) 入世后，外资企业的进入导致人力资源管理人才需求量的增大 (3) 心理学在人力资源管理中的重要性逐渐凸显出来	(1) 人力资源管理方向的毕业生就业面窄 (2) MBA 的兴起 (3) 人力资源管理在很多企业中仍然处于刚起步阶段，其运作很不规范 (4) 比起学历，我国许多企业更看重工作经验
优势： (1) 硕士学历，成绩优秀 (2) 丰富的学生干部管理经历 (3) 大型公司半年实习的经历 (4) 具有心理学的知识背景	优势机会策略（S. O.） (1) 继续学习心理学知识，将心理学知识运用到人力资源管理中 (2) 发挥担任学生干部的管理特长	优势威胁策略（S. T.） (1) 强调自身心理学背景的优势 (2) 强调大型公司半年的实习经验 (3) 强调较强的学习能力和适应力

（续表）

外部环境分析（O. T.）／内部环境分析（S. W.）	机会（Opportunity）	威胁（Threat）
	（1）人力资源管理部门逐渐受到企业的重视 （2）入世后，外资企业的进入导致人力资源管理人才需求量的增大 （3）心理学在人力资源管理中的重要性逐渐凸显出来	（1）人力资源管理方向的毕业生就业面窄 （2）MBA 的兴起 （3）人力资源管理在很多企业中仍然处于刚起步阶段，其运作很不规范 （4）比起学历，我国许多企业更看重工作经验
	劣势机会策略（W. O.）	劣势威胁策略（W. T.）
劣势： （1）师范院校毕业 （2）没有丰富的工作阅历 （3）专业不对口 （4）性格急躁，容易冲动	（1）利用较强的学习能力，自学人力资源管理课程，加强英语学习 （2）继续加强自己在师范院校中所培养的口语交流、文字书写等优势	（1）训练克制自己的冲动个性 （2）结合两个不同的专业，培养宽阔的视野和创新能力 （3）积极寻找重视员工潜能的企业

分析后之整体结论：职业发展道路定位在大中型的外资企业人力资源管理部门［信息来源：杨英，龙立荣.SWOT 分析法在职业生涯决策中的运用［J］.华东经济管理，2005，19（2），略有改动］。

（二）职业生涯决策平衡单

职业生涯平衡单是一个帮助我们进行职业生涯决策的表单，表单包括三栏内容，一是决策时你所考虑的因素，二是权重系数，三是你面临的几个备选项。

1. 影响决策的因素

影响决策的因素归为四类，即自我物质方面的得失、他人物质方面的得失、自我精神方面的得失、他人精神方面的得失。根据每个影响因子对决策的重要程度给出不同的权数。需要注意的是来访者需要不断地了解信息，澄清概念，影响因素及其权数越真实可靠，则决策越可信。

2. 决策平衡单的使用方法

第一步：在第一行列出所有选择。

第二步：在“考虑项目”一列中，根据个人关注的内容，填入在选择中需要考虑的因素。

第三步：将表的各项加权记分。

每个项目的得分或失分，可以根据该方案具有的优势（得分）、缺点（失分）来回答，计分范围 1～10 分。

给每个“考虑项目”赋予权重，权重高低性因人、因时、因地不同。之后，你可以根据考虑项目的重要性与迫切性，给他们乘上权数，加权范围 1～5 倍。

第四步：合计每个方案的优点总分和缺点总分，正负相加，算出客观的得失差数。

注意：根据自己的真实想法作答，方可正确评估每个方案对自己的重要性。

3. 个人职业生涯决策平衡单举例

即将大学毕业，小 B 面临着两个选择，直接就业或者是在国内读研究生，表 8－3 是他对职业生涯决策平衡单的实际运用。

表 8－3　个人职业生涯决策平衡单

考虑因素			加权比重	第一方案（就业）				第二方案（国内深造）			
				原始		加权		原始		加权	
				得	失	得	失	得	失	得	失
个人方面	物质	报酬优厚	5	3	–	15	–	4	–	20	–
		晋升机会佳	3	–	4	–	12	2	–	6	–
		对环境的安全感	1	–	2	–	2	2	–	2	–
		就业机会	4	4	–	16	–	3	–	12	–
		个人经济负担	2	1	–	2	–	–	5	–	10
	精神	符合自己的能力	5	3	–	15	–	1	–	5	–
		符合自己的兴趣	3	2	–	6	–	2	–	6	–
		符合自己的价值观	1	1	–	1	–	1	–	1	–
		满足自己的自尊心	2	–	1	–	2	3	–	6	–
		社会声望较高	5	–	3	–	15	5	–	25	–
		适合自己的生活方式	2	–	2	–	4	1	–	2	–
		具挑战性	3	–	1	–	3	5	–	15	–
他人方面	物质	家庭经济负担	2	2	–	4	–	4	–	8	–
		家庭地位	3	2	–	6	–	4	–	12	–
		家人相聚时间	3	–	1	–	3	–	2	–	6
	精神	带给家人的声望	1	1	–	1	–	2	–	2	–
		对女友的影响	4	2	–	8	–	–	3	–	12
		师长的期望	1	1	–	1	–	–	2	–	2
合　　计				22	14	75	41	35	16	114	38

（信息来源：华东师范大学职业教育与成人教育研究所刘德恩教授《职业心理学》课程讲义）

（三）职业生涯决策技术：决策方格法

1. 运用决策方格法步骤

（1）列出你最向往的 2~3 个职业。

（2）根据个人情况，从价值满足程度，兴趣一致程度、专长施展空间等方面，一一评估每个职业总的回报等级（优、良、中、差）。

（3）根据就业机会状况，从能力与经验要求、学历限制、发展前景等方面，评估职业总的就业机会。

（4）根据“回报”和“机会”的评估结果，在职业决策方格中找到相应的位置，并将每个职业填入对应的“决策方格”中。

（5）将每个职业的回报与机会相乘，乘积最大的职业，就是最适合你的职业。

2. 运用决策方格法举例

请看小丽的决策方格图：

人力资源干事 = 3×3 = 9

文秘 = 2×1 = 2

初中教师 = 4×2 = 8

这样，从决策方格上看，对于小丽来说，最优的选择是人力资源干事（见图 8 - 10）。

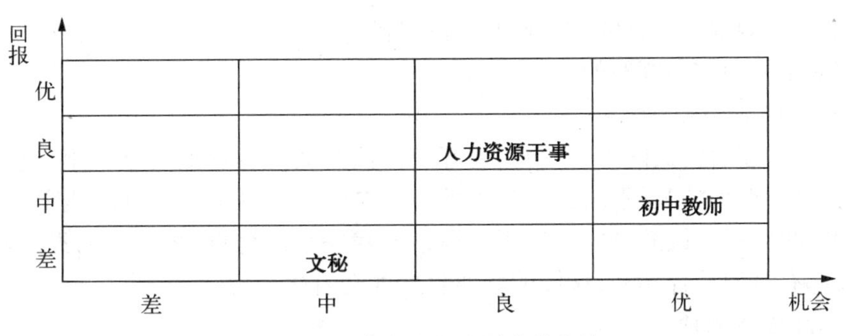

图 8 - 10　个人职业生涯决策方格

（信息来源：刘德恩.职业生涯规划——学习、就业与创业指导实操[M].北京：北京师范大学出版社，2006：71 - 72.）

第三节　实践职业成长

一、撰写职业生涯书

职业生涯规划，简而言之，就是正确认识自己，全面了解环境，合理选择职业目标和途径，利用高效行动去实现自己的职业目标。职业生涯规划是促进大学生择业就业的有效手段，其撰写有一定的规范要求。

（一）《职业生涯规划设计书》构成

《职业生涯规划设计书》主要包括引言、自我分析、环境分析、职业定位、计划实施、评估修正、结束语几个部分，具体内容和要求如下：

1. 引言

对职业生涯规划的认识，对设计书整体内容的概述。

2. 自我分析

结合个人实际情况，通过职业测评结果，叙述分析自身的职业兴趣（喜欢干什么）、职业能力（能够干什么）、个性特质（适合干什么）、职业价值观（最看重什么）、胜任能力（优劣势是什么）等，自我分析部分须进行小结。

3. 环境分析

分析自己所处的环境，包括家庭环境、学校环境、社会环境、职业环境等，职业分析部分须进行小结。

4. 职业定位

根据自我分析和职业分析，定位自己职业目标，并从优势、劣势、机会、威胁四方面分析整理,以作决策。

5. 计划实施

制订计划实施一览表,结合自身职业定位,对自己大学生活、职场适应及长期发展做出实施计划。

6. 评估修正

结合自身与环境的发展变化,评估、修正职业生涯规划方案。

7. 结束语

总结职业生涯规划方案,展望自身职业发展等。

(二) 职业生涯规划书撰写的注意事项

1. 职业生涯规划要实事求是

在对自己的兴趣、特长、能力、社会需要等各方面全面了解评估的基础上,进行目标设定,一定要结合自身特点和情况,不能完全脱离现实。要认清兴趣与能力,能力与社会需求都是存在一定差异的,我们所要做的是要在这诸多因素中找一个结合点,将自己的经历经验、专业技能、兴趣特长都有机地结合起来,这样的职业目标才会有生命力。

2. 结合人才素质测评

有的同学在撰写报告书时,对自我的分析仅凭自我认识及他人评价,这是不全面的,也缺乏足够的理论依据。正确的做法是将个人认识、他人评价和人才素质测评结果有机结合,形成一个较为全面的自我认知,据此设定的目标的信度才较高。当然,由于人才素质测评的效度和信度也不是绝对的,所以也不可完全根据测评结果设定职业目标。

3. 措施要有可行性

针对职业目标制定的措施一定要具有可行性,这是评价报告书的一个重要部分。最好制定出长期、中期、短期计划,并拟定详细的执行方案,规定时间限制。高年级的同学可将重点放在就业三至五年内的职业规划;低年级的同学可将重点放在大学生涯的规划上。无论哪个阶段的同学,在写规划时都应突出为职业发展所做的准备工作。

4. 报告书应有自己的风格和特色

想要出色,就要力争做到创新,无论是行文的风格、叙述的方式、文案的设计,还是职业目标的选择、职业路线的设计等,都要彰显自己的个性与特色。

5. 撰写报告书的几忌

忌大,忌空,忌记流水账,忌条理不清,忌文法不通、错别字连天,忌过于煽情、没有理性分析,忌死气沉沉、没有朝气。

二、积极实践行动

美国职业生涯大师雷恩·吉尔森的著作《选对池塘钓大鱼》说的是职业选择的重要性。如果说选对了一个大池塘,而且这个池塘里有许多大鱼,但有"大鱼不一定能钓得上"。这其中的原因,可能就是你还不明白这个池塘的鱼如何活动,你还没有掌握它们的行动规律。

(一) 校内成长机会

(1) 专业技能:专业知识的学习与研习。

(2) 职业素养:按行业行为的要求,逐渐形成习惯。

(3) 人际交往能力:学会与周围的同学相处(同宿舍、同班级、同楼层、同园区、同校区)。

(4) 组织管理能力：积极参与校园内的各类活动，提高自身的组织协调能力。

(5) 创业能力：学习创业知识，学着创业。

(二) 校外实践机遇

(1) 视野开阔：参与校内的海外培训计划，拓展国际视野。

(2) 行业认识：积极参与企业实习与见习，以及各类行业会议，了解行业与企业的发展趋势。

(3) 了解社会：关注国家对于旅游行业的相关法律与政策。

(4) 岗位熟悉：按岗位匹配的原则，寻找自己适合的岗位，并利用假期与人脉关系了解其岗位对人员的基本素质与能力要求。

(5) 人脉积累：积极与学长(校友)们保持联系，创造机会与行业人士认识与交流。

(三) 入职适应

员工入职适应的培训其实也应是公司的一项重要职责。公司需要及时做好员工个人与学校的接轨。这个接轨就是及时使学生从学生思维向员工思维转换。这个转换的前提就是公司发展相关信息的传达，一些愿景、蓝图的共享。只有大学毕业生能够看到公司的长远境况，并把自己放在这样一个大的背景下思考的时候，他们才能够真正开始从一个学生转变为员工，他们渴望的自由才能够从"自由主义渴望"转变为公司价值创造的"自由发挥"。

三、坚持与修正

职业生涯规划的反馈、修正与调整过程是个人对自己的不断认识过程，也是对社会的不断认识过程，是使职业生涯规划更加有效的手段。

(一) 自我对话

是一种一闪而过的念头和想法。通俗来说，就是自己在内心对自己说的话。自我对话对我们的行为有很大的影响，它既可以是积极的，也可以是消极的。积极自我对话能产生两点好处：第一，产生一种积极的期待，让个体对即将开始的行动很有信心，也会付出更多努力；第二，强化积极的行为。

(二) 自我觉察

自我觉察指个体知道自己正在做什么和为什么做。自我觉察能促进个体成为更有效的问题解决者，可以知道自己的身心状态，能够明确积极或消极的自我对话，然后通过自我监控，对身心状态、自我对话进行调整。

(三) 自我监控

自我监控是指对自身和正在做的事情的进展状况进行思考和调控。个体能够监督自己完成决策过程的方式，控制自己分配给每个时期或阶段的时间，及时调整自己的方式和策略。

考核修正一般模式，如表 8-4 所示：

表 8-4　考核修正表格

阶段目标 (预计结果)	实施结果	评估差距	分析差距 产生原因	修正措施

（续表）

阶段目标 （预计结果）	实施结果	评估差距	分析差距 产生原因	修正措施

在我们的生命中，有时候我们必须做出困难的决定，开始一个更新自我的过程。愿我们的人生旅途充实！愿我们的职业生涯前程似锦！

实战演练

一、我的专业我做主

1. 你所学的专业是什么	
2. 你更喜欢的专业是什么	
3. 导致你选择了现在的专业原因	
4. 对现在所学的专业了解度	
5. 本专业毕业后都可以做什么工作	
6. 你喜欢专业日后可以做什么工作	
7. 这些专业需要的基本能力素质等要求是什么	
8. 你打算大学里如何学习本专业和提高能力	

二、画出你的生命线

请在白纸上画一条直线，每个人都有自己独特的生命线，但有一点是一样的：出生（0岁）是你生命的开始，到你所认为的末端结束。想一下，你期待自己活到多少岁？

在这条生命线中找到你现在的年龄点，并标记下来。

把你生命历程中发生的五到六件重要事情在生命线相应位置标注年龄，如这些事情对你有积极影响，请标注在生命线上方；反之，请标注在下方。

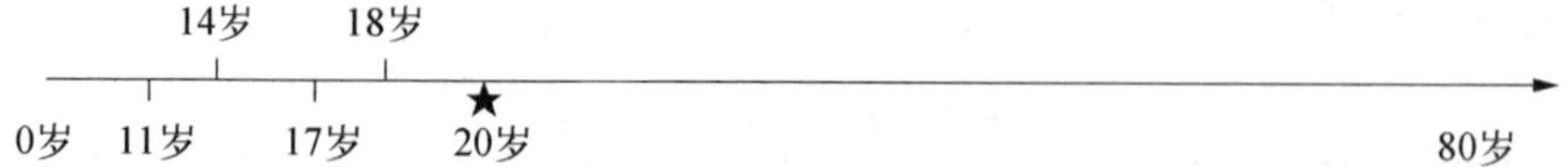

三、运用 SWOT 分析

运用SWOT分析法，对你毕业后最想从事的工作做出分析，以本章的例子作为参考。

个体职业决策过程中 SWOT 结果的运用

<table>
<tr><td>外部环境分析（O. T.）
内部环境分析（S. W.）</td><td>机会（Opportunity）

</td><td>威胁（Threat）

</td></tr>
<tr><td>优势：</td><td>优势机会策略（S. O.）

</td><td>优势威胁策略（S. T.）

</td></tr>
<tr><td>劣势：</td><td>劣势机会策略（W. O.）

</td><td>劣势威胁策略（W. T.）

</td></tr>
</table>

四、撰写个人的旅游职业素养成长方案

（一）基本要求

1. 个人基本资料

姓名、性别、民族、出生年月、学校、院系、电话、电子邮件、家庭地址

2. 旅游职业素养目标

个人形象目标：

沟通能力目标：

当众演讲目标：

团队协作目标：

专业学习目标：

职业道德目标：

职业发展目标：

长期目标：

中期目标：

短期目标：

3. 正文内容

（1）旅游职业素养自我认知（可结合正式评估与非正式评估工具）。

① 职业道德、自我形象、沟通能力等测试

② 360 度评估（家长、教师、同学等评价）

③ 橱窗分析法

④ 自我认知小结

（2）目标职业的素养认知。

① 目标职业确定（行业、职业、岗位）

② 目标职业分析（任职资格、工作条件等，得出对人的职业素养的具体要求）

③ SWOT 分析（S 使用，W 弥补，O 利用，T 排除；关注 SO、WT，使 SO 最大，WT 最小）

④ 目标职业素养认知小结

（3）职业素养成长设计。

① 确定目标和路径（大学生要以未来三至五年规划为重点设计出不止一条实现路径）

② 制定行动计划（以未来三至五年为重点，内容要包括备用计划）

（4）动态分析调整。

① 字数应不少于 3 000 字，用 A4 纸打印，左侧装订

② 个人独立完成，杜绝抄袭

（二）评分标准

旅游职业素养成长方案评分标准

评分要素	评分要点	具体描述
旅游职业素养成长方案	自我职业素养现状认知（满分20分）	1. 自我分析清晰、全面、深入、客观，能清楚地认识到自己旅游职业素养成长的优势和劣势（满分 5 分）
		2. 将人才测评量化分析与自我深入分析综合起来，客观评价自我，个人形象礼仪、沟通能力水平、即兴演讲能力、职业生涯规划能力水平、职业道德等分析全面、到位（满分 5 分）
		3. 从个人兴趣爱好、成长经历、社会实践中分析自我职业素养（满分 5 分）
		4. 自我评估方式应用正确、合理（满分 5 分）
	旅游职业素养的认知（满分 30 分）	1. 了解社会的整体行业趋势，并且了解行业状况（满分 5 分）
		2. 对目标行业发展前景及现状了解清晰，并且了解行业中对从业人员职业素养的需求（满分 5 分）
		3. 对行业内标杆组织的人力资源管理战略、企业文化等的分析，做到职业素养方面“人企匹配”（满分 5 分）
		4. 对目标职位的工作职责、任职者所需职业素养等的分析，做到职业素养方面“人岗匹配”（满分 5 分）
		5. 通过对外部环境的分析，能清楚认识到自己面临的机会、挑战以及对自我职业素养培养方面的影响（满分 5 分）
		6. 环境评估方式的应用正确、合理（满分 5 分）
	旅游职业素养目标路径设计（满分 25 分）	1. 职业素养目标确定和发展路径设计要符合外部环境和个人特点，更要符合实际，可执行，可实现（满分 15 分）
		2. 职业素养培养的路径符合逻辑和现实，对实现目标而言具有可操作性和竞争力（满分 5 分）
		3. 要用长远的眼光设定职业素养目标，并将总目标划分成几个阶段性目标来实现（满分 5 分）

（续表）

评分要素	评分要点	具 体 描 述
旅游职业素养成长方案	旅游职业素养规划与实施计划（满分15分）	1. 行动计划清晰、可操作性强（满分5分）
		2. 行动计划对保持个人优势、弥补个人不足、全面提升个人职业素养有针对性、可操作性（满分5分）
		3. 近期计划详尽，中期计划清晰并具有灵活性，长期计划具有方向性（满分5分）
	作品思路和逻辑（满分10分）	职业素养成长过程思路清晰、逻辑合理，能准确把握方案设计的核心与关键（满分10分）

第九章　旅游从业者自我管理

最先和最后的胜利是征服自我。只有科学地认识自我、正确地设计自我、严格地管理自我，才能站在历史的潮头去开创崭新的人生。

——柏拉图

☆知识目标：了解时间管理的概念、特征、误区；了解心理健康的概念、评价标准等；掌握时间管理和心理健康的基本方法；掌握获得良好职业心态的途径和方法。

☆能力目标：运用时间管理的基本方法提高自身的时间使用效能，采用有效方法应对挫折和压力，保持健康的心理状态。

☆德育目标：学会合理取舍，培养自我认识、自我计划、自我约束的良好品质，使自己成长为具有良好职业心态、能够自我管理的新时代旅游人才。

第一节　旅游从业者的时间管理

一、时间管理概述

时间具有“供给毫无弹性”“无法蓄积”“无法取代”“无法失而复得”等特性，所以时间是最不为人们理解和重视的，也正因为如此，时间的浪费比其他资源的浪费更为普遍，也更为严重。

因此，当人们无所事事，或者忙得晕头转向却不见成效时，应该暂时停下来审视一下自己的时间利用效率，审视一下自己在时间中所处的位置，寻找一条更为合适的途径，实现自己的目标，追求自己的人生价值。

（一）时间管理

1. 时间管理的定义

时间管理是指通过事先规划并运用一定的技巧、方法与工具，灵活、有效地运用时间，从而实现个人或组织的既定目标。在日常生活中始终如一、有的放矢地采用行之有效的方法，组织管理好自己生活的方方面面，最有意义、最大限度地利用自己所拥有的时间，这就是时间管理。

时间管理不仅仅是工作的管理，也包含业余时间的管理；不仅仅指企业管理，同时也包含家庭生活、业余时间、业余爱好的管理。也就是说，时间管理应包含生活中所有时间的合理利用和支配。

2. 时间管理的关键

时间永远不会停止下来，而且，时间本身不能被管理，能够被管理的是个人和个人的选择。

时间管理的关键在于：如何选择、支配、调整、驾驭在单位时间里所做的事情。

具体的做法是做好分析，对各种各样的事物，应该有自己更多的理解。分清该事物中哪些是可控因素，哪些是不可控因素。然后抓住可控因素，最大限度地去利用可控制的那一面，把不可控的因素减到最少，避免在不可控因素上浪费时间。这样区别对待，才能够充分地利用有限时间，产生最大的效益。

做好上述分析，还要有一个详细的工作规划。然后用强大的执行力去贯彻实施。

3. 时间管理有三大观念

第一是时间观念，第二是效率观念，第三是效能观念。对这三大观念的理解和把握，是时间管理的关键。

(1) 时间观念：1 小时与 3 年的关系。建立时间观念很重要，有了时间观念，才能利用琐碎的时间，才能把点点滴滴的时间积攒起来。在人们的理解中，3 年是一个很大的时间单位，而 1 小时则是一个常被忽略的时间单位。实际上，如果每天能节约出 1 个小时，则 70 年的岁月中，就可以节约出 3 年的时间。时间观念的重要性由此可见一斑。

(2) 效率观念：速度能使石头漂起来。所谓效率观念，就是要有速度。石头之所以能漂浮在水面上，如《孙子兵法》所言“疾也”，是因为速度很快。

(3) 效能观念：始终不偏离终极目标和结果。效能观念就是不仅要衡量速度的快慢，还要考虑其他的因素。中国人习惯以效率衡量事物，而不常论效能；人们常常夸奖一个人做事很有效率，却很少夸这个人非常有效能。

效能的概念，用毛主席的话来说，效率是代表“快”，效能代表“多、快、好、省”，即数量多、速度快、结果好、品质高、成本节约。也就是说，仅仅速度快不行，还要方向正确、结果良好、效果明显、成本又低，所以效能的概念始终不偏离终极目标和结果。在时间管理中，时间的效能与人生的奋斗方向、企业的终极目标要相吻合。

效率与效能的关系犹如价格和性价比，效率就好比价格，而效能好比是性价比。在单位时间内，所获得的产值大小就是效率，而在单位时间内所获得的价值和回报的大小就是效能。

要成为 21 世纪的职业精英，不但要意识到时间很重要，要去抓点点滴滴的时间，要注意做事情的数量和速度，同时还要追求价值，力学“多、快、好、省”。

(二) 时间管理的发展历程

时间管理的发展经历了四个阶段，人们从认识到时间管理的重要性，到开始进行时间管理，其间也经历了管理方式和管理重点的转移。

1. 第一代：时间增加和备忘录

第一个阶段称为时间的单纯增加和备忘录。时间的增加是指当时间不够用，而工作任务比较多的时候，就单纯地加班加点，延长工作时间。

备忘录就是把所有要做的项目列出来，制作成一个工作任务清单，做一件，勾掉一件，以此种方式进行时间的分配和使用管理。

2. 第二代：工作计划和时间表

第二个阶段称为工作计划和时间表，即在所有要做的工作任务开始之前，把清单列出来，在每一项任务之前定一个时间的期限，例如早晨 8 点~9 点做什么，9 点~10 点做什么，下午 1 点~2 点做什么，每一项任务都有开始和结束的时间，在这个时间段中完成规定的某项任务。这个方法有时候也称为行事历时间管理法。

3. 第三代：排列优先顺序以追求效率

第三个阶段称为排列优先顺序以追求效率。当工作任务越来越多，多到在规定的时间里面没有办法彻底做完的时候，就要求对时间管理的内容进行一定的更改。第一，对工作任务要做一些取舍；第二，把工作任务按主次排序，比如，先做哪一件，后做哪一件；重点做哪一件，非重点做哪一件；主要做哪些，次要做哪些；做哪些，不做哪些。描述这个取舍和优先顺序可以采用象限法。

如果按照重要程度的轴来标记横坐标，按照紧急程度的轴来标记纵坐标，可以构成 ABCD 四个象限，A 象限是又重要又紧急的事情，B 象限是重要但不紧急的事情，C 象限是紧急但是不重要的事情，D 象限是不重要也不紧急的事情，如图 9－1 所示：

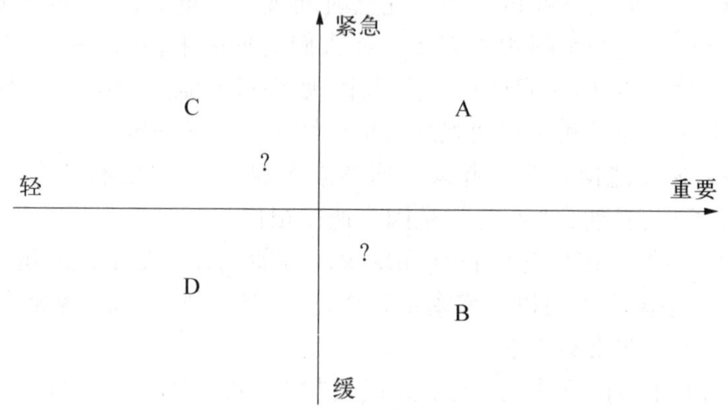

图 9－1　第三代时间管理象限示意图

（1）A 类工作。假设用一个统一的标准把所有的工作任务做明确清晰的划分，然后对 ABCD 四大类的工作进行排序，显而易见，首先应做 A 类工作，因为 A 类是又紧急又重要的，这类工作一般属于突发事件。当工作中出现了突发事件的时候，应该放下手头所有的工作，全身心地扑上去，这种行为被形象地称为救火行动。

（2）B 类工作和 C 类工作。当重要又紧急的突发事件被处理之后，接下来应该处理 C 类紧急但不重要的工作，还是 B 类重要但不紧急的工作？有人认为 C 类工作很紧急，应先期处理，也有人认为 B 类工作很重要，应先期处理。按照时间占用的顺序来划分，也就是按照时间的紧急程度来说，专家认为应先处理 B 类工作。

为了预估 B 类工作和 C 类工作完成时间及情况，可假设不做 C 类或 B 类工作，分别会导致整个时间管理出现怎样的状况。通过这两种状况的不同比较，就可以清晰地看到两种选择的差别。

B 类工作重要但不紧急，如果不做的话，B 类工作会随着时间的推移，越来越紧急，直到突破一定的极限，变成 A 类工作，所以，B 类重要不紧急的工作一旦被拖延下去，就会变成突发事件。C 类工作如果不断地被拖延，随着时间的推移，它也会变得越来越紧急，当越过一定的极限以后，C 类工作就可能因为失去时机而消失，由此就会遭受一定的损失，承担一定的责任，工作本身也可能会因此而消失（见图 9－2）。

如果在 B 类和 C 类工作之间做冲突性分析，例如下午只有一段时间，只能做一件事，要么做 B 类工作，要么做 C 类工作，两者不可兼得，那时就应该扔掉 C 类工作，保住 B 类工作，因为

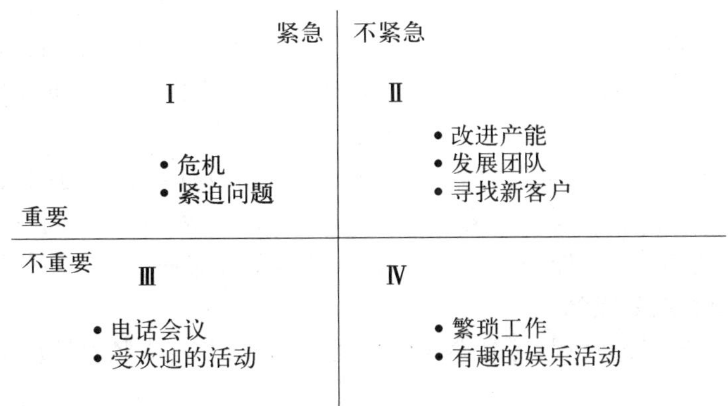

图 9-2　第三代时间问题分类示意图

B 类工作的价值更大，更为重要。

在两者不可兼得的情况下，如果可以延长工作时间，统筹协调，进行更好的策略性的安排，即在 B 类工作不变成 A 类工作之前，先把 C 类工作完成，再按部就班地处理 B 类工作，这样就可以达到双赢的效果。但是管理专家通过实验发现这种理想状态很难实现，因为 C 类工作的数量太多，单个 C 类工作虽然花费的时间不多，但是 C 类工作的数量层出不穷，所谓“野火烧不尽，春风吹又生”，很多人对于 C 类事件只能疲于应付，致使时间管理者陷入了 C 类事件的汪洋大海之中，迷失方向，只见树木，不见森林。

有关 C 类事件的描述比如著名的帕金森定律，也称为爆米花定律。讲的就是，2 斤玉米看上去不是很大，但是经过膨化以后有可能会变为一箩筐玉米花。由此可见，膨胀、扩大后会导致 C 类工作数量过于庞大，以致无法完全彻底地被解决。

中国旅游管理者面对一大堆繁杂事务的时候，习惯于“急事急办”“特事特办”，于是就会践踏原则，不讲时间性，总把最紧急的事情拿来做，从不考虑这件事情的价值如何，重要性程度如何。

对于紧急不重要的事情，可以把它们安排在时间使用的后面，例如受欢迎的活动、电话会议、工会抽奖、演唱会等，一定不能占用 B 类工作的时间。时间就像一根橡皮筋，要设定期限，不要把工作任务变成发面团，像爆米花一样膨胀，占有你的工作时间和空间，如图 9-3 所示：

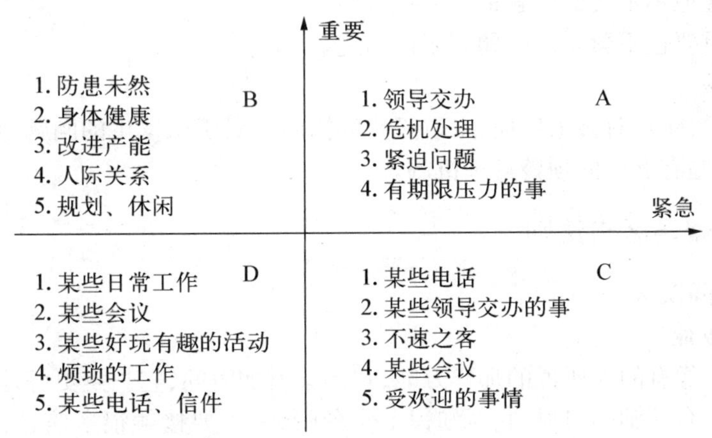

图 9-3　第三代时间管理事件分类示意图

4. 第四代：以重要性为导向

第四代时间管理的代表是时间管理的二八定律。意大利经济学家帕累托认为，万事万物都可以分为重点的少部分和一般的大部分，这就是通常所说的二八定律，即80%的结果源于20%的努力，也就是80%的结果是因为20%的关键因素所致。

所谓“打蛇打七寸，擒贼先擒王，好钢用在刀刃上”，用最有效率的时间去做20%最有效率的工作，在这些时间段，注意力要高度集中，一口气把事情干完，不要中间停止，从而达到一种高效率。同时，要调整生物钟，控制好工作的节奏，使得效能最高。

（三）时间管理的六个概念

不管是中国传统的时间管理，还是第四代时间管理，以下六个概念是贯穿于时间管理中最核心的问题。

1. 消费与投资

消费与投资包含多个概念，时间如果用于工作、学习，就是一种投资，因为它是有回报的。如果用于陪家人聊天、外出旅游、无所事事、彻底放松，就属于消费，所以时间管理要多投资，少消费，达到投资和消费的平衡。

2. 机遇与选择

在时间管理中，要主动地选择，而不是被动地等待，主动可以制造机遇，等待则只能处于无奈状态，不能将人生时间使用的可能性发挥到极致。

3. 应变与制变

应变就是当问题发生时，被动地做出反应；制变则是去控制住事情，能够主动地预先做出一些预防，让事情最大可能地朝着确定的方向发展。

4. 效率与成效

在时间管理中，要有很高的时间利用率，而且时间利用的结果是可见的，是优质的，是与奋斗目标相一致的，而不是南辕北辙的结局。

5. 紧要与重要

处理好紧要问题与重要问题的关系，具体做法如下：

（1）对于重要且紧要的问题立即处理；

（2）对于重要但不紧要的问题优先处理；

（3）对于紧要但不重要的问题最后处理；

（4）对于不重要也不紧要的问题则予以回避。

6. 反应与预应

当问题发生后，能及时做出反应，采取必要的措施。对于未发生的问题，则防患于未然，提前做出预防，使问题有良好的预警处理机制。

二、时间管理误区与法则

（一）常见时间误区

1. 时间管理万能

时间管理并不像有的人所说的那样万能，它不会增加时间，它只是更好地利用了时间。

时间管理是一套基础的习惯，它对知识工作者（每一天要接触很多信息，要对信息进行获取、保存、加工、分享、创新的工作者）来说是一个首先应培养的习惯。因为他们的知识管理都需要时间,而学会安排好时间则能让他们更好地掌控工作的节奏。

时间管理并不像是医院,你出了什么问题,用它就能马上帮你解决;时间管理更像是健身房,它需要你不断地成长,养成一个一个的好习惯,让自己慢慢成长,做好时间管理重要的并不是什么工具还是方法,重要的是坚持适合自己的工具与方法,就犹如健身一般。

2. 期待自己理性

人们或多或少都会有完美主义的倾向。在计划时人是理性的,但是在执行的时候是感性与动物性的。所以,计划制定得过高或过低,都将会导致自己的行动夭折,时间管理计划的制定应视自己的实际情况而定,不要过于理性了。

3. 苦思最佳优先级

只管把事情做完,而不是给事情排顺序。只需在每天最精华的时间把那些最难最困扰自己的事做完就可以了。用这样的方法锻炼自己,先从一件事情开始,然后慢慢地两件、三件。所以每天做的事只需分成两类即可:一类是重要的事,另一类是杂事。具体顺序其实并不那么重要了。

重要且紧急的事情(第一象限)——立即处理;

重要且不紧急的事情(第二象限)——纳入行事历;

不重要且紧急的事(第三象限)——委托别人处理;

不重要且不紧急的事(第四象限)——丢入垃圾箱;

4. 过度管理

时间管理是一系列习惯,如果习惯没养成,任何工具都是浮云。时间管理的目的是做事,管理的工具再好,没办法养成习惯都是没有用的。

5. 一切井井有条

时间管理并不是把自己的每天分成每一分钟、每一秒钟规划出来,然后按部就班地做。真正需要管理的只有一天的三分之一左右的时间。

人生并不是只有高效工作而已,除此之外还需要生活。所以,珍惜时间,是因为知道浪费时间,而浪费时间并不是要拿更多时间去工作与学习,而是应该做到工作与生活的平衡。

人都有情绪状态不好的时候,时间管理并没办法解决人的情绪问题。若按部就班地来做事,在情绪不好的时候还做着不想做的事,结果可想而知了。好的时间管理更应该关注的是心情好,效率高的时候人们在干什么。

6. 记录时间

记录自己的金钱,可以了解自己金钱的流向,从而开支节流。记录自己的时间,可以知道自己的“时间黑洞”,从而减少“时间黑洞”的频数 。

记录时间是一个好方法,但是坚持下来不容易,所以你也不必那么细扣自己花了多少时间,只需要在自己状态不好的时候,做一个礼拜左右的时间日记即可。时间管理应该是一个充满成就感的过程,而不是充满挫败感的过程。

(二) 时间管理的法则

进行有效的时间管理,必须把握以下十大法则:

1. 细微边界法则

细微边界法则是指时间上的细微差别可能导致最终结果上的巨大差异,即所谓“失之毫厘,差之千里”。

细微边界法则在生活中无处不在，如因一分之差错过了列车，可能要再花几个小时或更长时间等待下一列；抢救危重病人延误一分钟，可能会夺去病人的生命；而在比赛中慢了一秒钟，就可能与奖牌擦肩而过……细微边界法则在经济领域表现得更为突出，现代市场竞争已经由“大鱼吃小鱼”转变为“快鱼吃慢鱼”，企业间在对市场反应速度上的细微差距，可能导致利润率上的天壤之别。

细微边界法则的启示：一个人能否成功，有时不在于其是否比别人付出了更多的辛苦，而在于其是否比别人先行一步。先行一步天地宽，抢先一步，就会领略到别样的风景，就会占尽先机，而办事拖拉、没有时间观念，就可能因一步赶不上，而步步赶不上。为此我们必须增强时间观念，无论做什么事情，都要有时不我待的紧迫感，早谋划、早准备、早着手，这样才会在工作和生活中争取主动；凡事都要打好时间提前量，这样才能避免因一步之差而与成功失之交臂的遗憾。

2. 帕累托法则

帕累托法则又称 80/20 法则，是由英国经济学家和社会学家帕累托发现的，最初只限于经济学领域，后来这一法则被推广到社会生活的各个领域，且深受人们认同。帕累托法则是指在任何大系统中，约 80%的结果是由该系统中约 20%的变量产生的。例如，在企业中，通常 80%的利润来自 20%的项目或重要客户；经济学家认为，20%的人掌握着 80%的财富；心理学家认为，20%的人身上集中了 80%的智慧等。具体到时间管理领域是指大约 20%的重要项目能带来整个工作成果的 80%。并且在很多情况下，工作的头 20%时间会带来所有效益的 80%。

帕累托法则的启示是：大智有所不虑，大巧有所不为。工作中应避免将时间花在琐碎的多数问题上，因为就算你花了 80%的时间，你也只能取得 20%的成效，出色地完成无关紧要的工作是最浪费时间的。你应该将时间花于重要的少数问题上，因为解决了这些重要的少数问题，你只需花 20%的时间，即可取得 80%的成效。

3. 黄金三小时法则

黄金三小时法则认为，早晨 5～8 点是人一天中效率最高的三小时。一天之计在于晨，早晨头脑最清醒、精力最充沛、思维最活跃、环境最安宁、注意力最集中、心情最愉悦，而且由于刚刚醒来，收集睡眠中的潜意识也最全，在这一时段工作一小时相当于其他时段工作三个小时。当你早早起床开始工作时，你甚至能在正常的工作时间来临前完成一天的工作，这样即将开始的一天就是你多赚出来的。

黄金三小时法则告诉我们，应该利用一天中效率最高的时段去完成一天中最重要的工作，以达到事半功倍的效果。当然，由于生物钟的不同，黄金三小时的具体时段可能因人而异，但这并不影响此法则作用的发挥。我们应该在生活中多体会，以便找出自己的黄金三小时并利用好它，达到一天等于两天的效果。

黄金三小时法则还可以进一步扩展，我们可以把每星期的第一天作为黄金时段，处理完一星期最重要的工作，把每个月的第一星期作为黄金时段，处理完一个月最重要的工作。如果你做到了这一点，你就抢占了时间争夺战中的每一个制高点，并获得了一支强大的时间预备队，无论将其使用到哪一个方向，都会在那里取得压倒性的优势。

4. 帕金森法则

帕金森法则认为，工作在最终期限到来前是不可能被完成的。这一法则实际上是依赖人与生俱来的惰性和对最后期限的潜意识发挥作用。人们会下意识地根据完成时限的远近把工作分为三六九等，完成时限越近，人们对某项工作的关注度越高、投入的精力越大。迫近最后期限的工作，会促使人们挖掘自身的潜能，调动一切资源保证任务按期完成；而那些完成时限较远或可以被无限期推迟的工作往往被束之高阁。

帕金森法则的启示是：为避免拖拉、克服惰性，应该为工作设置尽可能短的完成时限，通过时间的压力保持工作的动力，使每一项工作都能在第一时间完成，以便争取主动；对于那些对未来起重要作用的长远目标和长远规划，则应进行合理分解，将其细化为每一阶段可完成的小目标，并设定严格的时限，以避免这些重要而不紧急的任务在日常工作中被忽视，出现平时不烧香、临时抱佛脚的被动局面。

5. 学习曲线法则

学习曲线法则是指在一个合理的时间段内，连续进行有固定模式的重复工作，工作效率会按照一定的比率递增，从而使单位任务量耗时呈现一条向下的曲线。学习曲线效应是在以下两种因素的共同作用下产生的：一是熟能生巧，连续进行有固定套路的工作，操作会越来越熟练，完成单位任务量的工作时间会越来越短；二是规模效应，生产10件产品与100件产品所需要的生产准备时间、各生产环节间的转换时间是一样的，因此一次生产的产品越多，分摊到每件产品上的准备时间和转换时间越少，单位生产效率越高。

学习曲线法则告诉我们，应尽量集中处理性质相同的事务性工作，如一次性处理具有相同性质的所有文件，一次性打完所有的沟通电话，一次购齐所需的生活用品，一次性做完所有家务等。这样既有利于提高工作的熟练程度，又能通过批量作业减少准备工作和中间环节占用的时间，从而达到节约时间、提高效率的目的。

6. 报酬递减法则

报酬递减法则与学习曲线法则相反，是指从事某项创新型的工作超过一定时限以后，单位时间内取得的工作成果会逐渐降低。造成时间报酬递减的原因是多方面的：由于长时间从事单调的工作，人的兴趣会降低，创造力逐渐减退；运用大脑的特定区域的时间过长会导致神经紧张、用脑过度，容易使人疲劳；长时间的脑力劳动，会导致脑供血不足和大脑缺氧，思维因此而变得迟钝，工作效率快速降低。

报酬递减法则告诉我们，要提高创新型工作的效率，应注意时间的“套种”和工作任务的合理搭配。从事某项工作一段时间，感觉工作效率开始降低时，就应该及时切换到另一项工作，从而使大脑的不同区域被轮流使用，这样既可以保持对工作的兴趣，又能使工作始终保持在时间报酬递增的区间内，从而提高工作效率。另外，每工作一小时就应该放下手中的工作，起来活动十分钟，通过运动促进脑部血液供应，保持精力充沛。

报酬递减法则还可用于对工作设计的指导。考虑到长期从事单调的工作会导致员工绩效不断降低，应采取工作丰富化设计或通过工作人员的定期交流、轮岗，以保持员工的工作热情，提高员工的工作效率。

7. 反效法则

反效法则是报酬递减法则的进一步发展和极端化，是指当超负荷工作时间过长后，由于注意力不集中、头脑不清醒导致失误发生，造成难以弥补的损失或工作的延误，出现得不偿失的结果。反效法则最典型的例子是因疲劳驾驶导致的车祸，最普遍的例子是在电脑前工作时间过长后发生的误操作，导致重要文件被删除或重要数据丢失。

反效法则告诫我们，必须把控好工作与生活的节奏，做到有张有弛，高负荷工作一段时间以后，必须强迫自己休息。为避免反效法则的发生，应该养成一些良好的工作习惯，如及时备份电脑中重要的数据与文件，设置应急处理系统等。但避免反效法则发生的最好办法还是做好时间计划，对于有时间压力的任务、重要的任务，要未雨绸缪，早做打算，提前入手，争取主动，这样才会避免因赶工造成长时间、超负荷工作的情况发生，从而避免负面效应的出现。

8. 自控法则

自控法则其实包含三层含义：一，对于能自我掌控的事务，不用再花过多的时间和精力，它会自行朝着既定的目标前进；二，对于无法掌控的事务，不必为其多费心思，时间会给出一切问题的答案；三，对于能够而且应该掌控的事务，则须用心去掌控。

自控法则告诉我们，可以通过事物的自我控制实现预定的目的，从而腾出时间和精力去做更重要的工作。如可以在年轻时定期存入一笔钱，让其在银行里自行增值，当退休时就会得到一笔丰厚的财富；管理者可以在严格选拔、认真培训下属的基础上授权下属处理日常事务，从而使自己能集中时间和精力思考对组织发展更为重要的问题。自控法则还告诉我们，应该承认并接受你无法掌控的领域，关注你可以掌控的领域，并且采取行动。当你整天为无法实现的目标而苦恼时，试着把它忘掉，追求你通过努力能够实现的目标，说不定会达到“无心插柳柳成荫”的效果；当你对一个问题百思不得其解时，试着把它放一放，让时间和潜意识去解决，说不定会达到“众里寻他千百度，蓦然回首，那人却在灯火阑珊处”的效果。

9. 聚光法则

聚光法则认为，只有把有限的时间聚焦到重要的目标上，才能保证事业上的成功。目标过于分散等于没有目标，把有限的时间分散到众多的目标上，就像把有限的资金在众多的项目上撒胡椒，最终只能导致每一个项目都虎头蛇尾、半途而废。如果把宝贵的时间投资都用来建设烂尾楼和半截子工程，最终将使你的时间账户彻底破产，导致你一事无成。

聚光法则对我们的启示是：专注与执着是成功的关键。在工作中应该养成聚精会神的习惯，避免过多目标的诱惑，一次应只瞄准一个目标。一旦开始某项工作，就应坚持不懈地做下去，直到获得令人满意的结果。不干则已，干则一次把事情做到最好，否则返工将会使你所花费的时间成倍增长。行百里者半九十，能否完成最后的工作，是决定一件事情最终成功还是失败的关键。许多人之所以没有成功，就是因为以为大功告成而转移了视线，最终导致工作半途而废，也使宝贵的时间被白白浪费。

10. 时间—资源互补法则

时间—资源互补法则来源于项目管理领域，是指时间与用于项目实施的其他资源之间存在互为补充、互相替代的关系。在项目实施过程中，当某一任务完成时限紧迫时，可通过调剂其他资源，增加人力、资金、物资、设备等投入的方式来加快任务的进程；当某一任务完成时限较为宽松时，可调剂部分人、财、物用于完成时限更为紧迫的其他任务，从而实现项目资源最优利用。

时间—资源互补法则告诉我们，应该站在更加宏观的角度看待时间与其他资源的利用问题，根据实际需要对时间和其他资源进行灵活分配、合理调度。一旦感到完成某项任务时间紧迫、力不从心时，应该首先想到是否还能找到其他资源以加快任务完成的进度。

三、时间管理方法

时间管理的关键取决于个人工作的成效，每天对于每个人都是恒定不变的 24 小时，但不同的人有不同的使用方法，不同的人在 24 小时的利用上截然不同。

（一）效能管理法

1. 象限时间管理法的分类

对事件重要与紧急情况的分析，也是对效率和效能关系的阐释。于是，在由重要程度和紧急程度所构成的象限中，处理ABCD四类事件的顺序依次是：

（1）首先处理位于A象限的事情，也就是对既重要且紧急的事件首先处理；

（2）其次应处理位于B象限的事情，也就是处理重要但不紧急的事件；

（3）接下来处理C象限的事情，也就是不重要但很紧急的事件；

（4）后再处理D象限的事情，也就是不重要也不紧急的事件。

按照象限时间管理法的分类，ABCD四类事件，如图9-4所示：

	轻	重
急	C	A
缓	D	B

图9-4　象限时间管理法示意图

2. 艾森豪威尔将军的时间管理原则

艾森豪威尔将军认为，面对ABCD四个象限的工作时，应该采取不同的应对措施：

（1）A类紧急且重要的突发事件要本人做，而且要立即做；

（2）重要不紧急的B类工作需要本人花大量的时间；

（3）对C类紧急但不重要的工作，要尽量不安排自己做，而是要委托授权给别人做。如果必须自己做，则要减少它的工作量；

（4）对不重要且不紧急的工作，要把它扔进废纸篓。

艾森豪威尔将军的时间管理原则是属于第三代和第四代时间管理之间的一个管理原则（见图9-5），这个原则提倡紧急又重要的突发事件由本人立即做，但按照第四代时间管理原则，每一分、每一秒都要做最有生产力的事情，也就是做最重要的事情，对于紧急性程度很高又非常重要的任务，如果可以授权，也可以授权于他人来完成。

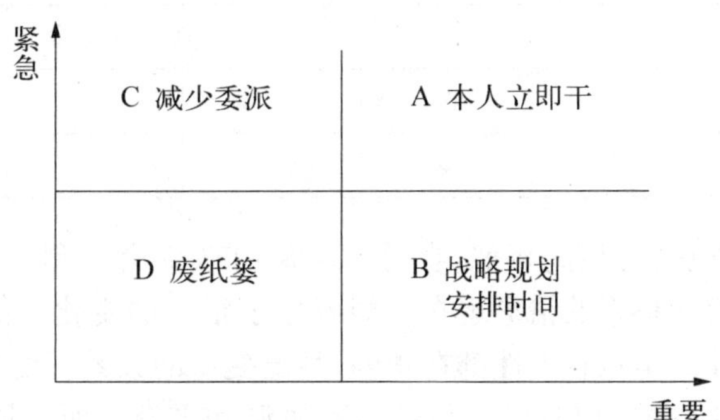

图9-5　艾森豪威尔原则示意图

（二）艾维·李的效率法

美国管理学家艾维·李提出了“10分钟6件事效率法”。他认为，可以先花5分钟的时间，把接下来的一个阶段，也即明天、下周甚至下个月要做的6件事情列出来，然后花5分钟的时间，把这6件事情按照重要性程度优先顺序排序，将最重要事件排为一号，次要事件排为二号，依此类推。再把这6件事写在纸上，剪成一个一个小纸条，在上班开始后，按照重要性次序一一执行，当第一件工作达到阶段性目标后，开始做第二件工作，这样就可以保证每一时、每一分、每一秒都在做最重要、最有价值的工作。艾维·李的效率法可以总结为以下三个步骤：

（1）列出明天（下周、下月）要做的6件重要事情；

（2）把这6件事情按重要程序排序；

（3）上班开始先做1号，完成之后做2号，再做3号，依次类推，直至下班结束。

在时间有限、资源有限，而工作任务不可取舍的前提下，要有效地利用时间，就必须有所取舍，应选取最重要、最有价值的工作来执行。

艾维·李的10分钟6件事的时间管理法，过去一般翻译成效率法，也叫艾维·李效率法，从完成工作的性价比来看，它也可以被称为效能法，因为艾维·李的10分钟6件事的时间管理法最注重的是工作任务的重要性程度和价值，而不是紧急性程度。

（三）一周时间运筹法

时间管理是从计划开始的，好的时间运筹方法，需要对过去的工作进行科学合理的记录，发现时间浪费的所在，然后找到改进的措施，修正原有的时间管理方案，并严格按照这种安排执行，一周时间运筹法即是这种时间管理方法的代表。

在使用一周时间运筹法时，以星期时间为横坐标，以小时时间为纵坐标，然后在接下来的一周里，进行认真记录，并对每天的时间利用进行总结，当一周的记录结束后，再进行周总结，见表9-1：

表9-1 一周时间运筹法

时间	星期一	星期二	星期三	星期四	星期五	星期六	星期日
上午							
中午							
下午							
晚上							
备注							
总结							

个人月计划的实施也基本与此相似，在月末实施有效性会只剩下50%左右，因为计划不如变化快，在一个月之前所料想的情形现在可能发生了很多的变化。如果每天对这些变化进行追踪，会发现每天的计划实施有效性都在减弱，情况变动的频繁程度导致只见到眼前的具体工作，而往往忘记了整体的方向和目标，很难做到协调和平衡。所以周计划和周检讨非常重要，可以帮助时间管理者修正和完善计划。

（四）办公室的5S管理法

1. 办公室5S的内涵

办公室5S管理即整理、整顿、清扫、清洁、素养。办公室5S不仅要求办公室执行，也要求文员去做。如果要做到对文件档案、办公区域以及办公室进行良好的管理，必须进行5S行动，如图9－6所示：

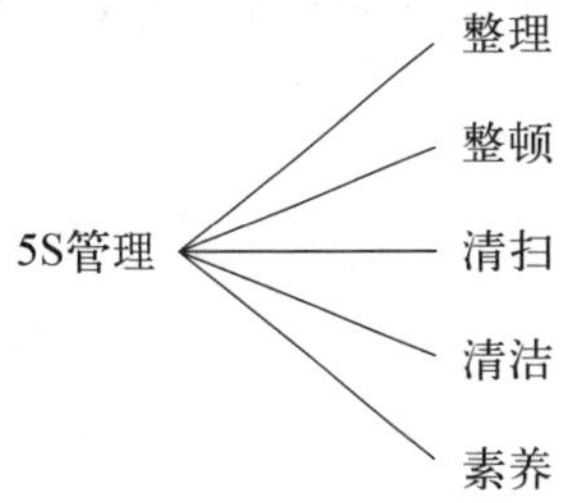

图9－6　办公室的5S示意图

（1）整理。扔掉废弃物。让办公室成为没有杂物，能集中注意力工作的地方。在办公桌上摆放的一般是目前需要处理的文件，而其他的文件、过去的文件、将来的文件、目前还未涉及的文件，应该把它们收起来放到柜子里面，而且这样的整理每天都要进行，不要把事务留到明天，要定期定制标签标识，要用红颜色、绿颜色等标签标识标记文件。

（2）整顿。整顿自己的工作作风和工作流程，让一切朝着能节约时间、增加效能的方向前进。整顿包括收拾和整理办公室，将短期内不用的物品和文件归档，扫除工作障碍，营造能让人快速进入工作状态的环境。办公桌上、办公抽屉内的物品应整齐有序，分类放置，员工应及时处理文件，建立适当的文档系统，文件包括纸质文件、电脑文件等，日用品要定期更新，不要乱七八糟。

（3）清扫。系统化清扫，保持办公场所的清洁和整齐。离开座位时把椅子推回；文件柜、文件保持洁净，无灰尘，无污渍；办公桌面、挡板内外等保持干净整洁。

（4）清洁。保持整洁，持之以恒。一般要在中午吃饭前做简单整理，在下午下班前整理好当天的文件、资料、票据，分类归档；办公桌上的物品整理、摆放整齐；个人物品定置存放。这样可以在第二天上班时快速进入工作状态，提升工作的效率。

（5）素养。养成好的习惯，摒弃不良行为习惯对时间的侵蚀，让时间成为自己所能掌控的有形资源。

2. 办公室的5S行动

综上所述，办公室的5S行动应该做到：

（1）在办公桌上摆放目前手头需要处理的文件；

（2）每天都整理，不要把事务留到明天，定制标签标色；

（3）及时处理文件，建立相应的文档系统；

（4）安排好工作时间，保持办公室整洁，经常整理文档；

（5）避免被打断，筛选电话，拿起话筒，不坐着说话。

（五）计划的杠杆原理

1. 计划的重要性

计划是非常重要的管理措施，对于工作，管理者应该多花时间去做详细的计划，让下属加倍努力，不断地完善计划。

对于计划的理解，有一个非常经典的口号“慢慢计划，快快行动”，即在分析思考、决断、设定目标、制定计划的时候，多花一些时间是可以容忍的，因为从本质上说这不是浪费，而是为了考虑得周全，让行动更快。所以中国古话曰：“工欲善其事，必先利其器”，磨刀不误砍柴工，多花一些时间把刀磨得快一些，砍起柴来就会更顺当。

中国古人讲：“三思而后行”，其中包含两层意思：第一是要多花一些时间想，然后再行动；

第二是要制定三个备选方案，然后开始行动，也即设置多套方案，再采取行动。

2. 帕累托原理(二八原理)

做计划有一个杠杆原理，称作帕累托原理，也被称为二八原理，即 80%的结果往往取决于 20%的努力，花费 20%的努力，可以创造 80%的成绩。在这种情况下，效果不见得是最好的，但成本是最低的，在生活中，用 20%的努力，也可能会达到 80%的效能，如图 9－7 所示。

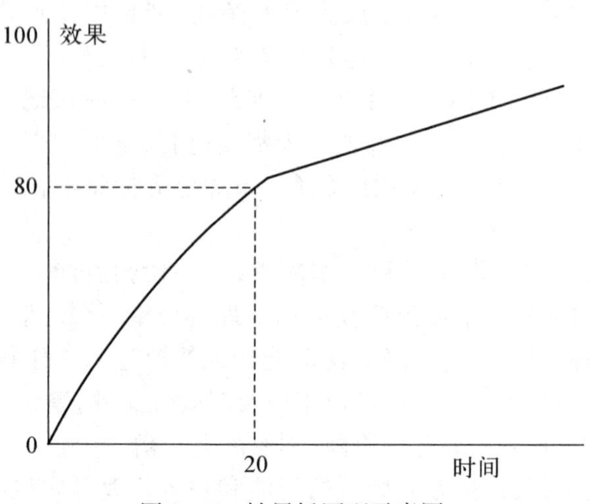

图 9－7 帕累托原理示意图

(1) 巅峰期。人在每天的工作时间中，总会有一段时间的工作效率最高，这就是巅峰期，如果能将最重要的工作放在巅峰期来完成，就可以取得非常好的效能。一项关于巅峰期的研究表明，很多人是在上午 9 点~11 点时处于巅峰状态，而下午 3 点钟以后则处于低谷期，对巅峰时间段的高效利用，需要每个人结合自己的实际情况来把握。

(2) 每天 15 分钟。每天用 15 分钟闭门思考，即全封闭自己形成独立的空间，一个人非常冷静地独立思考、反省，可以不断进步。

(六) 4D 原则

面对 ABCD 四类重要程度和紧急程度不同的工作，要采取不同的原则，例如对 A 类重要且紧急的工作要马上去做。但是，所有需要处理的工作也须进行区分，有些 A 类突发事件需要自己马上处理，而有些 A 类突发事件可以交给别人做；有些工作可以以后再说；有些工作需要授权给别人做；有些工作则干脆就不做，这个策略就是 4D 原则。

(1) Do it now　马上就做

(2) Do it later　以后再说

(3) Delegate　授权

(4) Don’t do it now　不做

(七) 提高效率的三问法

美国人伯纳姆认为，为了提高时间的效率和效能，做每一项工作任务之前都应该认真问以下三个问题：

第一个问题是“能不能取消，可不可以不做，为什么一定要做?”

如果工作不能取消，则需要问第二个问题“这个工作能不能和其他的工作合并?”

第三个问题是“能不能用更简便的东西去代替这个工作? 能不能用一个其他的任务达到

相类似的效果?”

伯纳姆认为不是所有的工作任务都要做,面对工作,要“有所为,有所不为”,要能够有所取舍,没有办法取舍时要想办法合并,不能够合并时要思考有无替代的方案。

(八)善用每一段空闲时间

1. 善用人生的10分钟等车时间

善用每一段空闲时间,例如坐车的时间,可以收听学习课程,或认认真真地想问题,或看“口袋书”。利用好生活的点滴时间不断积累知识,自己的信息量就会越来越大,自己掌握的资讯就会越来越多。

2. 关掉电视,扔掉报纸

关掉电视,扔掉无聊的报纸,尤其对有些刊登花边新闻的报纸要坚决抵制,报纸要少看,要学会用很快的速度浏览报纸的主要内容,最重要的是要订阅与自己专业相符的报纸。

3. 早起1小时

早睡早起,晚上不能加班太晚,不要熬夜,每天的睡眠时间保证在7小时以上。在保证睡眠时间和睡眠质量的同时,要早起1小时,中国俗语说“早起一时,轻松一天”,讲的就是这个道理。

4. 快速的节奏感

养成快速的节奏感是时间管理中的重要措施。借助于手表等工具,让自己时刻清楚自己的时间指针到了什么位置,自己计划干什么,而现在正在干什么,如何协调自己现在的工作状态等。

只有快速的节奏感,才能时刻提醒自己时间管理的重要性,才能让自己体会到时间的紧迫性,所以要做自己的人生导师,做时间安排的先知。

5. 日本人中之杰的六快

日本人在二战后快速崛起,期间的发展速度惊人。日本人最讲究速度,其时间讲究“六快”——即“快食、快便、快睡、快行、快思、快记”,这种时间管理方法在环境快速变化的今天,非常实用。

第二节 旅游从业者的心理健康

一、心理健康概述

(一)基本概念

1. 健康

健康既包括生理方面,也包括心理方面。一个人如果心理上不正常,那么即便他身体上没有疾病或缺陷,仍然不能算是一个健康的人。现代意义上的健康包括躯体健康、心理健康、社会适应良好和道德健康。世界卫生组织将健康定义为“不但没有缺陷与疾病,而且要有完整的生理、心理状态和社会适应能力。”

2. 心理健康

心理健康是指一种持续的、积极发展的心理状况,在这种状况下,主体具有良好的适应力,能充分发挥身心潜能,而不仅仅是没有心理疾病。

人的健康状况是一个整体,身体的健康状况与心理的健康状况相互影响,身体的缺陷和长期疾病会影响心理的健康和个性的发展;心理的状况也会影响身体的健康,不当的情绪反应会导致特定的身体症状,诱发疾病。此外,某些特定的性格特点也与某些身体疾病有一定的联系。

(二)心理健康的标准

结合旅游企业员工的心理特征以及特定的社会角色,将旅游企业员工心理健康标准概括为以下几点:

1. 正确评价和悦纳自己

俗话说:"人贵有自知之明。"一个心理健康的员工,应知道自己存在的价值,既能了解自己又能接受自己,能对自己的能力、性格和特点做出恰当、客观的评价,并努力挖掘自身的潜能。

2. 正视现实,接受现实

心理健康的人能够面对现实、接受现实,并能积极主动地适应现实、改造现实,而不是逃避现实;能对周围事物和环境做出客观的认识与评价,并能与现实环境保持良好的接触。他们既有高于现实的理想,又不会沉溺于不切实际的幻想和奢望中;同时,对自己的能力充满信心,对于生活、工作中的困难和挑战都能妥善处理。

3. 具有和谐的人际关系

心理健康的员工的人际关系应该表现为:一是乐于与人交往,既有稳定而广泛的人际关系,又有知己朋友;二是在交往中能保持独立而完整的人格,有自知之明,不卑不亢;三是能客观评价别人,以人之长,补己之短,宽以待人,与人友好相处,乐于助人;四是交往中的积极态度(如友善、同情、信任、尊敬等)多于消极态度(如猜疑、嫉妒、敌视等),因而在工作和生活中有较强的适应能力和较充分的安全感。

4. 智力正常,行为合理

智力正常是人维持正常生活应具备的最基本的心理条件,是心理健康的首要标准。世界卫生组织制定的国际疾病分类体系中,智力发育不全或阻滞被视为一种心理障碍和变态行为。

心理健康的员工,其行为应该是合情合理的,具体包括:行为方式与年龄、性别特征一致,符合社会角色,具有一贯性,受意识控制等。例如,女子过分男性化或男子过分女性化,容易造成社会性别角色的反差和冲突,难以适应社会和群体,造成心理失衡和痛苦。

5. 能控制情绪,心境良好

心理健康的人,愉快、乐观、开朗等积极的情绪体验始终占优势。虽然有时也会有难过、悲伤、焦虑和愤怒等消极的情绪体验,但一般不会持久。他们能保持情绪稳定,善于从生活中寻求乐趣,总是开朗乐观的,并能适度地表达和控制自己的情绪。

6. 具有完整和谐的人格

心理健康的人,其人格结构中的能力、气质、性格特征和理想、信念、动机、兴趣、人生观等各方面能平衡发展。人格作为人的整体精神风貌,具体表现为:思考问题的方式是适中和合理的;待人接物能采取恰当灵活的态度,对外界刺激很少有偏颇的情绪和行为反应;能够与社会的步调合拍,也能融入集体;言行一致,表里如一,襟怀坦荡,实事求是;不偏执怀疑、盲目自恋、无视他人、背离社会常规和规范。

(三)做一个心理健康的人

心理学一般认为,心理健康主要与心理压力、身心疾病、心理应付技能、自信心和社会支持等因素有关,因此,对于心理健康的维护和保健,可以从“心理应付技能”“自信心”“社会支持”三个方面入手。

1. 增强自己的心理应付技能

心理应付技能是指对待麻烦的态度与处理能力。西方有这样一句谚语:“麻烦还不算麻烦,如何解决麻烦才是真正的麻烦。”也就是说,“心理压力”本身并不完全是消极的“压力”,关键在于你如何去对待这种“压力”。同样一种“心理压力”,对不同的人的影响结果是不一样的。对有些人来说,可能是纯粹的消极压力;对另一些人来说,也可能会变成某种积极的动力。这就是“心理应付技能”的意义和内涵,面对挫折、压力,运用适当的心理应付技能,就可以把消极的压力变成积极的动力。

2. 提高自信心

自信心包括自我认可、自我接纳和自我价值观。一个人的自信心越强,应付心理压力乃至身心疾病的能力也就越强。自信心是建立在对自己正确、客观的认识的基础之上的,一个人对自己的认识和理解越深刻,越积极,也就越有条件来处理自己所面临的心理压力和身心疾病问题。

3. 扩展自己的社会支持系统

“社会支持”是一个内涵较为广泛的概念,它包括一个人的社会交往能力,也包括一些针对心理健康问题提供帮助的社会服务系统。一方面,如果一个人能有几个和自己患难与共的朋友,在家中有体贴、理解自己的父母,在单位有支持、关心自己的领导,那么当他遇到心理压力的时候,就有强有力的支持和依靠。另一方面,有良好的心理咨询和辅导的社会服务系统,也能为遭遇身心疾病和心理压力的人提供及时而有效的帮助,从而降低身心疾病和心理压力对其产生的消极影响。

二、旅游从业者常见的心理问题

(一) 挫折感

1. 挫折的定义

挫折是指个体从事有目的的活动时,遇到障碍或干扰,导致其需要和动机不能获得满足的情绪状态

2. 挫折的自我调节方法

在遭受挫折之后,向专业心理人员咨询以寻求辅导是一种快速有效的方法。此外,还可以发挥自身的潜能来应对挫折。具体来说,可以采取以下步骤来进行自我调节。

(1) 正确认识挫折,客观分析挫折产生的原因。

(2) 运用合理的心理防卫机制(如合理化作用、幽默、转移等),以减轻心理压力和伤害。

(3) 调整自己的抱负和目标。

(4) 改善挫折情境(如暂时离开挫折情境、避免消极的自我断言、与亲朋好友交流沟通等)。

(5) 进行自我鼓励,积极寻找和尝试解决问题的途径和方法。

(二) 压力感

1. 心理压力的定义

所谓心理压力是指个体为了适应外界环境中的某些因素而产生的压迫、紧张感。心理压力会影响个体的情绪和工作效率。

2. 正确认识心理压力

心理压力是魔鬼与天使的混合体。说它是魔鬼，是因为它会给人带来身心上的双重伤害；说它是天使，是因为在有些情况下，它是动力的源泉。

（1）在心理压力之下，我们能够保持较好的觉醒状态，智力活动处于高水平，可以更高效率地处理生活中的各种事件。生活中的很多事情，只要是做成的，基本都与外界的压力有关；没做成的，多半是因为没有压力。

（2）在心理压力没有大到我们不能承受的程度时，它可以是一种享受，而且可能是最好的精神享受。所有的竞技活动，都是在人们的心理压力太小时"无中生有"地创造出来的，其目的就在于丰富我们的精神生活。

完全没有心理压力的情况是不存在的，没有压力本身就是一种压力，它的名字叫空虚感，为了排解这种空虚感，很多人采取错误的行为来寻找压力和刺激。因此，正确对待心理压力，将有益于整个人生。

3. 心理压力的应对

应对压力的策略分为两种，一种是问题应对；另一种是情绪应对。

（1）问题应对。

通过努力克服困难、排除障碍、达到目的，称为问题应对。将问题解决了，压力便消除了。问题应对主要涉及确立适当目标、制定周密计划、讲究科学方法以及合理运筹时间等方面。

（2）情绪应对。

我们在解决问题的过程中会产生喜怒哀乐等各种不同的情绪，会感受到成功的喜悦和失败的懊恼。只有调整好心态，才能更好地解决问题。这种对情绪的自我调控和管理，谓之情绪应对。在实际生活中，当我们遭遇压力时，采用问题应对的策略未必会获得成功，而且可能大部分是不成功的。例如，很多人竞争一个职位，不管你的问题应对水平多高，只能有一个人成功，而其余人都不能成功，都将面临竞争失败的情绪应对。因此，情绪应对更为重要。

情绪应对的方法有宣泄法、转移法、放松法、幽默法、脱敏法、代偿法、暗示法、自慰法、升华法、辩证法等。古希腊哲学家苏格拉底有句名言："真正带给我们快乐的是智慧，而不是知识。"何谓智慧？智慧是科学的世界观和方法论，是辩证法。把知识看成是绝对真理，会比无知痛苦更多。应对压力的治本之策是学会积极向上的正向思维方式，养成辩证的思维习惯。

（三）自信感

卢梭曾经说过："自信对于事业简直就是奇迹，有了它，你的才智可以取之不尽，用之不竭。而一个没有自信的人，无论他多么有才能，也不会有成功的机会。"自信是每一个人内在自我的核心部分。要知道许多心理问题的产生往往是因为个体的"自信心"出现了问题。自信心的强弱，在某种程度上决定和制约着心理压力对个体的影响。

1. 自信心的定义

自信心是一个人对自己的积极感受。"积极"意味着一种态度，一种自我认可、肯定、接受和支持的态度；"感受"则包含着对自己的情绪、感觉、认识和评价。可以说，"自信"是一个人感受自我的方式，它包括自我接受的程度，自我尊重的程度。

2. 自信心的培养

作为旅游从业人员，每天要接触来自四面八方、形形色色的陌生人，面对各种意想不到的情境和挑战，增强对自己的自信心以及对职业的自信心，不但可以更好地抵御心理压力的影响,还可以帮助我们从容应对各种问题和困难,获得成功和喜悦感,要培养自信心,可以从以下几方面着手。

(1) 正确认识自己,接纳自己。

每一个人都是特殊而独立存在的个体,正如古希腊哲人所说:“天底下没有两片相同的树叶。”同样,天底下也没有两个完全相同的人。要培养自信心,首先要认识到自己的特殊性,并且开心接受自我的本性。认识自己,悦纳自己的方法有几种:① 发现并接纳自己的优缺点。多看自己的优点和长处,可以增强自我价值感;② 和过去的自己作比较。我们可以比自己的昨天有进步,这样比较会产生成就感。不要总和别人去比较,那是不明智和无意义的;③ 控制自我形象。一个人的自我概念归根到底是由自己的思想、认知和判断来决定的。所以人们有改变自我形象的能力。不要让别人来设定自己的生活标准,你是自己命运的主宰者。

(2) 对自己实施积极的心理暗示。

一个人对自己的评价,会影响其自信程度。自卑的人往往看不到自己的优点和长处,把成功归结为运气好,把失败归结为自己的无能。对自己进行积极的心理暗示能够提高人的自信心,有助于能力的发挥。当我们面对困难和挫折时,要采取积极的自我暗示来激发自己的潜能;要相信“天生我材必有用”,坚持每天鼓励自己,使自己对未来充满信心和力量。

(3) 调整不现实的生活目标。

有理想有目标是好事,但是,理想与目标的设定一定要实事求是,要从自己的实际情况出发。有些人习惯对自己提出“高标准”的要求,凡事都要做到最好,力求完美,这样每当愿望不能实现时,自己的自信心就会受到打击。所以,我们建议旅游从业者要立大志,定“小目标”。实现一个个具体的“小目标”,有助于我们不断地建立和强化自己的自信心,而随着一个个小目标的实现,美好的愿景一定会实现。

(4) 开放自己,积极乐观与人相处。

相信自己才能相信别人。自信心不足的人往往会看不起自己,总认为自己低人一等,而不敢与人交往,或者因为不信任别人,怕受到伤害,把自己封闭起来。这种消极的自我保护意识只会让你看不清自己,也看不清别人,更加不能客观地评价自己。孤独感会让自信心不足的人更加不自信和自卑。而积极与他人交往,能帮助我们走出自卑的低谷。人际交往是一个互动的过程,你真诚对待他人,接纳他人,也会获得他人的接纳和认同,从而增强我们的自信心。

(5) 努力尝试并提高自己的能力。

归根到底,自信的感觉源于一个人解决问题的能力。可以说,自信的基础是能力。要增强自信心,就必须敢于大胆尝试,使自己多做、多做到、多因做到而被肯定。

三、培养良好的职业心态

(一) 职业心态的概念

1. 心态

心态是人的内心思想意识和外在行为仪态的总称。心态影响着一个人的精神境界,制约着一个人的行为举止,左右着一项事业的得失成败。

2. 职业心态

职业心态是指人们从事某种职业的心理状态。良好的职业心态对于从业者来说是非常重要的,具备良好的职业心态,将会使自己感觉到工作与生活的极大快乐,产生强烈的价值感和幸福感。旅游业是创造幸福和快乐的行业,作为旅游从业人员,首先自己应成为拥有良好职业心态的幸福快乐的人,这样才能以自己的积极、乐观、热情去感染旅游者,带给旅游者幸福和快乐。

(二)良好职业心态的作用

1. 有良好职业心态,能正确认识自己的职责

"没有卑微的工作,只有卑微的工作态度",具有良好职业心态的人,能以积极的态度对待工作,客观地接受工作的全部,牢记自己的责任和使命。对旅游从业人员来讲,就是承担起对中外宾客的责任,为客人服务好,"让每一位客人都满意"。

2. 有良好职业心态,能正确行使自己的职权

如何使用我们手中的权力?是用来方便别人,还是难为别人?有良好职业心态的旅游从业人员,懂得与人为善,懂得给宾客方便就是给自己方便的道理,他们在帮助宾客的同时,也收获工作的快乐。

3. 有良好职业心态,能正确对待自己的利益

心态不好的人,总在利益上斤斤计较、耿耿于怀,他们总觉得自己的既得利益没达到心理要求,没能体现自己的价值所在。而有良好心态的从业者,他们没有把工作当成为了谋生才做的事,而是当成要用生命去做的事。正像许多优秀旅游人所说的:"为宾客服务不仅是我的职业,更是一种事业。"

作为旅游从业人员,必须学会不断地调整自己的心理状态,以良好的职业心态对待工作、对待生活。

(三)如何获得阳光心态

美国成功学家拿破仑·希尔说:"人与人之间只有很小的差异,但是这种很小的差异却造成了巨大的差异!很小的差异就是人的心态是积极的还是消极的,巨大的差异就是成功与失败。"积极、健康、进取和充满关爱的心态是阳光心态。那么,旅游从业者怎样才能拥有阳光心态,下面提供几种有效的方法。

1. 不能改变环境,就适应环境

先知穆罕默德带着他的四十门徒来到山谷,他说:"信心是成就任何事情的关键。"一位门徒对他说:"你有信心,你能让那座山过来,让我们站在山顶吗?"穆罕默德对他的门徒自信地把头一点,对山大喊一声:"山,你过来。"山谷里响起了他的回声,回声终于消失,山谷又归于宁静。大家都聚精会神地望着那座山,穆罕默德说:"山不过来,我们过去吧!"他们开始爬山,经过一番努力,他们终于到达了山顶。

很多时候,我们无力去改变环境,我们也不必去改变环境,学会适应环境才是最重要的。我们常说"适者生存",就是说"适"是生存的基础。要知道无论社会如何发展,环境都不会因你个人而改变,越早认识到这一点,我们就可以越早地去适应环境的变化,才能避免被残酷的环境打败。如果我们和身处的环境格格不人,我们的心情自然是阴郁的、压抑的,我们的工作热情、工作效能自然受到影响;而当我们适应环境,因事而为,我们的心态就会变得积极、开朗,我们的工作效率和工作质量就会得到极大的提升。

2. 不能改变事情,就改变对事情的看法

美国心理学家埃利斯认为,是我们内心的想法或者说心态决定了我们的情绪。所以,不要把你的一切情绪都归于现在的事件、现在的人、现在的关系。表面上是这些因素决定了你的爱恨情仇以及种种情绪,事实上,导致你负面情绪的罪魁祸首是你对事情的想法和观点,而这是

完全可以用积极的心态去改变的。从这个意义上说,我们完全有能力左右自己的心情。

一次,美国前总统罗斯福家失盗,被偷去了许多东西,一位朋友闻讯后,忙写信安慰他,劝他不必太在意。罗斯福给朋友写了一封回信:“亲爱的朋友,谢谢你来信安慰我,我现在很平安。感谢上帝:因为,第一,贼偷去的是我的东西,而没有伤害我的生命;第二,贼只偷去我部分东西,而不是全部;第三,最值得庆幸的是,做贼的是他,而不是我。”对任何一个人来说,失盗绝对是不幸的事,而罗斯福却找出了感恩的三条理由。这个故事启发我们:不能改变事情,就改变对事情的看法,你的心态就会豁然开朗。

3. 不能改变别人,就改变自己

在威斯敏斯特教堂地下室英国圣公会主教的墓碑上写着这样的一段话:当我年轻自由的时候,我的想象力没有任何局限,我梦想改变这个世界。当我渐渐成熟明智的时候,我发现这个世界是不可能改变的。于是我将眼光放得短浅了一些,那就只改变我的国家吧。但是我的国家似乎也是不能改变的。当我到了迟暮之年,抱着最后一丝努力的希望,我决定只改变我的家庭,我亲近的人,但是,唉!他们根本不接受改变。现在我临终之时,我才突然意识到:如果起初我只改变自己,接着我就可以依此改变我的家人。在他们的激发和鼓励下,我可能就能改善我的国家;接下来,谁又知道呢,也许我连整个世界都可以改变。

改变别人很难,改变自己很容易。与其将时间耗费在努力改变别人身上,不如从现在起,改变自己去适应别人。

如果别人不喜欢自己,那是因为我们还不够让人喜欢;如果无法说服他人,那是因为我们还不具备足够的说服力;如果顾客不愿意购买我们的产品,那是因为我们还没有生产出足以令顾客愿意购买的产品;如果我们还无法成功,那是因为我们暂时还没有找到成功的方法。要想事情改变,首先得改变自己;只有先改变自己,才会最终改变别人;只有先改变自己,才会最终改变属于自己的世界。山,如果不过来,那就让我们过去吧!

4. 建立“五好”心理

在每个人的生活与工作中,总有好的事情,也会有不好的事情;有得到,有失去;有成功,有失败;有赞美,有批评……乐观的人与悲观的人最大的区别是:乐观的人永远看到自己得到的,自己拥有的。如果一个人在生活与工作中,永远能够做到想好的、看好的、听好的、说好的、做好的,拥有这“五好”心理,就一定能成为一个拥有阳光心态的幸福快乐的人。

实战演练

一、时间管理现状诊断

做一周的生活记录,请每天中午、晚上和睡觉前花5分钟时间将一天内的生活内容以时间顺序按流水账的模式记录下来,不带任何评判与否定。

时间		第一天	第二天	第三天	第四天	第五天	第六天	第七天
早上	5:00—							

（续表）

<table>
<tr><th colspan="2">时　间</th><th>第一天</th><th>第二天</th><th>第三天</th><th>第四天</th><th>第五天</th><th>第六天</th><th>第七天</th></tr>
<tr><td rowspan="3">上午</td><td>8:00—</td><td></td><td></td><td></td><td></td><td></td><td></td><td></td></tr>
<tr><td></td><td></td><td></td><td></td><td></td><td></td><td></td><td></td></tr>
<tr><td></td><td></td><td></td><td></td><td></td><td></td><td></td><td></td></tr>
<tr><td rowspan="3">下午</td><td>13:00—</td><td></td><td></td><td></td><td></td><td></td><td></td><td></td></tr>
<tr><td></td><td></td><td></td><td></td><td></td><td></td><td></td><td></td></tr>
<tr><td></td><td></td><td></td><td></td><td></td><td></td><td></td><td></td></tr>
<tr><td rowspan="3">晚上</td><td>18:00—</td><td></td><td></td><td></td><td></td><td></td><td></td><td></td></tr>
<tr><td></td><td></td><td></td><td></td><td></td><td></td><td></td><td></td></tr>
<tr><td></td><td></td><td></td><td></td><td></td><td></td><td></td><td></td></tr>
</table>

一周记录完后，首先思考一下自己的目标是什么，对自己来说重要的和有意义的事是什么，然后再进行分类记录，如：学习、亲情、能力提升、休闲娱乐、理论提升、时间浪费等。统计数据后，发现自己在时间使用上的效率问题，特别是浪费的时间段在哪里，重新思考该如何更有效地使用时间，准备采用哪种时间管理的方法。

具体案例如下所示：

<table>
<tr><th></th><th>周日（10月30日）</th><th>周一（10月31日）</th><th>周二（11月1日）</th><th>周三（11月2日）</th></tr>
<tr><td>6:00</td><td rowspan="3">睡眠</td><td rowspan="2">睡眠</td><td>洗漱、整理寝室</td><td rowspan="2">睡眠</td></tr>
<tr><td>7:00</td><td>晨跑打卡</td></tr>
<tr><td>8:00</td><td>洗漱、整理寝室</td><td rowspan="2">上课：英语听说3</td><td rowspan="2">上课：体育、早饭</td></tr>
<tr><td>9:00</td><td>洗漱、早饭</td><td>早饭、背5页专四词汇</td></tr>
<tr><td>10:00</td><td>背5页专四词汇</td><td rowspan="2">上课：中国文化</td><td rowspan="2">上课：综合英语3</td><td rowspan="2">自修：5A</td></tr>
<tr><td>11:00</td><td>准备汇报院易班工作近况</td></tr>
<tr><td>12:00</td><td>午饭、整理行李</td><td>午饭</td><td>午饭</td><td>图书馆综合素质讲座</td></tr>
<tr><td>13:00</td><td>准备鬼故事演讲</td><td rowspan="2">上课：形势与政策</td><td rowspan="2">上课：英语四级考试</td><td>午饭</td></tr>
<tr><td>14:00</td><td rowspan="3">前往学校</td><td>作业：《英语阅读3》</td></tr>
<tr><td>15:00</td><td>洗澡、作业：试卷</td><td>洗澡、玩《阴阳师》</td><td rowspan="3">“魅力团支书”风采大赛复赛评委</td></tr>
<tr><td>16:00</td><td rowspan="2">作业：试卷、Oral Work</td><td>上床休息、逛Lofter、贴吧</td></tr>
<tr><td>17:00</td><td>整理寝室、晚饭</td><td>晚饭、背5页专四词汇</td></tr>
</table>

（续表）

<table>
<tr><th></th><th>周日（10 月 30 日）</th><th>周一（10 月 31 日）</th><th>周二（11 月 1 日）</th><th>周三（11 月 2 日）</th></tr>
<tr><td>18:00</td><td rowspan="4">万圣节主题活动</td><td rowspan="4">自修：5B
（整理《英语听说 3》笔记、
准备《综合英语 3》Quiz）</td><td rowspan="2">上课：演艺活动
策划与组织</td><td rowspan="4">上课：二外法语</td></tr>
<tr><td>19:00</td></tr>
<tr><td>20:00</td><td rowspan="3">准备《二外法语》
期中考试</td></tr>
<tr><td>21:00</td></tr>
<tr><td>22:00</td><td rowspan="2">复习《综合英语 3》
Unit 3</td><td>修图、审核推送</td><td>买早饭、背 5 页专四词汇</td></tr>
<tr><td>23:00</td><td rowspan="7">睡眠</td><td>审核推送、讨论轰趴事宜</td><td>整理行李、审核推送</td></tr>
<tr><td>0:00</td><td rowspan="6">睡眠</td><td rowspan="6">睡眠</td><td rowspan="6">睡眠</td></tr>
<tr><td>1:00</td></tr>
<tr><td>2:00</td></tr>
<tr><td>3:00</td></tr>
<tr><td>4:00</td></tr>
<tr><td>5:00</td></tr>
</table>

数据分析：		占比	问题总结：
	学习时间	0.433%	本周学习时间适当
	娱乐休闲时间	0.175%	本周娱乐休闲时间过多，主要是英师联谊轰趴，平时周期不会有
	学生工作时间（外国语学院团委学生会）	0.125%	本周学生工作时间适当，重点在日常审核工作以及魅团复赛评委
	浪费时间	0.017%	本周浪费时间适当
	生活作息时间	0.533%	本周生活作息时间适当，睡眠充足

二、保证

这是一个不定期练习，但在一个月内必须保证：

（1）不谈论消极的人、消极的事、不说消极的话。

（2）用积极的心理期望替代消极的心理期望，用积极的心态替代消极的心态，用积极的情绪替代消极的情绪。

应该怎样替代呢？

当自己一出现消极的心态、情绪和心理期望时，立刻警觉起来，马上想到“替换”，抑制和否定消极因素，“强行”用积极的想法占领心思，并让它强烈起来。

三、游戏——个人成长三部曲

1. 游戏目的

使成员懂得遇到挫折和压力时只要朝着积极的方面努力，决不放弃，最终就一定能够获得成功。

2. 操作步骤

每个人都蹲在地上，双手抱腿，这时候每个人都是鸡蛋。每个蛋都要找到另一个蛋，两人石头剪子布，赢者就长大成了小鸡。小鸡半蹲，双手向后张，一蹦一蹦，去找另一个小鸡，接着再石头剪子布，赢者就变成了大鸡，输者就缩回了鸡蛋。大鸡微蹲，双手向后张，找到另一个大鸡，再石头剪子布，赢者就可以坐回到自己的座位上了。直到所有的鸡蛋都变成大鸡并坐到座位上，游戏结束。

3. 请较晚回到座位上的同学谈感受

同学们可以结合挫折、压力、自信、阳光心态等各个方面谈自己的体会和感受。

参 考 文 献

[1] 智研咨询集团.2018—2024 年中国旅游业行业市场前景预测及投资战略研究报告[DB].产业网,2018.

[2] 张立明.旅游学概论[M].武汉：武汉大学出版社,2003.

[3] 毕结礼.职业素质教育[M].北京：外语教学研究出版社,2014.

[4] 马必学,王式正.职场必修——高等职业教育学生职业素质培养与训练[M].北京：高等教育出版社,2005.

[5] 郑洪利.大学生心理素质教育与训练[M].上海：上海大肇出版社,2010.

[6] 蒲阳.旅游法规与职业素养[M].北京：机械工业出版社,2010.

[7] 陆永庆等.旅游交际礼仪[M].大连：东北财经大学出版社,2009.

[8] 王春林.旅游职业礼仪规范与训练[M].上海：华东理工大学出版社,2010.

[9] [日] 氏家康二.办公室礼仪规范[M].水云,林强,译.北京：中国人民大学出版社,2004.

[10] 周思敏.你的礼仪价值百万[M].北京：中国纺织出版社,2010.

[11] 修铁.现代社交礼仪与口才大全[M].哈尔滨：黑龙江科学技术出版社,2008.

[12] 张思源.现代社交礼仪与口才全集[M].北京：中国致公出版社,2011.

[13] 周理弘.现代礼仪必备全书北京：中国致公出版社,2007.

[14] 文心,凡禹.你的形象价值百万 你的礼仪价值百万 你的口才价值百万[M].上海：立信出版社,2012.

[15] [美] 杰奎琳 · 惠特摩尔(Jacqueline Whitmore)礼仪的价值：迈向成功必备的 9 堂修身课[M].唐舒芳,译.北京：机械工业出版社,2016.

[16] 金正昆.服务礼仪[M].北京：北京联合出版公司,2013.

[17] 靳斓.服务礼仪与服务技巧[M].北京：中国经济出版社,2018.

[18] 纪亚飞.服务礼仪标准培训[M].北京：中国纺织出版社,2012.

[19] 张晓梅.职场形象设计手册：从面试到入职[M].北京：化学工业出版社,2016.

[20] [美] 科林 · 麦肯纳.全方面沟通——沟通技巧[M].边毅,译.长沙：湖南科学技术出版社,2001.

[21] 袁锦贵.沟通与礼仪[M].北京：电子工业出版社,2016.

[22] 李元授.人际沟通训练[M].武汉：华中科技大学出版社,2014.

[23] 尹凤芝.沟通与演讲[M].北京：高等教育出版社,2010.

[24] 李成谊.新编实用沟通与演讲[M].武汉：华中科技大学出版社,2013.

[25] 谢伯端.实用演讲与口才教程(第 2 版)[M].武汉：华中科技大学出版社 2007.

[26] 薛英,钱小梅.旅游心理与服务策略(第 2 版)[M].北京：清华大学出版社,2018.

[27] 袁理锋等.大学生生涯辅导与创业启蒙[M].上海：立信出版社,2010.

[28] 林志达,袁理锋等.大学生创业教育[M].长沙：湖南师范大学出版社 2017.